古典文獻研究輯刊

三六編

潘美月・杜潔祥 主編

第 50 冊

《青學齋集》校證（下）

陳 開 林 著

國家圖書館出版品預行編目資料

《青學齋集》校證（下）／陳開林 著 -- 初版 -- 新北市：花木蘭文化事業有限公司，2023〔民112〕

目 16+206 面；19×26 公分

（古典文獻研究輯刊 三六編；第 50 冊）

ISBN 978-626-344-308-2（精裝）

1.CST：青學齋集 2.CST：研究考訂

011.08　　　　　　　　　　　　　　111022069

ISBN-978-626-344-308-2

古典文獻研究輯刊

三六編　第五十冊　　　　　ISBN：978-626-344-308-2

《青學齋集》校證（下）

作　　　者	陳開林	
主　　　編	潘美月、杜潔祥	
總 編 輯	杜潔祥	
副總編輯	楊嘉樂	
編輯主任	許郁翎	
編　　　輯	張雅淋、潘玟靜　美術編輯　陳逸婷	
出　　　版	花木蘭文化事業有限公司	
發 行 人	高小娟	
聯絡地址	235 新北市中和區中安街七二號十三樓	
	電話：02-2923-1455／傳真：02-2923-1452	
網　　　址	http://www.huamulan.tw 信箱 service@huamulans.com	
印　　　刷	普羅文化出版廣告事業	
初　　　版	2023 年 3 月	
定　　　價	三六編 52 冊（精裝）新台幣 140,000 元	版權所有 • 請勿翻印

《青學齋集》校證(下)

陳開林　著

目次

青學齋集卷二十六

新陽汪之昌

雜錄上

《唐會要》「雜稅門」：「大中六年正月，鹽鐵轉運使、兵部侍郎裴休奏諸道節度使、觀察使置店停止茶商，每斤收搨地錢，並稅經過商人，頗乖法理。」後之落地捐，當即所稱搨地錢。

《一切經音義》卷九「相和」注：「《周易》：『鳴鶴在渚，其子和之。』」亦見卷三。

蔡邕《述行賦》：「悼太康之失位兮，愍五子之歌聲。」梅賾《古文尚書》所本。《續古文苑》。

張奐《誡兄子書》：「經言孔子於鄉黨，恂恂如也。恂恂者，恭謙之貌也。」《續古文苑》。

《西京賦》：「未一隅之能睹。」李善《注》：「《論語》曰：『舉一隅而示之。』」皇侃《義疏》本「舉一隅」下有「而示之」三字。

《史記・文帝紀》：「齊王舅父駟鈞為清郭侯。」《集解》：「如淳曰：『邑名。六國時，齊有清郭君。清音靜。』」案：《戰國策》作「靖郭君」。

又，《武帝紀》：「受此書申功。」《封禪書》作「申公」。

又：「古者先振兵澤旅。」《集解》：「徐廣曰：『古釋字作澤。』」

又，《封禪書》：「伊陟。」《集解》：「徐廣曰：『古作敕。』」

又，《平準書》：「諸買武功、爵官首者，試補吏先除。」《索隱》曰：「先除用也。」此即盡先進選用，等色目之始。

《左傳》：「蘊利生孽。」《晏子春秋》「蘊」作「怨」。「國之諸市」，《晏子

春秋》作「國都之市」。竊謂《晏子春秋》當作「國之都市」。古「諸」、「都」通用，猶「孟諸」或作「明都」，正與「蘊」作「怨」同。後人見書傳「國都」每連文，遂將「之都」二字乙轉耳。

《神異經》：「木高，人取不能得。唯木下有多羅之人，緣能得之。」《文選·西京賦》：「非都盧之輕趫，孰能超而究升？」是多羅即都盧也。《注》：「盧，國名。」《漢書·地理志下》粵地篇有夫甘都盧國。

《穆天子傳》：「河伯無夷之所都居。」郭璞《注》：「無夷，馮夷也。」《山海經》云冰夷。

《漢書·谷永傳》：「閔免遁樂。」師古曰：「閔免，猶黽勉也。」

陸賈《新語·辨惑》篇：「《易》曰：『二人同心，其義斷金。』」

《司隸校尉楊淮碑》：「元弟功德牟盛。」「牟」為「懋」之假。

《遺珠貫索》：「《十三經》字數：《毛詩》三萬九千二百卅四字，《尚書》二萬五千七百字，《周禮》四萬五千八百六字，《禮記》九萬九千一十字，《周易》二萬四千二百七字，《論語》一萬一千七百五字，《孟子》三萬四千六百八十五字，《孝經》一千九百三字，《春秋左傳》二十萬一千三百五十字，《儀禮》五萬六千六百二十四字，《公羊傳》四萬四千十番五字，《穀梁傳》四萬一千五百十二字，《爾雅》一萬二百五十字。」

《南部新書》：「李肇箸有《經史目錄》。」

《耿勳碑》：「開倉振澹。」「澹」即「贍」字。

《谷朗碑》：「至於扉子，封於秦谷。」「扉子」即「非子」。「交州竊邑判國」，「判」即「叛」。《帝思碑乂碑》書作「俾出撫梨民」，「梨」即「黎」。　玉繻謹案：余見拓本，「俾乂」，不作「碑乂」。

《後漢·孝明八王·梁節王暢傳》：「《易》不云乎？一謙而四益。小有言，終吉。」

《張酺傳》：「經云：身雖在外，乃心不離王室。」

《崔駰傳》：「豈可不庶夙夜，以永眾譽？」《詩》作「終譽」。《禮記·中庸》引《詩》亦作「終譽」。

《楊賜傳》：「於《中孚》經曰：『蜆之比，無德以色親。』」

又：「樂松處常伯，任芝居納言。郤儉、梁鵠俱以便辟之性，佞辯之心，各受豐爵不次之寵賜。」所云指鴻都門下學事，可見鵠雖工書，人品亦不足道。

《蓋勳傳》：「涼州刺史梁鵠畏懼貴戚，欲殺正和以免其負。」

《清河孝王慶傳》：「遂出貴人姊妹，置丙舍，使小黃門蔡倫攷實之，皆承風旨，傅致其事。」倫即始造紙者。

又，「緥抱。」《注》：「緥以繒帛為之。」即今之兒緥也。

《劉陶傳》：「著書數十萬言。又作《七曜論》，匡老子，反韓非，復孟軻。及上書言便事，條教奏記等，凡百餘篇。」

《劉瑜傳》：「設置七臣，以廣諫道。」《注》：「《孝經》曰：『古者天子有爭臣七人。』鄭玄注：『七人謂三公及前疑、後承、左輔、右弼。』」似鄭君嘗注《孝經》者。《華嚴音義》二：「《孝經》：『夙夜匪懈，以事一人。』鄭《注》：『匪，非也。』」　玉繩謹案：《禮記·郊特牲》孔《疏》引王肅《難鄭》云「《孝經注》」云云，是鄭自相違反。據此，則鄭君明注《孝經》。

《虞詡傳》：「以譸譸之。」《注》：「譸當為籌也。」

《史記·魯世家》：「譸於固實。」徐廣：「固作故。」

《文選·西都賦》：「軼埃堨之混濁。」《後漢書》「堨」作「壒」。則「曷」、「蓋」通。

《史記·趙世家》：「反巠分先俞於趙。」《注》：「徐廣曰：『《爾雅》曰：西俞，雁門。』」是此亦先西通之證。

《史記·范雎傳》：「收穰侯之印。虞卿乃解其相印。」《陳勝世家》：「陳王使使賜田臧楚令尹印。」

《沛相楊統碑》：「覤覤虎視。」即《易》「虎視眈眈」。

《衡方碑》：「少以濡術」，即「儒」。「感背人之《凱風》」、「金石存背」，即「邶」。陸德明《釋文》：「邶，本又作背。」「悼《蓼儀》之歷勞」，即《蓼莪》。

史晨奏銘：「飲酒畔宮」，即「泮宮」。「月令祀百辟卿土」、「有益於民土」，即「士」。「以共煙祀」，即「禋祀」。《後碑》：「桐車馬於瀆上。」《潛研堂金石跋尾》：「《漢書》：『桐生茂豫。』師古讀桐為通。」

《柳敏碑》：「蓋五行星仲出廿八舍。」《隸釋》即「星中」。

《夏承碑》：「策薰著於禾室。」「策薰」即「策勳」。

《孔彪碑》：「龍德而學不至於穀，無偏無黨，遵王之素。」《山左金石志》當即「遵王之路」。

《說文》水部：「瀙，水。出南陽舞陽中陽山，入潁。」《漢書·地理志》：「南陽郡舞陰本注中陰山，瀙水所出，東至蔡入汝。」

又：「洹水在齊魯間。」《水經》：「洹水出上黨泫氏縣。」注：「許慎《說文》、呂忱《字林》並云：『恒水出晉魯間。』」則「齊」乃「晉」之譌，亦可為《公羊傳》「齊樂施」之旁證。

《荀子・王制》篇：「司馬知師旅甲兵乘白之數。」楊倞注：「白謂甸徒，猶今之白丁。」或曰「白」當為「百」。

又，《富國》篇：「汸汸如河海。」注：「汸讀為滂。」

又，《王霸》篇：「取天下者，非負其土地而從之之謂也。道足以壹人而已矣。彼其人苟壹，則其土地且奚去而適它？」前年解「壹醉日富」，孔廣森引《禮記》鄭《注》，「壹」當訓「聚」。別無證佐。《荀子》此文似亦作「聚」字解。

又，《禮論》篇：「三臭之不食也。」注：「臭謂歆其氣，謂食畢也。」似可證《論語》「三嗅而作」。焦循《論語補疏》已引之。

《墨子・親士》篇：「而支苟者詻詻焉。」畢沅注：「『支苟』二字疑誤。」案：《說文》禾部「穦秵」取「多小意而止也」。「支苟」或「穦秵」之省，或古字通用。正如「千溢」作「益」，「阱中」作「井」。「詻詻」義為論訟，與「小意而止」正相反。言「支苟」者，猶得申其意，則言無不盡可知。故云「可以長生保國」。

《漢書・高帝紀》：「求賢詔：其有意稱明德者。」「有意稱明德」難解。偶閱《潛研堂集》，引《文選注》引《漢書》，「意稱」作「懿稱」。「懿稱」者，美稱也。

崔瑗《座右銘》：「舉世傳誦。」《後漢・杜喬傳》：「表奏濟北相崔瑗等臧罪以上。」又云：「瑗冀所善，然則一有文無行者而已。」

《集韻》「馴」，衛宏通作「馴」。《集韻》：「曩，古國名。」衛宏說「與杞同」。見《小學鉤沈》五卷。

今本《竹書紀年附注》，相傳出沈約手。案：《史記・夏紀注》：「世〔註1〕駰案：『《汲冢紀年》曰有王與無王，用歲四百七十一年矣。』」又，《殷紀注》：「湯滅夏，以至於受二十九王」云云。二條皆在《竹書附注》中。裴世〔註2〕

〔註1〕按：「世」字衍。《史記》卷二《夏本紀》：「遂放而死。」《集解》：「徐廣曰：『從禹至桀十七君，十四世。』駰案：『《汲冢紀年》曰有王與無王，用歲四百七十一年矣。』」《索隱》：「徐廣曰：『從禹至桀，十七君，十四世。』案：《汲冢紀年》曰：『有王與無王，用歲四百七十一年。』」

〔註2〕按：「世」字衍。裴駰，字龍駒。

飈在休文前，《坿注》非沈約作明矣。《梁書‧約傳》、《隋‧經籍志》、《唐‧藝文志》均不言約撰《竹書坿注》。

錢寶琛《壬癸志稿‧凌雲翼傳》：「明萬曆時，廣東盜林鳳遁入福建，復入潮州，雲冀檄呂宋番兵討平之。」

《春秋》宣八年《公羊傳》：「殺恥。」《校勘記》出「乃復弒恥」，云：「閩監毛本『弒』作『殺』，此誤。蓋凡『殺』字皆改作『弒』，遂誤改此爾。」據此，《公羊》書所作「弒」字出自後人改。

洪頤煊《讀書叢錄》：「《禮記‧雜記下》：『鑿巾以飯，公羊賈為之也。』公羊賈疑即《論語》公明賈。明，古讀如芒，與羊聲相近。《春秋》家公羊高亦即孟子所謂公明高也。」

《荀子‧大略》篇：「堯學於君疇。」《漢書‧古今人表》作「尹壽」。

《莊子‧在宥》篇：「乃始臠卷傖囊。」注：「崔本作欒。」傖，音倉，崔本作「戕」。戕囊，猶搶攘。

《莊子‧庚桑楚》篇：「畏壘大壤。」《釋文》：「壤本又作穰。」「南榮趎」，《釋文》：「《古今人表》作『南榮疇』。或作『儔』，又作『壽』。《淮南》作『南榮疇』。」

日本《玉篇》曰部「曰」注：「《夏小正》：『時有養曰。養，長也。』曰，之也。」食部「養」注：「《夏小正》：『有養曰。養，長也。』曰，之也。」是古本作「曰」，不作「日」。

《北海相景君碑》陰有「故循行營陵臨照字景耀」。是時有臨姓。難《周禮》之臨碩，不必謂與林通叚。

日本《玉篇》「綸」字注：「《周易》：『彌綸天地之道。』劉瓛曰：『彌，廣也。綸，經理也。』」

《潛夫論‧相列》篇：「或王公孫子仕宦終老，不至於穀。」是亦訓「穀」為「祿」。

又，《德化》篇引《詩》「方苞方體，惟葉柅柅」，今《詩》作「泥泥」。「儀形文王」，今《詩》作「刑」。

《論衡‧命祿》篇：「儒者明說一經，習之京師，明如匡稚圭，深如趙子都。初階甲乙之科，遷轉至郎博士。」子都未知何人。　玉繩謹案：子都蓋即趙廣漢。

又，《氣壽》篇：「邵公，周公之兄也。」又：「傳稱老子二百餘歲，邵公

百八十。」

又,《率性》篇:「雒陽城中之道無水,水工激上雒中之水,日夜馳流,水工之功也。」近時所謂自來水,漢時已有之。

又,《福虛》篇:「儒家之徒董無心、墨家之役纏子相見講道。纏子稱墨家佑鬼神,是引秦穆公有明德,上帝賜之九十年。纏子難以堯舜不賜年,桀紂不夭死。」案:《漢書·藝文志》儒家有《董子》一篇,注:「名無心,難墨者。」《文選·文賦》:「練世情之常尤。」《注》:「《纏子》:『董無心曰:罕得事君子,不識世情。』」又,陶淵明《辛丑歲》詩,《注》:「《纏子》:『董無心曰:無心,鄙人也,不識世情。』」又,《答賓戲》,《注》:「《纏子》:『董無心曰:離婁之目察秋毫之末於百步之外,可謂明矣。』」《風俗通》第九卷「世間多有亡人魄持其家語聲氣,所說良是」條引董無心說。　玉繩謹案:「纏子難以」之「纏」當為「董」,《論衡》通行本皆誤。

又,《儒增》篇:「儒書言衛有忠臣弘演,為衛哀公使。未還,狄人攻哀公而殺之。」案:狄所殺者,據《左傳》為衛懿公。

又:「養由基從軍,射晉侯,中其目。」

《論語》:「子曰:『其然豈其然乎?』」《儒增》篇引作:「豈其然乎?豈其然乎?」《知實》篇引同。

又,《程材》篇:「東海相宗叔犀,犀廣召幽隱,春秋會饗,設置三科,以第補吏。一府員吏,儒生什九。陳留太守陳子瑀開廣儒路,列曹掾史,皆能教授。」

又,《效力》篇:「穀子雲、唐子高章奏百上,筆有餘力。」

又:「韓用申不害,行其三符,兵不侵境,蓋十五年。」

又,《別通》篇:「若董仲舒、唐子高、穀子雲、丁伯玉,策既中實,文說美善。」

又,《超奇》篇:「其高第若穀子雲、唐子高者。」又:「陽成子長作《樂經》,揚子雲作《太玄經》。」又:「觀谷永之陳說,唐林之宜言,劉向之切議。」又:「近以會稽言之,周長生者,文士之雄也。在州為刺史,任安舉奏;在郡為太守,孟觀上書。」

又,《佚文》篇:「楊子山為郡上計吏,見三府為《哀牢傳》不能成,歸郡作上,孝明奇之。」

又,《案書》篇:「東海張商亦作列傳。」又:「伯奇之《元思》,姓鄒。太

伯之《易章句》，姓袁。文術之《咸銘》。姓袁。「咸」似「箴」誤。君高之《越紐錄》，吳姓。長生之《洞曆》。周姓。」又：「奏象唐林、谷永。」

《關尹子》：「石擊石即光，知此說者，風雨雷電皆可為之。」蓋風雨雷電皆緣氣而生。近日西學以電為用，竝謂凡物各有氣如電，設法取之，或以為未有之奇。殊不知《關尹子》已言之矣。《列子·周穆王》篇：「冬起雷，夏造冰。」今西人夏日造雪正同。《抱朴子·黃白》篇云：「雨霜雪皆天地之氣，以藥作之，與真無異。吾能冬爨鼎而夏造冰矣。」

《抱朴子·論仙》篇：「外國作水精椀，實是合五種灰以作之。今交、廣多有得其法而鑄作之者。」所云「水精」，當即今之所謂玻璃。

又，《對俗》篇：「陳寔撰《異聞記》。」《至理》篇：「孔安國《祕記》。」

又，《道意》篇：「文翁破水霢之廟。」

《南部新書》：「崆峒山在松州，屬龍州，西北接蕃界。蜀破後，路不通。即空桐也。」

又，裴延齡綴緝裴駰所注《史記》之闕，自號小裴。

又，壬部：「開成中，李伸為汴州節度使，上言於本州置利潤樓店。從之。」與下爭利，非長人所宜。近有議設官銀行者，當即本此。

又：「一行老病將死，告玄〔註3〕宗二事：一、勿遣胡人掌重兵；一、禁兵勿付漢官，須令內官監統。」然則甘露之變，劉季述之幽主，皆基於此。

《抱朴子外篇·逸民》篇：「安帝以玄纁玉帛聘周彥祖，桓帝以玄纁玉帛聘韋休明，順帝以玄纁玉帛聘楊仲宣，就拜侍中，不到。」又：「桓帝以玄纁玉帛聘徐孺子，就拜太原太守及東海相，不到。順帝以玄纁玉帛聘樊季高，不到。獻帝時，鄭康成州辟舉賢良方正茂才，公府十四辟，皆不就。公車徵右中郎、博士、趙相、侍中、大司農，皆不起。昭帝公車徵韓福、法高卿，再舉孝廉，本州五辟，公府八辟，九舉賢良博士，三徵皆不就。桓帝以玄纁玉帛安車輭輪聘韓伯休，以玄纁玉帛安車輭輪聘姜伯雅。」

又，《譏惑》篇：「吳之善書，則有皇象、劉纂、岑伯然、朱季平，中州有鍾元常、胡孔明、張芝、索靖。」

又，《仁明》篇：「《春秋傳》曰：『明德惟馨。』」不云《尚書》。是時未有《古文尚書·君陳》篇。

《漢書·文帝紀》：「十五年九月，詔舉賢良能直言極諫者，上親策之，傅

納以言。」此漢世策士之始。

《英雄記鈔》:「《劉虞記》:『虞之見殺,故常山相孫瑾、椽張逸、張瓚等忠義奮發,相與就虞,罵瓚極口,然曰〔註4〕同死。』」案:《鄭志》有《張逸問答》,攷其時正近,當是一人。

《墨子・備梯》篇:「管酒塊脯。」畢注:「當為餽脯。」「又恐為身薑。」注:「薑同僵。」

嘗見劉敞撰《漢官儀》「以骰子決勝負」,大約與今陞官圖戲相類,有堂印等名目。偶閱《玉泉子》「夏侯孜」條,云:「以骰子祝云:『二秀才若俱得登第,當得堂印。』」唐時說部已有之。韋絢《嘉話錄》:「飲酒家謂重四為堂印。」

《史記・趙世家》:「孝成王令趙勝告馮亭曰:『敝國君使致命,以萬戶都三封太守,千戶都三封縣令。』」《正義》:「爾時未合言太守,至漢景始加太守。此言『太』,衍字。」《墨子・號令》篇:「及摻太守之節而使者。」又:「必近太守。」則墨子時已以太守名官。

《續博物志》:「後漢崔篆著《易林》六十四篇。篆,駰之祖父。或曰《卦林》,或曰《象林》。」

《述異記》:「奇肱國,其國人機巧,能為飛車,從風遠行。湯時西風吹,奇肱人乘,東至豫州界。」然則列子御風而行非盡寓言。近時所造氣球,瞠乎後矣。

《盂鼎銘》「文王」字三見,皆作「玟」;武王字一見,作「珷」。李慈銘引「齊丁公,《說文》作『玎』」為證。偶閱《尸子・勸學》篇「夫昆吾之金」,《玉篇》玉部引作「琨珸」,亦一證也。

《大玄經》:「次五:事其事,王假之食。」注:「王曰假錫與也。」《易・家人》「王假有家」之「假」義當同。

《南齊書・禮志》:「《孝經》鄭玄《注》云:『上帝亦天別名。』」

《鄴中記》:「石虎又有舂車。木人及作行碓於車上,車動則木人踏碓舂,行十里成米一斛。又有磨車。置石磨於車上,行十里輒磨多一斛。」西人所為火輪磨坊,遜此遠矣。

《世說新語・德行》篇:「武王式商容之閭。」《注》:「許叔重曰:『商容,殷之賢人,老子師也。』」《史記・商紀》:「表商容之閭。」《注》:「鄭玄云:『商家典樂之官。知禮容,所以禮署稱容臺。』」

《新序》二:「東陽上計錢布十倍。」是漢時上計沿戰國制。《史記·范睢傳》:「昭王召王稽,拜為河東守,三歲不上計。」此亦一證。

《酒誥》:「成王若曰。」後人每以生稱成王為疑。《新序》二「楚莊王蒞政」章:「士慶喜,出門顧左右笑曰:『吾王,成王也。』」則春秋時尚有以成王稱其君者。

《新序》三「樂毅為燕昭王謀」章:「君雖未得志,未如商容、箕子之累也。」《史記·樂毅傳》:「燕王喜,遺閭問書:『商容不達,身祇辱焉。』」

《樂記》:「肆直而慈愛者。」鄭《注》:「愛或為哀。」《呂氏春秋·報更》篇:「人主胡可以不務哀士?」《淮南·說林》篇:「各哀其所生。」高《注》並云:「哀,愛也。」《管子·形勢》篇:「見哀之役。」王念孫謂「後解作『見愛之役』,哀與愛古字通」。是哀、愛交義俱通,可以證《詩序》「哀窈窕之誼」。

《文選·竟陵王行狀》:「若門到戶說矣。」《注》:「《孝經》曰:『君子之教孝,非家至而日見之。』鄭玄曰:『非門到而日見也。』」又,《讓中書令表》注。

又,孫子荊《為石仲容與孫皓書》:「不復廣引譬類。」《注》:「鄭玄《孝經注》曰:『引譬連類。』」《〈後漢·劉瑜傳〉注》亦引鄭君《孝經注》。又,潘安仁《關中詩》:「夫行妻寡。」《注》:「鄭玄《孝經注》:『五十無夫曰寡。』」又,陸雲:「大將軍讌會,被命作詩,服藻垂帶。」《注》:「鄭玄《孝經注》:『大夫服藻火。』」又,《〈宣貴妃誄〉注》:「《孝經》:『擗踴哭泣,哀以送之。』鄭玄《注》:『毀瘠羸瘦,孝子有之。』」

《說苑·君道》篇:「詩人曰:『岐有夷之行,子孫其保之。』」今《毛詩》讀「岐」字屬上句,下句亦無「其」字。向習《魯詩》,故句讀文字俱與毛異。

又,《善說》篇:「昔華舟杞梁。」《孟子》作「華周」。《雜言》篇引《孟子》,亦作「舟」。《孟子》:「子柳、子思為臣。」《雜言》篇:「子思、子庚為臣。」

又:「昔傅說衣褐帶劍而築於秕傅之城。」

又,《辨物》篇:「晉平公使郎中馬章布蒺藜於階上。」是春秋時已有郎中之官。

《易·大畜》:「豶豕之牙。」有釋忘其名。豶豕為豕去勢者。案:《韓非子》:「豎刁自豶。」說蓋本此。　玉繢謹案:《釋文》引劉云:「豕去勢曰豶。」

《韓非子·厲憐王》篇:「故《春秋》記之曰:楚王子圍將聘於鄭,未出

境，聞王病而反。因人問病，以其冠絞王而殺之。」與《左氏傳》大同，是非時《左氏傳》已通行。楚商臣之行弒，費無極之譖郤宛，魯豎牛之間孟丙、仲壬，率與《左傳》合，特小有詳略耳。

《淮南·原道訓》：「雖伊尹造化弗能化。」《注》：「伊尹名摯鄩，湯之賢相也。」此可證讀殷若衣之說。

又，《精神訓》：「《金縢》、《豹韜》廢矣。」《注》：「《金縢》、《豹韜》，周公、太公陰謀圖王之書。」高誘說《金縢》當有別解。

又，《主術訓》：「臧獲，古之不能御者，魯人也。」此釋臧獲與他書異。

《拾遺記》：「周成王六年，然邱國獻比翼鳥，使者泛沸海之時，以銅薄舟底。」今西夷鐵甲船殆本此。《淮南子·齊俗訓》：「金之性沉，託之於舟上則浮，勢有所支也。」然則以鐵護舟，古人早知之。

《拾遺記》：「秦始皇時，有宛渠之民，乘螺舟而至。舟形似螺，沉行海底而水不浸入，一名淪波舟。」今西夷行舟海底，殆螺舟之遺。

算學有借根法，西洋人名此書為阿爾熱八達，譯言東來法。

卷二十六終

青學齋集卷二十七

新陽汪之昌

雜錄下

嘗見某書言巡撫二字始見《晉書》。案：班固《北征頌》：「巡撫疆城。」又在《晉書》前。　玉繒謹案：某書蓋見袁枚《隨園隨筆》卷八。

《漢書・食貨志》：「學六甲五方書計之事。」《注》：「蘇林曰：『五方之異書，如今祕書學外國書也。』」

《玉燭寶典》：「孟春，《詩氾曆樞》曰：『寅者，移也。』」春秋薛伯寅或作薛伯夷。夷、移同聲。

《史記・三代世表》末褚先生曰有「《詩傳》曰」，在四家詩傳之前。《六國年表敘》：「太史公讀《秦記》」，在《秦本紀》先。

今人或稱江寧府為南京，咸謂沿明代舊號，蓋明太祖建都江寧也。《唐棲霞寺明徵君碑》有「乃屆南京」之文，據碑立於唐上元三年四月，則以南京稱江寧非始自明矣。

《文館詞林》六百九十九有李固《祀胡母先生教》云：「太守以不材，嘗學《春秋》胡母章句。」則固為《公羊》家。

張燴《讀史舉正》：「《公孫弘傳》。《太平御覽》文部引《漢書》：『公孫弘箸《公孫子》，言刑名，謂字直百金也。』本傳不載。《藝文志》儒家：『《公孫弘》十篇。』」

《攷工記》：「輪人眂其綆。」《注》：「鄭司農云：『綆讀為關東言餅之餅。』」《經典釋文》引《玉篇》：「鄭眾音補管反。」今《玉篇》無之。《釋文》所云，當是《玉篇》原本。

　　《宋景文集・孫奭行狀》:「祭莫尊於天,故本其六名,實則一帝。是康成排王肅,又唐明皇刪定《月令》,自竄新意,其事淺而不篤。公乞復康成舊注,還其篇次。」觀此,奭之所學可知,惜《孟子疏》之真本不可見。

　　《尚書大傳》:「大都鮧魚魚刀。」《注》:「大都,明都。鮧渠成切。魚,今江南以為鮑魚。刀〔註1〕,魚兵如刀者也。」《山海經・南山經》:「浮玉之山,其中多鮆魚。」郭《注》:「鮆魚狹薄而長頭,大者尺餘,太湖中今饒之。一名刀魚。」郝《箋疏》:「《御覽》九百三十卷引魏武《四時食制》曰:『望魚側如刀,可以刈草,出豫章明都澤。』」與《書大傳注》正合。此別一明都,非孟渚一名之明都。

　　《山海經・西山經》:「燭者,百草之未灰。」郝《注》:「此古人用燭之始。」云「百草未灰」,知上世為燭,蓋麻蒸葦苣為之。

　　陸奎勳《陸堂易學》:「『坤以藏之』章為《歸藏》象,『帝出乎震』章為《連山》象。商之《歸藏》本於神農,夏之《連山》本於黃帝。」

　　《左傳・昭二十二年》:「王師敗績於前城。」服虔曰:「前讀為泉。」

　　《管子注》,相傳為唐尹知章撰。柳宗元《龍城錄》:「尹知章,字文叔,絳州翼城人。一時性懵,夢一赤衣人持巨鑿破其腹,若內草茅於心中。驚寤。自後聰敏。」《新》、《舊唐書》亦載之。開元中,張說表諸朝,召見,論曹植《幽思賦》甚詳。

　　《龜策傳》:「淵生珠而岸不枯者。」《集解》:「許氏說《淮南》,以為滋潤鍾於明珠,致令岸枯也。」

　　「蚖龍伏之。」《集解》:「許氏說《淮南》云:『蚖龍,龍屬也,音決。』」

　　「有神龜在嘉林中。」《索隱》:「案:《萬畢術》中有石朱方。方中說嘉林中。」

　　「蝟辱於鵲。」《集解》:「《淮南萬畢》曰:『鵲令蝟反腹者,蝟憎其意而心惡之也。』」

　　「棊自相觸擊。」《索隱》:「顏氏案:《萬畢術》云:『取雞血雜磨鍼鐵杵,和磁石棋頭,置局上,即自相抵擊也。』」

　　《史記・商君傳》,《索隱》:「《新序》是劉歆所撰。」

　　《魏志・華陀傳》:「陀恃能,厭食事。」孫星衍《尚書集注》引而解之曰:「言厭為事也。是以厭猶云不喜。」案:《史記・張儀傳》:「吾請令公厭事。」

〔註1〕《尚書大傳》「刀」上有「魚」字。

《索隱》:「厭者,飽也。謂欲令其多事也。」蓋以厭事對無事立文,故以多事解之。《陀傳》之「厭食事」當與此「厭事」同義,謂自恃其能而多作為,故不赴魏武之召耳。

江淹《雜體詩·休上人怨別》:「寶書為君淹。」《注》:「《道學傳》曰:『夏禹撰真靈之玄要,集天官之寶書。書以南和丹繒,封以金英之函,檢以玄都之印』云云。是《道學傳》者,猶之《列仙傳》、《高僧傳》。《宋史》為程、朱諸君子立《道學傳》,自以為創,而不知古有此名,欲以尊之,適以輕之。

《綱目集覽》「樗里子」下引《索隱》:「樗當作櫨,音攄。」今汲古閣刻本無之。見《說文釋例》九卷。

荀悅《申鑒·時事》篇:「誰毀誰譽,譽其有試者,萬事之概量也。」《論語正義》、《論語古注集箋》俱未之引。

《春秋》家據《南齊·陸澄傳》,謂服虔解《左》,有傳無經。《穀梁補注》襄十一年,「同盟於京城北」,《補注》:「《公羊疏》、《穀梁》與此同。《左氏》經作毫城北,服氏之經亦作京城北。」

《呂覽·精通》篇高誘《注》:「《詩》曰:『葛與女蘿,施于松上。』未識何木。」

又,《誠廉》篇言「武王又使保召公就微子開於共頭之下」。《古文尚書》以作《旅獒》之太保為召公殆本此。

又,《必己》篇《注》:「莊子箸書五十二篇。」與《漢志》合。今通行本三十三篇。

又,《慎大》篇《注》:「墨子箸書七十篇。」攷《墨子》書本七十一篇,今缺者十六篇。

又,《權勳覽》:「以軍於秦周。」《注》:「秦周,齊城門名也。」可證《左傳·襄十八年》「及秦周」杜《注》以秦周為魯大夫之非。

又,《〈觀世覽〉注》:「列子箸書八篇,在莊子前。」

又,《〈正名覽〉注》:「尹文作《名書》一篇,在公孫龍前。」

又,《〈慎勢覽〉注》:「慎子名到,作《法書》四十一篇,在申不害、韓非前。」畢刻據《漢志》改作四十二篇。

又,《〈不二覽〉注》:「關尹作《道書》九篇,陳駢作《道書》一十五篇。」畢刻據《漢志》改二十五篇。「孫臏作《謀》八十九篇。」《士容》篇《注》:「田駢,齊人,作《道書》二十五篇。」田、陳古通。

又，《〈審為覽〉注》：「中山公子牟作書四篇。」

《漢書・燕王旦傳》：「都郎羽林。」《注》：「漢光祿挈令諸當試者，不會都所，免之。」《說文》系部亦引「樂浪挈令」。《溝洫志》：「今內史稻田租挈重。」《注》：「租挈，收田租之約令。」《史記・酷吏・張湯傳》：「上所是，受而箸讞決法廷尉挈令。」韋昭曰：「在板挈。」

《韓非子・外儲說》：「左人有惡孔子於衛君者，曰：『尼欲作亂。』衛君欲執孔子」云云。《孔子世家》亦云：「有譖孔子於衛靈公者。」

《群書拾補・風俗通逸文》引《類聚》、《御覽》三十一：「戶律：漢中、巴蜀、廣漢自擇伏日。」

《列子・力命》篇：「進其茙菽，有稻粱之味。」《穀梁傳》：「齊侯來獻戎捷。」以戎即戎菽。《楊朱》篇：「昔人有美戎菽。」

又，《楊朱》篇：「人肖天地之類。」《漢書・刑法志》：「宵天地之貌。」《列子》「之類」，當亦作「貌」。蓋「貌」與「類」字形相似，世人習見「類」，罕見「貌」，遂改作「類」。觀張湛「類同」之注，則所見之本已作「類」。

《春秋》：「矢魚。」解者每以「陳」釋「矢」。《呂氏春秋・知度覽》：「射魚指天而欲發之當也。」是古有射魚。

《左氏・宣二年傳》：「宰夫胹熊蹯。」又云：「使鉏麑。」《呂覽・過理》篇作「臑熊蹢」。又云：「乃使沮麛。」是「需」可省作「而」，「番」與「煩」通，從金之「鉏」可通從水之「沮」，從兒之「麑」可通從弭之「麛」。

《呂覽・察傳》篇：「有讀《史記》者，曰：『晉師三豕涉河。』」此《史記》之明見於紀載者。

賈生《過秦論》：「周最。」《呂覽・處方》篇：「齊令周最趣章子急戰。」即其人。亦作周足。《援鶉堂筆記》：「最、足一聲之轉。」

《〈文選・謝平原內史表〉注》：「《左傳》：『箴尹克黃曰：君，天也。』何休《墨守》曰：『君者，臣之天也。』」

《孟子》：「吾為之範我馳驅。」孫奭《音義》：「範我或作范氏。」范氏，古之善御者。《後漢・班固傳》：「《東都賦》：范氏施御。」《注》：「范氏，趙之御人也。」引《孟子》文作「範我」。近見《求志書院課藝》有《范氏馳驅解》，引《文選・東都賦》李善《注》引《括地圖》、《宋書・樂志・馬君黃》篇「願為范氏驅」立說，別無塙證。偶讀劉向《列女傳・晉范氏母》篇〔註2〕：「晉范

〔註2〕《列女傳》卷三《晉范氏母》：

氏母者，范獻子之妻。其三子游於趙氏。趙簡子乘馬園中，園中多株，問三子。中者曰：『愛馬足則無愛民力，愛民力則無愛民足。』少者有『將有馬為』之答。」皆與「馳驅」之義近。篇末范母「乘偽行詐」之歎，所謂詭遇也，似較前兩說有據。

《論衡·恢國》篇：「武王伐紂，兵至牧野，晨舉脂燭。」脂燭即後世之蠟燭。

《韓非子·內儲說下》有邵滑，當即《過秦論》之召滑。

《牟子》：「孝明皇帝遣使者張騫、羽林郎中秦景、博士弟子王遵等十二人於大月支寫佛經。」似後漢又有一張騫。案：《史記·大宛傳》：「張騫鑿空，其後使往者皆稱博望侯。」然則《牟子》所云張騫，非其人姓名適同，特以出使外國為皆稱博望侯之一。

《牟子》：「言語談論，各有時也。璩瑗曰：『國有道則直，國無道則卷而懷之。』甯武子曰：『國有道則智，國無道則愚。』孔子曰：『可與言而不與言，失人。不可與言而與言，失言。』」今《論語》分「直哉」、「可與言」為二章。據此文，是漢時合為一章。其「甯武子」云云，當即孔子論史魚語，蓋涉「邦有道」、「邦無道」所致。或牟子記憶偶誤。漢人引經，往往有之。近來治《論語》家均未道及，錄以備一說。

《史記·殷本紀》：「湯歸至於泰卷陶，仲虺作誥。」《集解》：「徐廣謂：『一無此陶。』」《索隱》：「鄒誕生作餉，又作坰。則『卷』為『坰』，與《書序》『大坰』同，則『陶』是衍文。」《正義》：「陶，古銘反。」古銘為「坰」音，則「卷」為衍文。據此，「卷陶」二字必有一衍。竊謂非紀文有衍，直後人分句之誤。近人《史記箚記》出「泰卷陶」《集解》「一無此陶字」，云：「案：『一無此四字』本注『陶』下，小司馬所見本偶誤在『卷』下，故辨之云云，是古本『陶』或不連屬於『泰卷』，疑史遷以「湯歸至於泰卷」六字句，「陶」連下「仲虺作誥」句。《春秋·定元年傳》：「仲虺居薛，以為湯左相。」《大事

晉范氏母者，范獻子之妻也。其三子游於趙氏。趙簡子乘馬園中，園中多株，問三子曰：「奈何？」長者曰：「明君不問不為，亂君不問而為。」中者曰：「愛馬足則無愛民力，愛民力則無愛馬足。」少者曰：「可以三德使民。設令伐株於山，將有馬為也。已而開圍示之株。夫山遠而圍近，是民一悅矣。去險阻之山而伐平地之株，民二悅矣。既畢而賤賣，民三悅矣。」簡子從之，民果三悅。少子伐其謀，歸以告母。母喟然歎曰：「終滅范氏者，必是子也。夫伐功施勞，鮮能布仁；乘偽行詐，莫能久長。」其後智伯滅范氏。君子謂范氏母為知難本。

表》：「薛，今山東兗州府滕縣南四十里。」《越王句踐世家》：「止於陶。」《集解》：「徐廣曰：『今之濟陰定陶。』」《禹貢》：「東出於陶邱北。」《錐指》：「陶邱，今山東兗州府定陶縣西南有定陶故城。」陶、薛名雖不同，而以今地望約之，或本同處。據《禹貢》，則虞夏時地本名陶，薛之名自是後起。仲虺所居之薛，在商初容未改陶名，《本紀》於「仲虺」故繫之以「陶」歟？本篇「伊尹名阿衡」，《索隱》引《呂氏春秋》「母居伊水，命曰伊尹阿衡」。以母所居而繫之伊，則仲虺身居陶而繫以陶正同。然則「泰卷」為「大坰」之異文、「卷」非衍文無疑。陶為仲虺所居之地名，亦非誤衍矣。

《封禪書》：「《詩》云：『紂在位，文王受命』」云云。或以「詩」字為衍，「云」字上屬「視其掌」為句。蓋以此數句不見於《詩》，措詞亦不類《詩》。然漢時引後人解經書，往往即以所解之經名之。如《河渠書》首「《夏書》曰」云云，今《夏書》無之，自是後人說《夏書》文。此亦一證。然則《封禪書》「《詩》云」之《詩》，亦未可遽定為衍文。

《〈文選·懷舊賦〉注》：「小說曰：『昔傅亮北征，在河中流。或人問之曰：潘安仁作《懷舊賦》，曰前瞻太室，傍眺嵩邱。嵩邱、太室一山，何云前瞻、傍眺哉？亮對曰：有嵩邱山，去太室七十里，此是寫書誤耳。』」沈休文《應王中丞思遠詠月》詩《注》：「《楚辭》曰：『網戶朱綴，刻方連。』下云『綠苔』。此當云『朱綴』。今並為『珠』，疑傳寫之誤。」可見李善不獨博於詁訓，並精於校勘。然存其說於《注》中，未嘗輒改正文，可為注書、校書兩家法。

梅曾亮《柏梘山房集·〈淮南子〉書後》：「《天文訓》三百六十五度四分度之一，即四分曆，章帝時始行。其二十四氣與東漢更定者，亦同疑後人增竄。」

張舜民《畫墁集》：「《郴行錄》：『有水白，東出曰歸義江口。入口十許里即汨羅，一水中分，南曰汨，北曰羅。』」此說未見，錄之。

盛如梓《老學叢談》：「中書籍版行始於後唐，州郡各有文籍，《寰宇書目》備載之。」今目錄之學盛行，而罕有稱引《寰宇書目》者。

《示見編》「引經誤」條：「《立政》曰：『以乂我受民。』《論衡·明雩》篇引之曰：『以友我愛民。』」案：今《論衡》與《尚書》同，則非宋人所見之本矣。

《曲洧舊聞》卷十：「《晉史》：『苻堅兄子朗國破歸晉，或人殺雞以食之。朗曰：『此雞棲常半露。』檢之皆驗。又食鵝肉，知白黑之處。人不信，記而試之，無毫釐差。』」近時所謂光學、聲學恐未能也。

《蘆浦筆記》「內長文」條:「漢武帝元朔三年,詔內長文,所以見愛也。張晏曰:『長文,長文德也。』師古曰:『詔言有文德者,即親內而崇長之,所以見仁愛之道。』《魯氏自備》載章子厚家藏古本《漢書》,『內長文』乃是『而肆赦』字。蓋『而』訛為『內』,『肆赦』皆缺偏旁而為『長文』。詔云『其赦天下』,意甚明白。」

又,「中陽里」條:「《漢高祖紀》:『沛豐邑中陽里人也。』蓋里名中陽。今《漢書標注》乃題云『沛豐邑中』,豈公是先生誤筆耶?因以知史筆無羨字。」

《文選‧魏都賦》:「匪同優於有聖。」《注》引《易》「鼓萬物而不與聖人同憂」王弼《注》五十九字。今《易注》無此,豈作《疏》時有所刪節耶?

《援鶉堂筆記》:「《嚴訢碑》:《嚴氏春秋》、《馮氏章句》。」兩漢‧儒林傳》「《春秋》」家無馮氏,補兩漢儒林者所當知也。又,《〈詩‧干旄〉疏》:「別圖旗旃十二於後。」案:當時《疏》復有圖,可備異聞。案:《周禮注疏》本亦有圖,余嘗作記。《儀禮注疏》亦有圖,見《東塾讀書記》。

又,《左傳》:「蔡侯、吳子、唐侯伐楚,舍舟於淮汭。」《注》:「吳乘舟自淮來,過蔡而捨之。」案:吳乘舟自淮而來,當時邗溝未開,江惟不通,不知水路通蔡之道。

嘗見某書謂《論語》「使乎使乎」句為譏使人,非美之。偶見《史通‧晉史》篇「伊以敏辭辨對,可免使乎之辱」,是亦不以為美詞。《焦氏筆乘》弟三卷《史通》篇歷舉《史通》各篇措詞之過當。 玉縉謹案:以「使」乎為非之,乃王充《論衡‧問孔》篇文。

又,「《楚辭》逸句」條:「劉淵林《〈魏都賦〉注》引《九章》之詞云:『蔀也必獨立。』引《卜居》之詞:『橫江潭而漁。』今二篇無此句。又,『橫江潭而漁』見子雲《答客難》」

《爾雅‧釋地》:「南陵息慎。」自來治《爾雅》者均未之及。疑即《史記‧封禪書》「泰山下阯東北肅然山」,《尚書百篇序》「息慎來賀」。或本作「肅慎」。是息、肅古通用,慎與然一聲之轉。求志書院嘗以《息慎考》為題,未及細核。近偶憶肅然名,暇當檢書證明之。

《漢書‧貢禹傳》:「地數百丈,銷陰氣之精。」地藏空虛,不能含氣出雲。斬伐林木,亡有時禁。水旱之災未必不緣此。近今十數年來,群議開礦,而水旱之災與偕,然則未可輒詆紙上為空談也。

《長安志》:「蟄屋讀書臺在縣東北二十七里。舊圖經曰:『後漢馬融讀書

所。』」又：「尹先生廟在老子廟北。《先生內傳》曰：『先生姓尹名喜，周康王為大夫，領散關長。』」

《魏書‧禮志四之二》：「王延業議《禮緯》云：『夏四廟，至子孫五。殷五廟，至子孫六。』」注云：「言『至子孫』，則初時未備也。」

《鹽鐵論‧刺復》：「博士褚泰、徐偃等承明詔，建節馳傳。」則《漢書》褚大之大音泰。

《鹽鐵論‧地廣》：「楊子曰：『為仁不富，為富不仁。苟先利而後義，取奪不厭。』」明據《孟子》立文。今《孟子‧滕文公》篇：「陽虎曰：『為富不仁矣，為仁不富矣。』」解者以上句為陽虎語，下句乃孟子語。據此，則桓所見作楊子，非陽虎，兩句皆楊子語。楊子當即《盡心》篇取為我之楊子。

《示兒編》「五湖」條：「《周禮‧職方氏》：『其浸五湖。』《國語》：『吳越戰於五湖。』以地考之，漢儒謂五湖者，太湖之別名為是也。」予嘗案張勃《吳錄》云：「五湖者，太湖之別名。以其周行五百里故名。」

王得臣《麈史》云：「嘗得唐漳州刺史張登文集一冊六卷，權文公為之序，《文粹》並不編載。」

《呂覽‧長見》篇：「魯公以削，至於覲存。」《注》：「覲，裁也。」則「僅」又通「覲」，不獨與「廑」、「廬」通用。

又，《具備》篇：「五歲而言其要。」《注》：「要約最簿書。」

《呂覽‧愛士》篇：「此《詩》之所謂曰君君子，則正以行其德；君賤人，則寬以盡其力者也。」此當是古《詩》家解經說。

《拾遺記‧少昊》篇：「六國時，桑邱子箸《陰陽書》。」又：「末代為龍邱氏，出班固《藝文志》。」

《〈三國‧魏志‧夏后尚傳〉注》：「漢世有《相印》、《相笏經》，又有《鷹經》、《牛經》、《馬經》。」

《穀梁‧莊二十八年》：「築微。」《釋文》：「《左氏》作『郿』。」案：今《左傳》作「郿」，《〈左傳〉釋文》亦不言「或本作郿」。

《穀梁‧襄元年》：「次於鄫。」《注》：「鄫或為合。」案經，「鄫」本或作「曾」，猶十二年之「圍鄩」，《左傳》作「臺」；昭二十年「自夢」，《左傳》作「鄭」；脫其半而誤為「合」耳。

《珊玉集‧聰慧》篇：「子貢曰：『顏回問一而知十，賜也問一而知二。』」今《論語》「問」作「聞」，「而」作「以」。出《論語疏》，未知何家。據《釋

文》：「聞或作問，非是。」陸固見作「問」之本矣。

《公羊·隱六年》：「初獻六羽。」《傳注》：「《魯詩傳》曰：『天子食日舉樂，諸侯不釋縣，大夫士日琴瑟。』」此《魯詩傳》之僅存者。

《公羊》襄十七年經：「齊侯伐我北鄙，圍洮。」《左氏》作「桃」。此水旁、木旁通用。

《曲禮》：「割牲曰誓。」《注》：「誓之辭，《尚書》見有六篇。」《疏》：「《甘誓》、《湯誓》、《泰誓》、《牧誓》、《費誓》、《秦誓》。」近人撰《太誓答問》，謂古今文皆無《太誓》。據此《注》云「見有」，則鄭君本有《泰誓》。

《禮器》：「不麾蚤。」《注》：「齊人所善曰麾。」可與《謙》卦「撝謙」之「撝」互證。

《祭統》：「心怵而奉之以禮。」《注》：「怵或為述。」是從心、從走字通用。《論語》「佛肸」，《漢書人表》作「茀肸」，是從人、從艸之字可通。　玉繩謹案：怵、述同從術聲，佛、茀同從弗聲耳。先生亦非謂凡從心從走、從人從艸之字皆可通，學者勿誤會。

《甕牖閒評》：「《緗素雜記》載《淮南子》云：『鄢陵之戰，陽谷進酒於子反。』而《說苑》乃以為『谷陽』，《古今人表》又以為『谷陽豎』，當從《淮南》為正。袁以《左傳》作『谷陽豎』，從《左傳》。」據此，則古書稱述姓名，容或顛倒。

《魏書·神元平交諸帝子孫·子思傳》有「獲尚書郎中王元旭報，出蔡氏《漢官》」云云。蔡氏《漢官》當即《漢官典職儀式選用》。近有輯本，此條未識輯入否。

《魏書·崔敬邕傳》：「庫莫奚國有馬百匹，因風入境，敬邕奚令送還。」足為《尚書》「馬牛其風」〔註3〕之證。

《魏書·陳奇傳》〔註4〕：「與游雅論《易·訟》卦『天與水違行』。雅曰：『自蔥嶺以西，水皆西流。推此而言，《易》之所及，自蔥嶺以東耳。』奇曰：『易理綿廣，包含宇宙。若如公言，自蔥嶺以西，豈東向望天哉？』」雅雖為奇絀，案傳言「雅贊扶馬鄭」，所云恐非無本。《周易集解》：「荀爽曰：『天自西轉，水自東流。』」與奇說可互證。

又，《劉獻之傳》：「善《春秋》、《毛詩》。每講《左氏》，盡隱公八年便止，

〔註3〕　《書·費誓》。
〔註4〕　《魏書》卷八十四《儒林列傳》。

云：『義例已了，不復須解。』」

《魏書·禮志四之一》〔註5〕：「舜之命禹，悉用堯辭，復言玄牡告於后帝。」蓋本《論語·堯曰》篇立說。是「予小子履」云云，當時不以為湯告天之辭。

《周官》：「大師教六詩。」《注》：「鄭司農云：『古而自有風雅頌之名，故延陵季子觀樂於魯時，孔子尚幼，未定詩書，而因為之歌邶、鄘、衛，曰：是其衛風乎？又為之歌小雅、大雅，又為之歌頌。』《論語》曰：『吾自衛反魯，然後樂正，雅頌各得其所。』時禮樂自諸侯出，頗有謬亂不正，孔子正之，曰比，曰興。比者，比方於物。興者，託事於物。」《疏》：「襄二十九年，季札聘魯，請觀周樂。為之歌邶、鄘、衛、小雅、大雅及頌等。先鄭彼注云：『孔子自衛反魯，然後樂正，雅頌各得其所。』自衛反魯在哀公十一年，當此時，雅頌未定，而云為歌大雅、小雅、頌者，傳家據已定錄之。言季札之於樂，與聖人同。與此注違者，先鄭兩解。雖然，據此經，是周公時已有風雅頌，則彼注非也。」據賈《疏》，先鄭嘗注《左傳》，而賈尤及見其書。《嶺南遺書·補後漢藝文志》，鄭眾《春秋左氏傳條例》九卷、《春秋刪》十九篇下但引《小宗伯注》：「鄭司農云：『《古文春秋經》，公即位為公即立。』」未及《大師疏》。

《禮記·曲禮》：「醫不三世，不服其藥。」《注》於「三世」無解。《疏》謂「父子相承至三世」。又引一說，以為「黃帝針灸、神農本草、素女脈訣，即夫子脈訣」。三世書釋經「三世」，恐亦未確。案：釋氏書以過去、見在、未來為三世。蒙謂此經三世當同此解。《史記·扁鵲倉公列傳》：「倉公述所治病，每推其得病由來」，即過去；「診脈作何狀」，即見在；「治後若干日何狀」，則未來也。據以解經，似較通順。

《呂覽·驕恣》篇：「趙簡子沉鸞徼於河。」《說苑·君道》篇作「欒激」。是從鳥、從木字通用。

又，《貴公》篇引《尚書·洪範》作《鴻範》，是洪、鴻古通。

又，《仲春紀》：「寢廟必備。」《月令》作「畢備」。是必、畢通用。

《春秋·莊公四年》：「紀侯大去其國。」《穀梁傳》：「大去者，不遺一人之辭也。言民之從者，四年而後畢也。」《左氏傳》杜《注》：「大去者，不返之詞。」常山劉氏曰：「大者，紀侯之名。生名之者，失地也。」近朱氏芹宗其說，引「諸侯不生名，失地名之」誼以為證。攷《春秋》若「大雨水」、「大

無麥禾」、「大有年」屢見於經，安見「大去」非其例乎？

　　《論語・鄉黨》篇：「沽酒市脯不食。」《義疏》：「酒不自作，未必清淨，故沽所得不食也。或問：『沽酒不飲，《詩・那》云：無酒沽我。』答曰：『《論》所云明是祭神不用，《詩》所云是人得用。』」案：上文所云「不食」，俱就人而言，此處安見為祭神？《集注》：「沽、市，皆買也，恐不精潔，傷人。」然家必造酒，古無明文。總拘「沽」字，望文生義。或以「沽」即「酤」字。酤為一昔酒，以成之太速，鄰於急就，恐致損人，故不食。究屬改易經文。攷《禮記》：「杜喬之母喪，宮中無相，以為沽也。」鄭《注》：「沽猶略也。」孔《疏》：「沽，麤略也。」《儀禮・喪服傳》：「冠者，沽功也。」鄭《注》：「沽猶麤也。」《〈周禮・司兵〉注》：「功沽上下」，沽即麤惡。又，《〈酒正〉注》：「又有功沽之巧。」功沽謂善惡。以麤惡釋沽，不食之誼自明。

　　《史記・樂書》：「則是物至而人化物也。」《集解》：「鄭玄〔註6〕曰：『隨物變化。』」「夔始作樂，以賞諸侯。」《集解》：「鄭玄曰：『夔欲舜與天下之君共此樂。』」「干揚也。」《集解》：「鄭玄曰：『揚，鉞也。』」「肆直子諒之心。」《集解》：「鄭玄曰：『肆，正也。』」而今《樂記注》皆無之。然則裴駰所見《禮記》鄭《注》本與今本不同。又，《文選・四子講德論》：「周公受秬鬯而鬼方臣。」《注》：「鄭玄《詩箋》曰：『鬼方，遠國名。』」今《蕩》篇「覃及鬼方」《箋》亦無此文。

卷二十七終

〔註6〕「玄」，底本作「元」。下同。

青學齋集卷二十八

新陽汪之昌

古今地學應分幾家說

　　《漢‧藝文志》分別作家，獨無地學名。蓋箸述之涉及輿地者，或不盡為輿地而作。在經學家則若《尚書‧禹貢》、《周官‧職方氏》，在史學家若《史記‧河渠志》、《貨殖傳》、《漢書‧地理志》、《溝洫志》。揆諸全書中，或為一篇。雖後來地學家遞相祖述，而即舉以當地學之專書，偏矣。《隋書‧經籍志》：齊陸澄聚一百六十家之說，依其前後遠近，編而為部，謂之《地理書》。任昉又增陸澄之書八十四家，謂之《地記》。其書大都罕覯於今，其類計已增多於古。就地學專家所箸而論，則分於今者未始非述夫古焉。

　　有總括全局者，若《晉太康三年地志》、闞駰《十三州志》；有分載州郡者，若譙周《益州志》、常璩《華陽國志》。廣狹詳約不盡同，而於風俗之美惡、山川之夷險，無不展卷瞭然。總括者撮其要，分載者備為識，是為地學之正宗。而今之《一統志》、各行省通志以及府、州、縣志昉此。

　　專言水道，始於桑欽《水經》，酈善長名為作注，而不啻撰書。釋道安有《四海百川水原記》，似亦體踵《水經》。是為考求水利之地學。而今之《水道提綱》，尤為簡要詳明。餘若《吳中水利》、《浙西水利》諸書，則猶是總括與分載之別耳。

　　專記帝京，肇始《三輔黃圖》。若楊衒之《洛陽伽藍記》、宋敏求《長安志》，或寄盛衰之慨，或證今昔之異，是為攷古者之地學，而《聖賢冢墓記》、《歷代帝王宅京記》諸書統此矣。

　　嵇含《南方草木狀》、宗懷《荊楚歲時記》，或詳一名一物，或記異方異俗，

是為詞章家之地學，而後之記山水之遊，識方物之略本此矣。

　　《隋志》有《北荒風俗記》、《諸蕃風俗記》，似專記異域情形。然古之誌異域者，罔非侈所見之博，據所聞為實，初無與乎防邊馭夷之計。今則軺車所屆，幾遍地球，而勒為一書，日新月盛，數萬里形勝要害，臚列於方寸簡冊，有裨實用，則為今勝於古者。

　　然而陵谷容有變遷也，疆域又多並割也。惟箸經緯度分則歷久可稽。故治地學，當先明天度。《周官‧保章氏》以星土辨九州之地，是地學之最古最要而今地學家尤推重者。若《天下郡國利病書》，若《方輿紀要》，均鮮及此。惟李申耆《輿地圖》、鄒伯奇《皇輿全圖》，兼標經緯線，最合古法，正不得別分為一家也。然則以地學名家者，自古及今，不亦通然可攷也哉！

官撰輿志書原始

　　《左氏傳》「八索九邱」，解者以索為戎索、周索之謂，邱即丘陵、阪隰之謂，當是上古釋地之書名。《尚書‧九共》即《九邱》，然全篇已佚，無可攷徵。若《河圖》、《括地》、《遁甲》、《開山》諸書，間見傳注援引，而撰者何人，時為何世，初無塙據。《禹貢》備列九州名山大澤、土貢物宜，實後來志輿地者所取法。作者虞廷司空，塙為官撰。然次《尚書》百篇中，體近輿志，而未足當專書之稱。惟《山海經》首列南山、西山、北山、東山、中山經，次以海內、海外、大荒各篇，後之輿志分郡國分道殆昉此。山川名號原委一一臚列，輿志家識山水之體也。金玉草木鳥獸必載，輿志家識土物之體也。至於玉山志西王母所居，瀟湘詳帝二女所遊，則又輿志家述古蹟之體也。然則《山海經》一書實備輿志之體例。

　　漢劉秀《上山海經表》：「禹別九州，任土作貢，而益等類物善惡，箸《山海經》。」秀職典讎校，於時古籍具藏中祕，以《山海經》為益著，必有所據。《吳越春秋》：「八方之民俗、殊國異域、土地里數，使益疏而記之，故名之曰《山海經》。」是兩漢人皆以《山海經》為益撰。《列子‧湯問》篇：「大禹行而見之，伯益知而名之。」雖未言為《山海經》，然篇中四海、四荒、四極以及歸墟、溟海，罔非說地。合劉、趙兩說觀之，所謂知而名之者，古以名為文字，殆指《山海經》一書。列子在周末，則益作《山海經》自古相傳。《虞書》益作朕虞，《史記‧五帝紀》：「於是以益為朕虞。」益在舜所命二十二人之列，其撰《山海經》，所謂官撰。古輿志之流傳，抑亦無先之者，則輿志之出官撰，

當肇始於《山海經》矣。或以劉秀《表》:「文學大儒皆讀學以為奇」,不過以
攻禎祥變怪之物,初未嘗以為輿志書。近畢沅撰《山海經序》,歷證書中山水
可攷信者。又云:「《漢・藝文志》,《山海經》在形法家,本劉向《七略》,以
有圖故在形法家。」攷古時輿志圖與書本相輔而行,《周官》:大司徒「掌建邦
之土地之圖,周知九州之地城廣輪之數」;職方氏「掌天下之圖」。是有圖顯然。
唐李吉甫撰《元和郡縣圖志》,又撰《十道志》。《金田肇碑》引李吉甫《十道
圖》,是輿志有圖。唐人所撰,尚依古法。以圖而論,則《山海經》為輿志書
尤可無疑。今圖雖無存,而書則具在。古輿志書之完備者無逾於此,謂為官撰
輿志之始可已。

各行省測繪輿圖義例參酌古今以何為善議

近年續修會典館檄各行省,繪畫輿圖以備採擇。案:地輿以東西為經,南
北為緯,與天度應合。故繪地者先測定地勢高下、曲直之方向,毫髮不差,斯
稱善本,是測繪分兩事而相表裏。《周官》:「大司徒掌建邦之土地之圖,周知
九州之地域廣輪之數」,可知地各有圖。晉裴秀作《禹貢地域》十八篇,製圖
之體凡六,大要所謂準望。元朱思本留心地學,逢人輒問,病輿圖多華離不合,
為格方之式,每方百里,皆以口問得之,不盡可準。是古已盛行繪圖,自有義
例,浸致湮佚,固由歲月之積久,抑亦有俟於參酌歟?

竊謂測地以審經緯為要義。測經,先定一處為正度中線,或用月食時,或
用四小星掩食木星時,兩地互測,得其時差,化為度分,知兩地相距里數。測
緯,則或用太陽午正高度,或用恒星正午高弧,或測北極高下度。極不可見,
以句陳大星最高最下之度比測之,而北極在本地出地度瞭然。測之器,用勾股
者以矩度,用三角者以儀器。矩度之冪,或百分,或五十分,或百二十分;或
樞心在角,或樞心在中。平置測廣遠,豎立測高深。測定後,以倒直二影及斜
距分與底線互相乘除,而高廣遠邇見焉。儀器之式,或全圓,或半圓,或象限,
或平,或豎,同於矩度測得度分,攷《八線表》,以弦切割線及半徑數與底線
互相乘除,而高廣遠邇亦得焉。蓋直影之度,即八線之餘切。倒影之度,即八
線之正切。矩度、儀器無二理也,以言繪圖,通繪地球全形,止繪一郡一邑,
義例又自殊。別繪全球式,貫南北極為子午經線,平分球面經度三百六十。中
間畫大圈為赤道,南北距極漸近,其度漸狹。又自赤道距兩極為距等圈,各九
十度為緯度。某國在經緯某度,依圖繪之。其式有三:一以子午圈為圓界,令

正東點或正西點合於地心，如自正東或正西參直處視之，謂之正式；一以赤道為圓界，令北極或南極點合在地心，如自北極或南極參直處視之，謂之平式；一以地平為圓界，令天頂合於地心，如人在赤道之或南或北天頂參直處視之，謂之斜式。繪全球者，三式其要領矣。繪一郡一邑之圖，先測定本處北極出地度及偏於本省東西幾度，乃於兩處量定一底線，測左右前後附近之村莊、山嶺，得其矩度，推得里數。又以所推得之數，屢測屢排，漸推漸遠，即得若干正方形、若干長方形、若干勾股形、若干等邊形、若干不等邊形，用各法推之，得各形之積里，然後合成一圖。凡其山嶺崎嶇、水道紆曲，概行折算，以平地直徑為準，無不各肖其真形而合其本位，析之為一郡一縣之圖，合各郡各縣即全省之圖，善當無逾於斯。

然則測繪者，取《數理精蘊》、《測量諸法》及近日《談天測地》、《繪地法原》等書，貫通而參酌焉。今之所為，何不可補古之未有哉！

擬匯選古今輿地家書為《地學問津編》凡例

昔班氏志藝文，不別輿地之名。《隋書‧經籍志》輯所有輿地自為一類，敘言：「晉摯虞作《畿服經》，州郡及縣自分野封略以至先賢舊好，靡不具悉。齊陸澄聚一百六十家之說，依其前後遠近，編而為部，謂之《地理書》。任昉又增陸澄之書八十四家，謂之《地記》。」是摯氏之書出自手定，陸、任兩家則合併眾家而編次之。其書均已久佚，體例亦不可得知。要之，匯古今人所撰箸為一編，輿地家固有前比矣。

案：輿地最為徵實之學，有志經世者所當留心。然相傳釋地之書，或但詳於遠古，止堪資乎攷證；或濫列乎瑣屑，僅備用於詞章。揆之以學名家之義，亦褊且淺，而一覽可盡矣。竊謂今時撰地志者，於古昔撮舉一二，而後來之措置不可遺也。於內地專挈綱要，而邊徼之疆索亦宜備也，於山川概從簡略，而所在之阨塞必具詳也。蓋中原各地，若《元和郡縣》、《元豐九城》等志，歷代成編，尚存至近。而《大清一統志》、《皇朝一統輿圖》以及省志、郡縣志，凡諸官書，其源委罔弗可尋，奚煩贅述，作重儓之別本哉？或謂自創輪舟，而天塹履如平地；兼設鐵路，而絕域近如咫尺。以言通道，則無不通；以言設險，則無可設。又何自而識別其津要，俾為地學者得從入之塗。雖然，輪舟、鐵路有可行之處，亦有不可通之處；有由來之處，即有可阻閡之處。是輿地尤當務之急矣！

爰就披覽所及，凡關涉輿地，時無論其古今，說必求其翔實，要刪為一編。輿地自內及外，以免忽近而圖遠。一切官撰地志，概不闌入。匯選統若干卷，誠未可謂地學之正宗，抑亦備地學之津涉，故署其編曰《地學問津》云爾。選書大旨，詳凡例中：

一、輿地書以詳畫經緯度為第一義。蓋城郭有時改更，陵谷亦或變遷，經緯度則亙古如一。丁取忠之《輿地經緯度里表》較為明備，其於內地各行省及外藩海國度分，咸折以京師中線，尤合大一統之義，故選以冠全書之首。

一、統合天下府縣為一書者，咸以《郡國利病書》為最善。顧氏兼及利病，故為卷尤繁重。茲選其論述輿地之文，形勝沿革大致在是矣。

一、此編所選，若《龍沙紀略》所記，雖止方隅，謹案《四庫全書提要》地理類，稱是書「辨《金史》混同江之名黑龍江、宋瓦之訛松花，搜討黑龍江源與塞外入江諸小水及精奇尼江、諾尼江諸派，多為《盛京通志》所未載，固志輿圖者所必攷，舊附《述本堂諸集》後，以所載悉屬地理，故析而錄之」云云。謹依此例，故《寧古塔紀略》、《金川瑣記》等書一竝採入。

一、此編有將全書載入者，若《三省邊防備覽》等書，以尤切實用也。有就全集中選錄數篇，如《蘭鹿洲集》選《紀十八重溪示諸將弁》、《紀臺灣山後崇八社》〔註1〕諸篇。凡選自文集者準是。有就原書而選錄數則者，如於《康輶紀行》錄提茹、阿娘壩、里塘形勢等條，有關地道者採之無遺。凡選自說部者準是。

一、是編於《西域釋地》、《西域水道記》、《蒙古地理》、《蒙古游牧記》皆載全文，以其地咸隸版圖，奉正朔，在作者或據躬親見聞，或係典籍攷覈，莫不信而有徵；又皆前代記載所未及。故不嫌繁複而畢登焉。

一、近今地理之學，尤皆詳博可據，而此編選法顯《佛國記》、辯機《大唐西域記》、劉郁《西使記》等書，以蔥嶺以西道里無可稽攷，而諸書有方向可循，有時日可數，故匯諸此編，以當道里表焉。

一、海國所在，具《地球說略》中，特選其書。各國惟俄強大而逼處，《朔方備乘》序述最確，選攷若傳若表各篇。法據越南，英據緬甸，與我粵為鄰，故匯《越史略》及《從征緬甸日記》於後。

一、此編通若干卷，就地道之遠近為次第分合，不離析原書。惟名曰匯選，

〔註1〕原題《紀臺灣山後崇文八社》，見《東征集》卷六。見藍鼎元撰，蔣炳釗、王鈿點校：《鹿洲全集》，廈門大學出版社1995年版，第593頁。

限耳目而未得要領，倘地學專家示以門徑，廣為增益，蔚大觀而成巨編，則是書抑猶問塗已。

書趙雲崧《論長安地氣》後

《長安地氣》，趙雲崧《廿二史劄記》之一篇〔註2〕，以周秦後無論一統與夫偏霸，居長安者稱雄。正以地氣所在，莫盛於唐開元、天寶間，洎唐季而

〔註2〕卷二十《長安地氣》：

地氣之盛衰，久則必變。唐開元、天寶間地氣，自西北轉東北之大變局也。秦中自古為帝王州，周、秦、西漢遞都之。苻秦、姚秦、西魏、後周相間割據，隋文帝遷都於龍首山下，距故城僅二十餘里，仍秦地也，自是混一天下，成大一統。唐因之，至開元、天寶而長安之盛極矣！盛極必衰，理固然也。是時地氣將自西趨東北，故突生安史以兆其瑞。自後河朔三鎮，名雖屬唐，僅同化外羈縻，不復能臂指相使。蓋東北之氣將興，西方之氣已不能包舉而收攝之也。東北之氣始興而未盛，故雖不為西所制，尚不能制西；西之氣漸衰而未竭，故雖不能制東北，尚不為東北所制，而無如氣已日薄一日，帝居遂不能安。於是玄宗避祿山，有成都之行；代宗避吐蕃，有陝州之行；德宗避涇師，有奉天、梁洋之行。地之脆輭不安，和氣之消耗漸散。迨僖宗走成都、走興元、走鳳翔，昭宗走莎城、走華州，又被劫於鳳翔，被遷於洛，而長安自此夷為郡縣矣。當長安夷為郡縣之時，契丹安巴堅已起於遼，此正地氣自西趨東北之真消息，特以氣雖東北趨，而尚未盡結，故僅有幽、薊而不能統一中原。而氣之東北趨者，則有洛陽、汴梁為之迤邐潛引，如堪輿家所謂過峽者。至一、二百年而東北之氣積而益固，於是金源遂有天下之半，元、明遂有天下之全，至我朝不惟有天下之全，且又擴西北塞外數萬里，皆控制於東北，此王氣全結於東北之明證也。而抑知轉移關鍵乃在開元、天寶時哉！今就唐書所載開、寶以後長安景象日漸衰耗之處，撮而敘之，可以驗地氣之變也。唐人詩所詠長安都會之繁盛、宮闕之壯麗，以及韋曲鶯花、曲江亭館、廣運潭之奇寶異錦、華清宮之香車寶馬，至天寶而極矣！安祿山兵陷長安，宮殿未損，收京時戰於香積寺，賊將張通儒守長安，聞敗即遁，未暇焚剽，（惟太廟久為賊所焚，故肅宗入京，作九廟神主，告享於長樂殿）都會之雄麗如故也。代宗時，吐蕃所燔，惟衢術廬舍，而宮殿仍舊。朱泚之亂，李晟收京時，諸將請先拔外城，然後北清宮闕，晟曰「若收坊市，地隘人囂，非計也。賊兵皆在苑中，自苑擊之，賊走不暇，則宮闕保安。」乃自光泰門入，泚果遁去。遠方居人至有越宿始知者，則並坊市亦無恙矣。故晟表有云「鍾不驚，廟貌如故。」蓋地運尚有百餘年，故不至一旦盡埽也。黃巢之亂，九衢三內，宮室尚宛然，自諸道勤王兵破賊後入城，爭貨相攻，縱火焚掠，市肆十去六、七，大內惟含元殿獨存。此外惟西內、南內及光啟宮而已。僖宗在蜀，詔京兆尹王徽修復，徽稍稍完聚，及奉表請帝還，其表有云「初議修崇，未全壯麗。」則非復舊時景象可知也。及昭宗時，因王重榮、李克用沙苑之戰，田令孜劫帝出奔，焚坊市並火宮城，僅刈存昭陽、蓬萊二宮。還京後，坐席未暖，又因李茂貞之逼奔華州，岐軍入京，宮室廬閭，鞠為灰燼。自中和以來，王徽葺搆之功，至是又埽地而盡。於是長安王氣衰歇無餘矣。（見李晟、王徽、田令孜及黃巢等傳）。

衰竭，地氣乃自西北而轉東北，於時安巴堅雖起於遼，必先以洛陽、汴梁，迤
邐潛引地氣，隱與之趨，故元明都燕而一統。

趙氏所云，殆習聞東南不足控西北，西北足以制東南之說，於漢、唐確有
明證，而無解於元、明來之都東北，不得不諉之地氣盛衰所分。不知統大地全
形言，西北自勝東南；即西北二方言，西固未見可制北也。郡縣天下之勢，與
三古封建之世不同。就秦漢以降攷之，秦祚迫促，而鉅鹿一戰，咸陽為他人禽。
漢以文、景朝為極盛，塞北之匈奴闌入邊郡，幾於史不勝書。東漢以長安不可
都而都洛，據《潛夫論‧救邊》篇，羌虜背叛始自涼，並延及司隸，東禍趙魏。
統觀東西京事變，趙氏所謂長安盛時，未必能制北方；逮不能安居長安，而鮮
卑、烏桓益易種於北方。唐置安北都護都督府，而吐蕃、回鶻咸受羈縻，深知
西、北二方相表裏。中葉釁起漁陽，河北藩鎮浸成跋扈，河隴之地盡沒於吐蕃。
是北方不靖，長安即不能安，豈唐以前長安之由安而漸至不安，由不安而仍復
於安，地氣之衰者不難轉而盛，何唐以後之地氣衰者，乃永終於衰乎？

案古九州疆域，長安地迤西而近北，實倚東北方為輕重。趙氏所謂盛衰罔
不由東北方之安否，若漢及唐各代往跡，史冊有明徵，後之都東北，殆有見於
斯。趙氏以遼僅有幽薊，為氣趨東北之始；金有天下之半，為氣積東北之漸。
攷《五代史》，契丹當唐之世，其地北接室韋，東鄰高麗，西界奚國，而南至
營州，全境不過中原之數州，特以當中原東北，無論五代之際號中國主者，率
聽其廢興。宋以中原全盛之勢，止以歲幣求無事。至金起混同江，亦在東北，
而遼遂不能支。元起和林，金遷汴以避之，適蹈宋之故轍矣。明成祖封藩於燕，
深悉據上游以控御六合，莫逾於此，遂移都於元之故都。厥後額森、諳達之桀
黠，先後入犯，卒復無所動搖。則以形便在東北，而西北之寇終莫能遏。

趙氏謂我朝不惟有天下之全，又擴西北塞外數萬里，皆控制於東北，此王
氣全結於東北之明證。案今之畿甸，古為冀州，廣博遼闊倍於雍豫。東北值艮，
所謂成終成始之方，規模宏遠，形勢完固，豈止天下第一好風水？固與帝王之
居相稱，萬億年不拔基此矣。趙氏所論長安地氣，謂之論唐代王氣已。

水之寒溫關係地之盛衰說

《管子‧水地》篇：「地者，萬物之本原，諸生之根菀也。水者，地之血
氣，如筋脈之通流者也。」是地之體見為靜，水之體見為動，動靜雖殊，而實
有互相為用之妙。水之周流普徧，無往不達，然所滲漉，所瀦渟，要不離乎地。

地足以承受乎水，水與地有默相關係者。《爾雅》:「江、河、淮、濟為四瀆。四瀆者，發源注海者也。」此四水為中國之經流。《莊子・天下》篇:「支川三千，小者無數。」然水雖所在皆是，而其性不過曰寒曰溫二端。《白虎通・五行》篇:「水位在北方。北方者，陰氣在黃泉之下。」又論五行之性，水寒。《內經・五運行大論》:「北方生寒」，則位北方而性寒之水，自宜以寒為常，而溫非所宜。乃有水而獨覺其寒者，容有不覺為寒而相較為溫者。釋水者以寒溫之異，非水有時而寒，有時而溫也，亦非水之自能為寒，自能為溫也，實關係於地之盛衰。

案:《說文》:「地，元氣初分，輕清陽為天，重濁陰為地，萬物所陳列也。」水亦陳列之一，所謂「本乎地而親下」。則地之盛衰，於水微見其端倪，固宜《禮記・禮運》「地乘陰竅於山川」，則凡名川大澤，莫非地氣所寄宜。《月令》:「立冬，盛德在水，於時水始冰，地始凍」；極之季冬，「冰方盛，水澤腹堅」。據「仲冬地氣沮泄」《注》:「大陰用事，尤重閉藏。」大陰用事，正謂地之盛時，而水乃由始冰而浸致於腹堅，則水之寒繫乎地之盛，不啻息息相通。《傳》言:「天傾西北，地不足東南。」《禮記・鄉飲酒義》:「天地嚴凝之氣始於西南，而盛於西北。天地溫厚之氣始於東北，而盛於東南。」東南為地不足之方，而溫厚之氣於東南而偏盛，以言水之溫明繫於地之衰矣。

案:溫屬陽，寒屬陰，水內陽外陰，與積陰所為之地類同，而所秉受之陰陽不盡同。陽之藏於中者，本包於外之陰，故但覺其寒而不溫。加以包舉於積陰之地中，盛則包於外者益重且固，而水之外陰坿合於地之積陰，而愈形為寒。衰則包於外者勢不能周密，水所含之微陽無與為遏抑，遂潛泄而寒轉為溫。此又參諸陰陽之理而恍然者爾。

河運說

自明開會通河，而江浙等省之粟率由以達燕京，習為故常。至道光時，漕務疲弊，試行海運，以節浮費，以速行程，上下咸稱便。咸豐、同治時，遂全以海運。近者法夷背叛，出沒海中無定在，慮其阻撓我糧艘，遞有議覆河運者。

案:海運本以濟河運之窮，今則仍以河運濟海運之窮。世之論漕運者，以為海運視河運較捷，不無風濤漂損之虞；河運視海運為安，亦有淤淺濡滯之患。然此論其常。今以輪船裝糧，較舊用沙船尤為穩固，向所患者可無患，刻期蕆事，費漸行利，萬無捨海從河之理。即論其變，明邱濬有言:「會通河如人之

咽喉,一日不下嚥即可慮。」可見河運本非經久之策。

姑就目前度之,海運誠恐齎盜糧,河運經行中國腹地,斷非法夷所能覬覦。殊不思江浙漕粟必由江達河,江海咫尺,夷船平時往來習慣,逆夷方恃劫糧為挾制,既不能安然渡海,又何所恃而截其入江?逆夷知漕船所必經,陡然闌入,亦意中事,則危險正相等耳。

竊謂欲絕逆夷一時之要挾,正可籌萬世無窮之利。當承平無事時,無端創立一議,驟改數百年通行之成規,所謂難與慮始者。夫孰從而信之,更孰從而行之。以東南之粟轉漕京師,元明已然。以有餘補不足,事勢所會,斷難更張。變故在茲,宜籌久遠。有不煩漕運者,莫如興西北水利。西門豹守鄴,變斥鹵為膏腴。張君遊開狐奴稻田,制匈奴之侵軼。往事不必論,近藍理治田,玉田、豐潤等縣,至今粳稻盈阡陌。方苞謂山東馬蘭屯一帶,盛夏水潦深丈餘,若江南圩田法築堤圍之,當可省東南漕粟之半。一則效已明著,一則地可栽種,是畿輔何嘗非宜稻之區?乘太倉歷年蓄餘,自可支持,不必汲汲於東南漕粟。宜令徵糧州縣,各徵折色解部。並令畿輔州縣,審視境內有與玉田、豐潤、馬蘭屯情形正同者,一律興治。即以解部之折色,撥充經費,數年後必有可觀。根本之地,民食餘裕,何煩仰給外省?所減東南之轉輸,留作海疆之防費。一轉移間,逆夷思以漕運之阻而逞挾制之計者,我且改漕運之舊而備征剿之資焉,本不必運,何有於河?不特折一時之狡謀,亦且行永久而無敝矣。

開濬吳淞江議

吳淞江,舊傳為三江之一,濱海通流,為三吳水道之咽喉。考《天下郡國利病書‧三江》篇,歷引《禹貢》、《周禮》及《史記正義》,謂今淞江自吳江縣東長橋,東行二百六十里入海。自元立淞江府於水之南,而此江遂名吳淞江。原委犖然。案前代自《禹貢》以至宋初,未有言濬吳松江者。不言濬,則未嘗塞可知。自宋慶曆間,吳江建長橋以便挽道,初以木,繼甕以石,於是上流始緩,海之濁潮得入江而與水勢爭,有淤塞之患矣。元代特設都水利,以專理其事,建設四閘,以遏阻潮水闌入。故終元之世,不勞疏鑿之功,殆以斯。嗣值張士誠竊踞,日尋干戈,江口漸湮塞,閘座已廢不可問。繼以明之因循,江流浸失其舊觀。於永樂時,夏原吉治水浙西,疏稱吳淞闊百五十丈。逮隆慶間,海瑞治吳淞,則云:止存三十丈。曾歲月之幾何,而測量吳淞江者,由廣遞殺而狹,懸殊至此,其為渾潮淤塞無疑。蓋潮之來也,渾入而清出。吳諺謂:「海

水一潮，其泥一箸。」一日兩潮，厚幾一錢。一歲三百六十日，厚三百六十錢，二尺餘矣。故吳淞江凡潮所及處，不待年深歲積，往往成沮洳，為平陸。則開濬之說，在吳淞江尤為要義也。

嘗觀《皇朝經世文編》所載，論吳淞江當開濬者凡若干人，朝廷發帑開濬者，前後不計凡幾次，邇來又漸淤塞矣。特昔之開濬以務農，而此時則更以通商。且昔之開濬以籌水利，而今此則亦以厚海防。張宸《再陳吳淞江應濬條議》謂海邑自二十五保至二十三保，至二十七保、二十九保、三十保，沿江一帶田之棄而不耕者，一望黃茅白葦。即可耕之地，亦俱折糧下鄉。上海止十五保，而因吳淞江塞以使之拋荒者且有五保。若開濬之後，潦有所泄，旱有所蓄，五保皆膏腴。此專就田疇言之。自各海國通市以來，上海尤中外商賈輳集所在，吳淞江口乃出入經由之要道。輪船高大，便捆載而多藏，抑且利涉波濤，來往尤形迅疾。中土之懋遷有無者，率埠行而博厚利。故上海雖海濱一邑，而居民富庶，幾幾一大都會。設以江口積淤，巨舶行多窒礙，安知不改而之他，繁華之區頓轉衰落歟？

或謂水利浸失，將高原下隰，向稱宜禾稻者，至是而僅殖菱蘆，正供固不免虧損。邇來各海國之以貿易踵至者，或假遊歷為名，無非窺悉我腹地險隘，任其所之，夫孰得而禁遏？吳淞江為海國來中土所必經，江口日漸淤塞，兵輪鐵艦進退勢必不便，正限隔中外之意，何取於開濬？吾謂此說直兒童之見。彼海國去吾中土渺不計其幾千萬里，其人不憚衝長風，犯巨浪，終於涉吾地而如所願，區區濫沙浮泥，安可恃為設險，而以開濬為失計？且深山絕澗，向不通行之處，方且議築鐵路，以通道而速達，豈有津要如吳淞江，水勢微弱如斯，尚不急圖開濬乎？

開濬經費，專發官項為正辦。否或攤派於田畝，則水利之沾溉所及也。否或集捐於市廛，則貨物之進出由此也。要勿令非我族類與其間，以示體制。若開濬等具，或用外洋挖泥機器，滬地嘗購以小試，去積污頗有明效，較向來挑運遲速懸殊。或仿外洋刷沙之法，用千匹馬大火輪置船旁，可上可下，於潮退時下其輪，使埠於沙而轉之，沙四飛，隨潮而去。如法以濬，使下流迅駛，則上流雖不濬，而自有一落千丈強之勢。開使廣而濬使深，時無論久暫，功勿致斷續，積之既久，雖不必逮復古三江故道，而吳淞江要不至湮塞已。謹議。

自元以來言畿輔水利者多矣獨龔璱人以為不可行辨

元都燕京，仰賴東南之粟，其時虞集嘗有《創興畿輔水利議》。明隨元制，若邱濬、徐貞明、汪應蛟、左光斗等，皆有意西北水利，或小試未竟，或箸有成說，大抵謂行之有效無異詞。

近龔璱人撰《乙丙之際箸議》，第十九自述「壬申春出都，近畿小旱，車夫以棰柄擊道旁土，襆襆然落，形如棰。明年入都，又旱。山東老父言：吾土犅不受水，受亦即竭，安得南邊松泥？又，舊邸抄有言：東南之土肌理橫，故宜水。西北之土肌理直，故不宜水」。據龔所見聞，則畿輔水利之難行，實由於不可行。

雖然，議論每本成見，而發其見諸言者，尤當以事為驗也。時會容以歷久而殊，其宜於古者，務必使近可法也。自元以來，言畿輔水利者，規劃未免稍有出入，而無不信為可行。其諸施行於一隅，與中輟於數月，經理遺跡流傳，論世者猶歡息於功之未竟。近而國朝若李光地、朱軾、胡寶瑔、藍鼎元等，論列畿輔水利，類皆指陳鑿鑿，具見章疏文牒中。最顯而易見者，雍正時修治畿內水利，分設立京東、京西、京東南、京西南四局，怡賢親王總其成，高安相國為之輔，經營甫及三載，得田至七千餘頃。賢王逝後，一廢不復舉，有似終不可行者。然畿輔間尚有羹魚飯稻之鄉，迄今猶蒙利賴，宛與東南澤國無別。何所見西北之土犅不受水，異於東南之松泥歟？且夫不並立者，利與害也。不善用之則為害，善用之即為利，莫水若也。畿輔諸水欲求沾其利益，必先審別其形勢。巨川如滱陽、滹沱、清河、白溝、桑乾、潞河、灤河以為經；支流如滱、洺、徐、白諸水以為緯；廣之以淀泊，北之淀泊，即南之湖，如東西澱、寧晉泊、七里海是；繼之以水泉，如雞距、半畝是；終之以沿海，如天津、靜海、坼海是；務令脈絡無有溷淆。大約經流可用者少，故滱陽、桑乾用於上流而不用於下流。支流則為閘壩用之，淀泊則為圍圩用之，水泉則載之高地，分釃用之；沿海則築堤建閘，蓄清洗咸用之。措置之法，要在因地制宜，以東南水地之獲利，仿行於畿輔，不特平者成膏腴，下者資瀦蓄，即高原之水有所洩縱，非宜稻之區，梁麥當亦倍收。元以來諸人云云，初非姑試，以冀萬分之一也。然則畿輔水利為可行抑不可行，不待辨已。

玉繩謹案：《御批通鑑輯覽》於徐貞明領墾田使條，議其《請興西北水利疏》，以為未能審形度勢。又議其《潞水客談》，以為書生迂闊之見。此必擬批之臣及其族若戚有占田者，恐仿行之有所不便，遂為斯語耳。徐領墾田使甫及一歲，已墾三萬九千餘畝。此為明效。至怡賢親王

事赫然在目前，薨逝後一廢不復舉，亦必有所不便者隱撓之耳。龔氏《定盦集》，大率好空論而不求實際，抑亦不足辨已。

長白山發祥攷

　　洪維聖清，亭毒八荒。東南跨海，西極徼至愛烏罕，北極徼至烏梁海總管治，幅員之廣大，為史冊所未有。顧嘗讀《商頌》，曰「截海外」，曰「式九圍」，而追敘中葉之震業，上溯諸立子生商，所謂「長發其祥」，無非見來之有自。況我朝之出震方而受乾符哉！謹考計六奇《明季北略》，我太祖高皇帝建號稱尊，當明萬曆四十四年。魏源《開國龍興記》，我太祖高皇帝生明嘉靖三十有八年。溯之肇祖，當在明正統、景泰之際。由肇祖而上至長白發祥之始祖，當在遼金末造。源據《開國方略》載天女所生始祖，傳數世而遭難，又數世而肇祖生，當不過十世內外。太祖責布占泰曰：「我愛新覺羅上天降生，數世以來，遠近飲服。爾縱不知百世以前事，豈十世以來亦不知耶？」此世數不遠之明證。

　　謹案《皇朝通攷·輿地門·盛京篇》：我朝發樣長白，自遠祖定三姓之亂，居俄漠惠之野鄂多哩城，在今寧古塔西南三百餘里，國號曰滿洲，是為滿洲國開基之始。逮肇祖光復舊業，始居呼蘭哈達山下之赫圖阿拉地方。攷赫圖阿拉在蘇克素護河、嘉哈河之間，西距盛京二百七十里，東距寧古塔千二百里。《通攷》：「烏拉在盛京東北八百二十餘里，在寧古塔西六百二十里，南至長白山。」是長白山在烏拉之南，鄂多哩城在寧古塔西南，赫圖阿拉在寧古塔西，咸與長白山近。馮一鵬《塞外雜識》：「五國城在寧古塔東北七十里，長白山在船廠東北四百餘里，白山之上，江源之旁，有十二峰環峙如屏。」楊大瓢《柳邊紀略》：「長白山在寧古塔南，舊圖皆畫於其北。」吳兆騫《謫寧古塔記》：「寧古塔西行百里曰沙嶺，有金時上京故城。東三里覺羅村，即本朝發祥之所長白山所在。」諸說具可參觀。

　　攷《金史》，大定中，封長白山為靈應王，又加封帝號。是在前朝已夙著靈應矣。案：五嶽惟泰岱以居東方稱宗，《周官》言正東青州，據古時青州跨海為界之義，則長白山實岱宗所導原。然則長白一山，占成始成終之位，而統方岳之尊，自開闢以來，滂薄鬱積，鍾靈毓秀，佑啟我聖清億萬年無疆之體在斯矣。謹攷之如右。

　　　　遇此等題，當摹儗長卿《封禪》、孟堅《典引》等篇，喬皇典麗，
　　　方稱合作。然談何容易。或傳合經義以發揮，尚不失頌揚之體。若

橫發議論，勢必動多窒礙，至於平鋪直敘，不特不能動目，直是鈔
錄成書。此作尚不致斯二失。己丑清明日識。

新疆各路皆漢西域地山川風俗物產見於《漢志》者今昔同異說

新疆為中國西徼，東西七千餘里，周圍二萬餘里。《西域圖志》分為四路：
嘉峪關、玉門、敦煌至安西州，為安西南路。哈密、鎮西府、迪化州，為安西
北路。庫爾額喇烏蘇至伊犁、塔爾巴哈臺，為天山北路。闢展、哈喇沙爾、庫
車、葉爾羌、和闐，為天山南路。《西陲要略》：「新疆境內諸山，東以天山為
主，西以蔥嶺為宗。蔥嶺者，葉爾羌西南大雪山。山脈起蔥嶺，分為二支。其
一南折而東，越和闐，通青海，還抱安、肅、甘、涼之境，為南祁連，《漢書》
所謂南山者是。其一西折而北，越喀什噶爾，通伊犁、烏什、阿克蘇，直趨土
魯番、哈密，為北祁連，《漢書》所謂北山者是。」然則今之新疆，即漢西域
地無疑。自來攷輿地者，城郭有移徙之非舊，方音有譯轉之各別，惟山川則罕
有更易，風俗則相習流沿，物產則各視土宜。山川也，風俗也，物產也，欲稽
核方隅今昔之同異，此三端較為可憑。

西域山川之見於《漢書》者，《傳》云：「南北有大山，中央有河。」又云：
「其河有兩源。」當為西域最著之山川。徐松《補注》以今地理證之，西藏部
阿里屬之達克喇城東北三百十里，有岡底斯里，即古崑崙。其山分四幹：向北
者曰僧格喀巴布，當和闐正南。僧格喀巴布分二支，一支東趨，為《張騫傳》
及此《傳》所稱南山，以在西域之南。一支過和闐，西北趨千六百餘里，發為
齊齊克里克嶺、喀什塔什嶺，又西為和什庫珠克嶺，而北折為吉布察克山。又
折而東，為阿喇古山。復東，為喀克善山。環千八百餘里，統名蔥嶺。蔥嶺又
東趨為天山，過回疆北，至巴里坤東北而止，是為西域之北山。中央之河，《補
注》：「即塔里木河。」河東流，互西域中。河出蔥嶺者二：一曰蔥嶺南河，其
河東源為聽雜阿布河，西源為澤普勒善河，合為葉爾羌河。一曰蔥嶺北河，其
河西源為雅璊雅爾河，東源為烏蘭烏蘇河，合為喀什噶爾河。河出于闐者一，
于闐即今和闐，其河東源為玉隴哈什河，西源為哈喇哈什河，合流為和闐河。
然則《傳》言兩源，今則實為三源，此同中之不無小異也。

《傳》：「西域諸國，大率土著，有城郭田畜，與匈奴、烏孫異。」案《匈
奴傳》注：「城郭，謂諸國為城居者。」今天山南回部皆有城郭田畜，同漢時
西域國。天山北蒙古部落事游牧，同漢時匈奴、烏孫俗。《大宛傳》：「其人皆

深目，多鬚髯，善賈市。」《補注》：「今安集延種人近之。」《西陲要略》有安集延略齊商回。此今昔風俗之大概可見者。

《莎車傳》有鐵山，出青玉。今葉爾羌河所經之密爾岱山出青玉。顏師古蔥嶺注引《西河舊事》：「蔥嶺其山高大，上悉生蔥。」《西域釋地》：「今伊犁西南卡倫外有善塔斯嶺，滿山徧產野蔥，即此山之分支。」是嶺之生蔥，漢時已然，又物產之可徵者也。

然則今新疆之山川、風俗、物產，初無大異於漢之西域也。

天山南北路攷

天山之名，見於《漢書》，亦稱祁連。於漢為西域，今則為新疆，處中國極西之徼，舊有布魯特、安集延、哈薩克諸部落環列其外，互相拱護，近則與俄羅斯接壤矣。處邊方之窵遠，饒豐阜之物產，尤易啟窺伺於旁者之奸謀，則天山疆域亦籌邊防者之急務焉。

攷新疆以伊犁為總匯之要區，以哈密為出入之門戶。昔則準部、回部有別，今即北路、南路所分。《漢書·西域傳》所謂南道、北道，《西域釋地》謂皆在天山迆南。天山橫亙哈密之西，南北兩路當從此分。自哈密循天山之南，迤邐西南行千三百里至土魯番，又八百七十里至喀喇沙爾，又九百五十里至庫車，又七百三十里至阿克蘇。其西北二百里至烏什，西南千三百五十五里至葉爾羌，其東南七百七十里至和闐。西二百九十里至英吉沙爾，又西北二百一十里至喀什噶爾而極，是為南路。自哈密踰天山之北，迤邐而北行三百二十五里至巴里坤，又七百二十里至古城，又四百五十里至烏魯木齊，又八百三十里至庫爾喀喇烏蘇，其北七百六十里至塔爾巴哈臺，又西一千九十里至伊犁而極，是為北路。據此則今之南路、北路，直統天山而中分之。

或謂以形勢論，北可以控南，故先時各回部受制於準夷，卒見併於準夷。初定新疆，為善後計者，北路屯田十八萬餘畝，而南路不及五分之一。設兵則北路駐防，而南路僅換防，皆可為證據。洪亮吉《曉讀書齋雜錄》謂「自涼州西至伊犁，沙磧中皆出鹽，味較海鹽、池鹽更美」；「伊犁空鄂爾峨博產煤優佳，熱之即燃，宿之不滅。一曰闥里筩，產金。一曰索果，產鐵」。魏源謂「南路東四城膏腴不及西四城什之二，即北路伊犁亦不及焉」，且謂「南路之玉不減北路雅爾之金礦」。此僅就物產言。而南路之喀喇沙爾，西陲要略，有布古爾葦湖，上有土橋，乃西入回疆之咽喉，即《漢書》所謂土橋之險。凡自葉爾羌、

和闐、喀什噶爾、阿克蘇、庫車、英吉沙爾、烏什等處來者，皆於此渡，捨此別無路徑，險要可知。伊梨西南及阿克蘇、烏什西北一帶，皆布魯特游牧。英吉沙爾西南之烏魯克卡倫，距巴達克山回部一千七百里。喀什噶爾所屬卡倫，亦與布魯特游牧連界，則本通外藩。案：自和闐西南行，月餘可達西藏。商回之由西藏西北拉達克之地往復貿易，有至葉爾羌者。南北本相輔車，又得西藏相援助，聲息既聯，聲勢益壯。昔準噶爾據有南北路，思與中國抗，然則布置得宜，即此南北兩路，加以中國之全力，尚何覬覦者之憂哉！

新疆臺灣置省論

新疆本漢唐西域地，漢設都護校尉，唐開北庭四鎮，大都以遙控者為羈縻。臺灣雖近在南海，自古不通中國，至我朝而悉隸版圖。新疆處西北極徼，臺灣峙東南海中，雖水陸異其道，廣狹異其形，要同為邊防利害所關。

攷各行省官制，上而督撫，下而州縣，即荒陬僻壤，往往分設丞簿，防衛何等嚴密。新疆自將軍外，若領隊大臣，若辦事大臣等，分治其地，或參用回官以理事，與內地迥乎不同。即臺灣設有府治，以統廳若縣，論者謂揆諸全臺形勢，已偏於南。夫費帑藏數千萬，勞兵力若干歲月，以開通其道，撫定其民人，原欲永為內屬，何嘗有異域之見存，而顧不一律置省者？新疆準回舊部，別自為其風氣；臺灣本番夷雜處，經鄭氏驅除有年，豈能遽就約法？今深山林箐中之生番可證。設甫經略定，一切繩以中國之法禁，所謂非常之原，常人所懼，勢必如以冠帶束猿猱，恐驚觸跳踉無已時。故在新疆，酌漢唐故事而略為變通，以疏節闊目者示寬大。臺灣俾坿閩省，庶省徭役而無分內外。而兩地自歸順以來，迄今幾近二百年，中國之法制禁令，雖未能事事奉行，久已習熟於聞見。平日之發一政，施一令，無非為保衛民生，地則變舊治而更置省，亦必因時制宜。且欣然於與內地之民無異視也，則置省所以結民心。且新疆地居西北，俄羅斯實與偪處；臺灣夙稱富庶，而海夷之輪舶可通；惟置省以控扼，一則壯關外之藩蔽，一則聯瓊州之聲勢，則置省又以弭外侮。

觀於閩、粵，在漢初猶隔化外。自武帝開郡而後，遂為聲明文物之邦。雲、貴兩省間苗夷錯處，自我朝改土歸流，蠢動之警罕聞，亦其驗也。至新疆設立府州縣處，龔自珍《西域置行省議》臚陳之；臺灣之闢荒蕪、撫番種，藍鼎元《平臺錄》亦以為言。故略不復贅，第就置省之宜於今者論之。

西南邊防議

中國行省，西南以滇蜀為邊，滇較蜀更遠。蜀產米鹽，滇產銅金，足以供食用，備鼓鑄。其地山水率險阻，其外夷苗相拱蔽。比之東南瀕海諸行省，海道處處可通者，形勝絕不同，故議防西南者輒以嚴守險隘，加恩土司為策。竊謂此特昔日西南防苗，非今日西南之情形也。昔之若緬甸，若暹羅、安南與我壤地相望，為我西南屏蔽。今此諸國久見侵蝕於彊鄰，幸存者又有相與分國而治之，是則實逼此者，非復為我候遮之藩封。其地富，易以招覬覦。其勢孤，易以啟戎心。幸而無事，或時未便，釁無隙耳。與其制之於既發，孰若籌之於未然。與其據守以自隘，孰若出奇以制勝。故為西南計，不當以閉關為防，當通道以廣聲援；不獨以保境為防，當進規而扼要口。蓋自守者能保我之不生事，而不能必鄰國之不挑釁。一隅應之，不如統大局籌之矣。攷滇系雲南騰越州，以地望準之，正與天竺東西相值，其間赤髮野人隔之，野夷歲輸皮貢於騰越，則非不可闢之區。若入版圖，則境壤相接，騰越至天竺不過八九百里矣。又攷《一統志》，廣西鎮安府所屬有歸順及下雷峒，與安南接界。二峒迤西則云南界。試仿改土歸流之法，擇要控扼雲南、西藏、廣西三處，勢成掎角，聲息相通，此陸路之宜籌者。雲南黎花江經安南入海，由海口溯流而上，《海國圖志》謂「巨舶可揚帆直駛雲南，至安南有二道，一循洮江左岸，一循洮江右岸」，則洮江尤扼要之處。洮江即富良江上流。安南向恃富良江為險要。經營洮江，不特有高屋建瓴之勢，亦可與廣西通援。此水路之宜籌者。水陸兼備，其餘叢雜徑路，量地分別布置。若零星設防，不特於事無益，轉使兵分勢弱。大略既定，按兵坐視，可遙為藩屬之援，可牽制敵人之動。以逸待勞，彼越國鄙遠者其能與我曠日以持乎？其敢挑我邊陲之怒乎？吁！綜西南全勢而論，地險足以供守禦，物產足以資度支；土人勁勇，募練以成軍；苗蠻招徠，指麾以聽用。在防邊者規畫之耳。

書姚瑩《康輶紀行》後

《康輶紀行》十六卷，桐城姚瑩撰。《自敘》：「所紀六端：一、乍雅使事始末；二、剌麻及諸異教源流；三、外夷形勢風土；四、入藏諸路道里遠近；五、泛論古今學術事實；六、沿途感觸雜撰詩文。」全書大概如斯。

瑩負幹濟材，道光中官臺灣，適英夷構逆，瑩防守海疆，摧敵者屢矣。據《自敘》：「自嘉慶中，每聞外夷桀驁，竊深憂憤，頗留心此事。」是於殊方異

域之要領，訪究有年。此書作於官蜀時，奉使乍雅。乍雅一名康，故即以「康輶」名所箸。乍雅雖蕃僧世有其地，亦一川省入藏之要道也。述經歷之險夷，識耳目所聞見，夫豈告勞苦、侈博異之所為？論乍雅而兼攷西藏，因西藏而竝及回疆。蓋西藏、回疆兩地，為中國邊徼，自英夷規據印度，與我西藏逼處矣。回疆之杜爾伯特若、塔爾巴哈臺等處，又與俄夷接壤矣。其末卷錄《圖說》十三篇，殆欲閱者識地球形勢。或遠交而近攻，或因利而乘便，權必我操，氣毋自餒，烏有動靜聽命於人之理。

吁！當瑩成書之日，英夷甫就款約，俄夷亦不聞違言，保無有訾其好議論而過計？而昧於地形者甚且謂諸夷遠阻重洋，大率便於海道，而陸路非其所習。乃曾幾何時，俄夷乘中國有事闖入回疆，英夷請乞於西藏通市，亦不幸而其言多中哉！其云夷人畏威，難德化，雖指乍雅，實則洞悉外夷情狀，為古今馭夷之定論。若漢武帝之開西域，唐太宗之平突厥，均非不戰而屈之。即西藏之蕩平，回疆之底定，取亂侮亡，尤近事之昭昭者。瑩請以兵行，而大吏斥以張皇，自損威重，坐失機會，況夷更狡於乍雅，事有難於乍雅之役哉！觀其書，披其圖，不禁為任夷務者望焉。爰書其後云。

保護安南議

安南世守藩封，扞蔽海疆。前粵匪構難時，法夷乘中國有事，占踞安南西貢。近又有海防之役。實逼處此，安南勢在難支。置之度外，殊非懷柔遠人之道。為之遣戍，又有防不勝防之虞。則籌所以保護之者，萬不可緩，亦殊難盡善。聞諸孟子「民為貴，君為輕」。今日之為安南計，正當援孟子之言以定策。攷安南上世曾經抗拒明師，似其地利未嘗不可恃，民力未嘗不可用。何法夷一動，易於摧枯拉朽？安南主之不能君，已不待言。顧安南民何辜！既久為法夷所束縛，復坐受法夷之蹂躪，其何以堪！

夫安南，自漢及唐，本為中國之郡縣。趙宋不能有其地，乃割為外藩。明永樂時，復取為郡縣，立都布按三司，分為十五府五州。宣德初，官不得人，仍致淪棄，然嗣主俟中國冊立，按年修中國貢奉，固無異中國之人民也。此猶可諉曰前朝事耳。

我朝乾隆時，黎阮日尋干戈，生靈困弊。高宗皇帝命將出師，削平其難，不屑因其危而有其地，念嗣守者尚能綏安境內，爰仍舊封。同治、光緒間，安南內亂乞援，我提都馮子材先後出關，再為戡定，赫若前日事，非視安南之人

民猶中國之人民、不忍使其失所乎？今安南嗣主孱弱不振，失守祖宗封壤，辜負皇朝寵命，是即中國之任疆寄而溺厥職者，惟有簡選賢能，以善其後，其下庶不致久罹辛苦墊隘之憂。然則處今日而議安南，其君屢經保護於前，而不能自保於後，則亦保護其民而已，莫若籍其土地民人，歸諸我朝，仍改行省，近與雲南、廣西聯絡形勢，聲息相通，鎮以威望重臣，延彼垂絕之命。本我朝之所撫存，有安南不為貪。為我朝之土地，非法夷所得過問。法夷之在安南者，一律驅逐出境。即援通商例，亦止於海口棲寄，不當闌入腹地。法夷敢有違言，則云南、廣西鄰省輔以奇兵，南掌暹羅與國截其去路。況烏槽戰艇，富良江口，何難以殲英兵者殲法夷？隨機制勝，更不煩內地一兵一矢者。益安南積衰，久為法所挾持，萬無復振之理。改絃易轍，則民困既蘇，民心自固，窺伺其旁者必且逡巡而不敢進。觀於大軍定新疆伊犁各城，俄人覘我有事而竊踞者，至是而束手奉歸。近事匪遠，與法夷之占安南正相類。安南民之出水火而登衽席，在此一舉矣。

國朝乾隆以前綏馭四裔攷略

皇朝一統九有，凡諸裔夷陸讋水栗罔不歸命輸誠，要以高宗朝為極盛。攷歷來紀載所述，求當日綏馭之策，竊見仁育所施，尤在義懲之肅。然則德懷威畏，道固竝行而不悖者也。內蒙古五十一旗、外蒙古八十六旗、前藏後藏、準部回疆等處，始或勞動師旅，久已編坿版圖，異域也同於內地矣。海島種夷，朝貢不限，以定期貿易，許就其便地，任去來，而不屑羈縻，此又綏馭之變通者，無論矣。攷太宗朝，朝鮮恃明為援，自外聲教，我師入其王都，李倧束身謝罪，永為不侵不叛之臣。聖祖朝，俄羅斯犯我黑龍江，設以大兵懲創，安知不與準噶爾同隸圖籍？乃念其榛狉，略加詰問，都統彭春等獵以耀兵，俄即遵奉條約。后土爾扈特部內坿，不敢叢中阻矣。阿睦爾撒納遁匿索，即移屍獻矣。其說服者固以有威可畏也。世宗朝，廷議改土歸流，爰拓苗疆。已改者永清反側，未改各土司，若四川、雲南之宣撫、安撫諸使，貴州、廣西之長官、司副，捍衛我邊陲者，初非尺檄所能通，亦非文教知所慕也。高宗朝，緬甸作不靖於邊隅，我軍深入其阻，前雖有木果木之挫，後阿桂統軍渡戞鳩江，出虎踞關，再舉再破之，緬甸奉書乞降。安南黎阮內訌，日尋干戈，高宗不忍其民塗炭，孫士毅進討於前，福康安經略於後，安南主遂請覲京師。廓爾喀恃險跳樑，移軍芟刈。近廓東面之哲孟雄、宗木布魯，西面之巴作木郎，南面之甲噶爾披楞

等部願助前驅。廓夷洶懼請降。近魏源謂「緬甸知兩金川滅而震疊求貢，安南聞暹羅封而稽首請臣，廓夷以諸部助順而伏不敢動」，此就以夷攻夷而言，罔非綏馭所寓，可見貸之以恩容不知感，臨之以威未有敢違者也。大都犬狼之性，搜其巢穴則遠遁而不復出，示以鞭箠則指麾而命是從。然則綏馭四裔，固惟是先發以制之，揚威以懾之也。謹攷乾隆以前，述其大略云。

曾惠敏《金軺籌筆》書後

右《金軺籌筆》，錄曾惠敏奉使俄國索還伊犁事，後坿《和約》及《通商章程》。俄於海國中較強大面最狡悍，譸張百變，未易控馭，加前使者專輒貽誤，惠敏此行為之轉圜，當此而欲國體益張其大，鄰封無失其睦，以視一切交涉事尤難。據書所記，自庚辰六月與俄人會議，迄辛巳正月蕆事，一話一言之出入，國是之得失繫焉。惠敏乃機牙肆應，不激不隨，持論侃侃，幾於舌敝唇焦，卒使俄人理屈詞窮，受我約束，奉伊犁以來歸。如惠敏者，將所謂折衝尊俎間者非耶？觀十二月十八日俄人謂惠敏才智兼優，能辦大事，則亦心折於惠敏至矣。案《西國近事彙編》辛巳正月西報，英人言俄人力求廣地，日肆狼貪，所據疆域未有得而復失者，有之自伊犁始。是惠敏此舉，歐洲諸國咸傳誦而見諸議論。雖然，俄人挾狡焉思啟之心，得寸得尺其長技。其於伊犁，乘中國有事而闌入，本屬據非所據，且於彼不特有越國鄙遠之難，兼之鞭長莫及之勢。於時左文襄削平回亂，提百戰勁旅出關，摧枯拉朽，回疆次第規復。《西國近事彙編》庚辰六月英報載，浩罕傳言，中國新疆之軍已出喀什噶爾境，取南陵炮臺，攻無堅城，戰無勁敵，俄人望風而奔，塔什肯特以東已無俄之一人一騎云云。八月西報言，俄人占踞伊犁，本有中國力足自守當舉地歸之之說，以新疆之復為期。殆輕量中國權力，未能舉兵西征，即命將出師，亦難制喀酋之命。詎意戰勝攻取，所向無前，裹十日之糧，收千里之地，固俄人所不及料也。是當日文襄軍聲威望，實有以懾服敵人之心者。俄人即有意踞守，又安能限文襄馬足之所至邪？此書十二月十八日，俄人以左中堂將欲進京，似有請中國動兵意為問，其情可知。俄亦自揣用兵未必能保有其地，平日於歐洲自謂大國者，至此適為列國所輕，何如歸還之中國，顯有讓地之名，而索償於中國，復有銀兩之實之為得也？俄人之意，不待惠敏始料度之。特俄人先時之多方狡展掩藏，而幾於不可測，設非惠敏之持以定識定力，不又仍蹈覆轍歟？然則據理以爭，雖非我族類，不難使俯首從命。凡經理交涉事務，若換約，若通商，觀此書可以知所從事已。

泰西以海為國扼要制勝之法何在對問

上年法夷內犯，中國東南十數海口布置防禦，殊有顧此失彼之勢。泰西諸國所踞島嶼，大都大西洋、大東洋環繞其外，紅海、黑海、印度洋、大西洋互貫其間，在在與海迫近。諸國狼顧虎視，狡焉思啟，同此存心，又復大小強弱之不齊，而乃相與支持，是其於四通八達之海口，無事時必有扼要，設防以杜強敵窺伺；有事時以主伺客，更有制勝之在握者。或謂泰西人性習機變之巧，故製造尤工，火器輒命中及遠。即有海口，酌設炮臺，雖平坦之地，頓成岩關之險，則陸路有要扼矣。鐵甲魚雷等船，原備水戰，量撥若干艘於出入必經之處，則水道之要扼矣。其所以制勝者殆即在此，所以為國者亦不外此。雖然，此特器械精絕耳。聞泰西諸國皆有造船之廠，有造火器之局，咄嗟立辦，可以售賣於他國，其工匠各以材藝相競，造則爭速成，駛則爭速，及終歲營造，光燭天，聲動地，是泰西船砲在中國以為絕技，在泰西視為尋常，此攻彼守，烏在其為制勝之法者？嘗統泰西之大勢，揆其國人之所為，雖相尚以狡詐，頗有持久之性。觀於行商中國，極數萬里之海洋而不憚險遠。其造立一器，往往歷數世而必底於成。其識之淺近者，但知為身，其稍有識者，亦或頗能為國。時即毫無變動，而講求國計，必亦精益求精，正合中國安不忘危之義。其要則為國者不盡同洲，在以逼處者相互牽制。蓋諸國意中，各有一彼國獨強即我國將弱之心，故土爾其欲並希臘、俄、英、法救之；俄欲並土耳其，西班牙欲並摩洛哥，皆英、法救之。此猶明證。然則以海為國之夷，在本國則扼要以制敵，使不可勝；其鄰國，則務為約結以各不相勝者，為制勝而已。就泰西立國之概，即以為攝禦海國之法。而中國海疆險固奧深，有無從窺測者。所謂制勝，意在斯乎？

卷二十八終

青學齋集卷二十九

新陽汪之昌

重任儒官議

　　天下官有名為清望而實近雜流者，其儒官乎！夫國家莫重於人材，預儲之於學校之地，預教之於學校之官，原設官之意，律居官之責，其任之鄭重為何如者！近來郡縣儒官，大都無志仕進之進士、舉貢，以是官為暮年餬口之計，或且入貲以充其選。是名為儒官，居之者不必果否為儒。朝廷既以儒官為不甚愛惜之官，而欲居是官者之自重與隸是官者之相推重，抑亦難矣。

　　案：《尚書大傳》：「大夫、士致仕退老，歸其鄉里，大夫為父師，士為少師。」又云：「上老平明坐於右塾，庶老坐於左塾。」鄭《注》：「上老，父師也。庶老，少師也。」塾為古時鄉學，主之以上老、庶老，亦稱父師、少師者，殆以所任尤重教育，此為後來儒官所自昉。則古所謂父師、少師，即今郡縣學所設儒官。或以今制，儒官率授本省人，似與歸老鄉里之文適合。然而注選聽，吏部所授階級限七品以下，何一示為重者？古以退歸之大夫士，絕不輕以授，罔非重其任。近時書院延請山長，頗近古義。竊謂由來積輕之儒官，欲一旦轉為重任，則必以任山長者任儒官，合書院於郡縣學，於明倫堂側建精舍，務容多人，業儒者咸得遊息其中，儒官以時攷校之，進退之。顧氏亭林曰：「教官必聘賢者以為師而無隸於仕籍。」陸氏桴亭曰：「教官不當有品級，亦不得謂之官。教官，師也。師在天下則尊於天下，在一國則尊於一國，在一鄉則尊於一鄉。無常職，亦無常品，惟德是視。」就昔賢所論，以酌儒官之任，凡儒官請以在鄉里之士大夫充，令諸生各推本郡或鄰郡有經師人師之望之鄉先生官叕其所推最多者聘之，其有玷官箴、不洽鄉評之輩屏勿與列，則儒官之途清矣。

儒官勿論本官階之大小，大吏咸以禮禮賓之，有事亦得抗行出納，供應由州縣經理，以示敬師之義，則儒官之體尊矣。所教大而經史，微及推算，審材質所近，分科目以課，洎學業有成，參三年大比之制，儒官諮送學政攷核，學政拔其尤以貢太學，俾俟除授，則儒官之職崇矣。途清則以重其選者重其任，體尊則以重其禮者重其任，職崇則以重其事者重其任。於以廣培養，於以隆文教。凡繫於儒官之設施者，不且因重任而大振哉！

黃梨洲《取士議》書後

梨洲氏之為此議〔註1〕，蓋有見於科第之積重，所取之士不盡所欲得之士

〔註1〕《明夷待訪錄・取士》：

取士之弊，至今日制科而極矣。故毅宗嘗患之也，為拔貢、保舉、準貢、特授、積分、換授，思以得度外之士。乃拔貢之試，猶然經義也，考官不遣詞臣，屬之提學，既已輕於解試矣。保舉之法，雖曰以名取人，不知今之所謂名者何憑也，勢不得不雜以賄賂請託。及其捧檄而至，吏部以一義一論試之，視解試為尤輕矣。準貢者用解試之副榜，特授者用會試之副榜。夫副榜，黜落之餘也。其黜落者如此之重，將何以待中式者乎？積分不去貲郎，其源不能清也；換授以優宗室，其教可不豫乎！凡此六者，皆不離經義，欲得勝於科目之人，其法反不如科目之詳，所以徒為紛亂而無益於時也。唐進士試詩賦，明經試墨義。所謂墨義者，每經問義十道，五道全寫疏，五道全寫注。宋初試士，詩、賦、論各一首，策五道，帖《論語》十，帖對《春秋》或《禮記》墨義十條，其九經、五經、三禮、三傳、學究等，設科雖異，其墨義同也。王安石改法，罷詩賦、帖經、墨義，中書撰大義式頒行，須通經有文采，乃為中格，不但如明經、墨義、粗解章句而已。然非創自安石也，唐柳冕即有「明《六經》之義，合先王之道者以為上等，其精於傳注與下等」之議。權德輿駁曰：「注疏猶可以質驗，不者有司率情上下其手，既失其末，又不得其本，則蕩然矣。」其後宋祁、王圭累有「止問大義，不責記誦」之奏，而不果行，至安石始決之。故時文者帖書、墨義之流也。今日之弊，在當時權德輿已盡之。向若因循不改，則轉相模勒，日趨浮薄，人才終無振起之時。若罷經義，遂恐有棄經不學之士，而先王之道益視為迂闊無用之具。余謂當復墨義古法，使為經義者全寫注疏、大全、漢宋諸儒之說，一一條具於前，而後申之以己意，亦不必墨守一先生之言。由前則空疏者絀，由後則愚蔽者絀，亦變浮薄之一術也。或曰：「以誦數精粗為中否，唐之所以賤明經也，寧復貴其所賤乎？」曰：「今日之時文，有非誦數時文所得者乎？同一誦數也，先儒之義學，其愈於錮釖之剿說亦可知矣。非謂守此足以得天下之士也，趨天下之士於平實，而通經學古之人出焉。昔之詩賦亦何足以得士！然必費考索，推聲病，未有若時文，空疏不學之人皆可為之也。」古之取士也寬，其用士也嚴；今之取士也嚴，其用士也寬。古者鄉舉里選，士之有賢能者，不患於不知。降而唐宋，其為科目不一，士不得與於此，尚可轉而從事於彼，是其取之之寬也。「王制」論秀士，升之司徒曰選士：司徒論選士之秀者，升之學曰俊士：大樂正論造士之秀者，升之司馬曰進士，司

馬論進士之賢者，以告於王而定其論。論定然後官之，任官然後爵之，位定然後祿之。一人之身，未入仕之先凡經四轉，已入仕之後凡經三轉，總七轉，始與之以祿。唐之士，及第者未便解褐，入仕吏部，又復試之。韓退之三試於吏部無成，則十年猶布衣也。宋雖登第入仕，然亦止是簿尉令錄，榜首才得丞判，是其用之之嚴也。寬於恥則無枉才，嚴於用則少倖進。今也不然。其所以程士者，止有科舉之一途，雖使古豪傑之士若屈原、司馬遷、相如、董仲舒、楊雄之徒，捨是亦無由而進取之，不謂嚴乎哉！一日苟得，上之列於侍從，下亦置之郡縣，即其黜落而為鄉貢者，終身不復取解，授之以官，用之又何其寬也！嚴於取，則豪傑之老死丘壑者多矣；寬於用，此在位者多不得其人也。流俗之人，徒見夫二百年以來之功名氣節，一二出於其中，遂以為科法已善，不必他求。不知科目之內，既聚此百千萬人，不應功名氣節之士獨不得入，則是功名氣節之士之得科目，非科目之能得功名氣節之士也。假使士子探籌，第其長短而取之，行之數百年，則功名氣節之士亦自有出於探籌之中者，寧可謂探籌為取士之善法耶？究竟功名氣節人物，不及漢唐遠甚，徒使庸妄之輩充塞天下。豈天下之不生才哉？則取之之法非也。吾故寬取士之法，有科舉，有薦舉，有太學，有任子，有郡邑佐，有辟召，有絕學，有上書，而用之之嚴附見焉。科舉之法：其考校仿朱子議：第一場《易》、《詩》、《書》為一科，子午年試之；《三禮》兼《大戴》為一科，卯年試之；《三傳》為一科，酉年試之。試義各二道，諸經皆兼《四書》義一道。答義者先條舉注疏及後儒之說，既備，然後以「愚按」結之。其不條眾說，或條而不能備，竟入己意者，雖通亦不中格。有司有不依章句移文配接命題者，有喪禮服制忌諱不以為題者，皆坐罪。第二場周、程、張、朱、陸六子為一科，孫、吳武經為一科，荀、董、揚、文中為一科，管、韓、老、莊為一科，分年各試一論。第三場《左》、《國》、《三史》為一科，《三國》、《晉書》、《南北史》為一科，新、舊《唐書》、《五代史》為一科，《宋史》、有明《實錄》為一科，分年試史論各二道。答者亦必摭事實而辨是非。若事實不詳，或牽連他事而於本事反略者，皆不中格。第四場時務策三道。凡博士弟子員遇以上四年仲秋，集於行省而試之，不限名數，以中格為度。考官聘名儒，不論布衣、在位，而以提學主之。明年會試，經、子、史科，亦依鄉闈分年，禮部尚書知貢舉。登第者聽宰相鑒別，分置六部各衙門為吏，管領簿書。拔其尤者，仿古侍中之職在天子左右，三考滿常調而後出官郡縣。又拔其尤者為各部主事，落第者退為弟子員，仍取解試而後得入禮闈。薦舉之法：每歲郡舉一人，與於待詔之列。宰相以國家疑難之事問之，觀其所對，令廷臣反覆詰難，如漢之賢良、文學以鹽鐵發策是也。能自理其說者，量才官之；或假之職事，觀其所效而後官之。若庸下之材剿說欺人者，舉主坐罪，其人報罷。若道德如吳與弼、陳獻章，則不次待之，舉主受上賞。太學之法：州縣學每歲以弟子員之學成者，列其才能德藝以上之，不限名數，缺人則止。太學受而考之，其才能德藝與所上不應者，本生報罷。凡士子之在學者，積歲月累試，分為三等：上等則同登第者，宰相分之為侍中屬吏；中等則不取解試，竟入禮闈；下等則罷歸鄉里。任子之法：六品以上，其子十有五年皆入州縣學，補博士弟子員，若教之十五年而無成則出學。三品以上，其子十有五年皆入太學，若教之十五年而無成則出學。今也大夫之子與庶民之子同試，提學受其請託，是使其始進不以正，不受其請託，非所以優門第也。公卿之子不論其賢否而仕

也。遠引《王制》司徒選士之法，近證唐宋科目入仕之始，以所得功名氣節之士取譬於探籌幸中之數，而議分取士之塗為八科法，以諸生之列掌六曹，其要在取之寬而用之嚴。然而嚴於既已取之後，曷若嚴於所為取之事？迨且嚴於將欲取之先？否則不特科舉不足以得士，即非科舉恐仍不必得士也。黃氏議有科舉，有薦舉，有太學，有任子，有郡縣佐，有辟召，有絕學，有上書。案：明取人之法凡三塗：曰科目、曰吏員、曰薦舉。科目即所云科舉、太學，吏員與所謂郡縣佐意亦近，其餘各塗，薦舉足以概之。蓋臣僚果體朝廷求才之意，有所聞見，立即上陳，當時別設此制，亦明知科舉所得即皆真士，科舉之外容有遺才。然而以勳勞薦者，或身居此地而事在彼地；以特科舉者，則身多遺行而名為薦行。「舉秀才，不知書。察孝廉，父別居。」自漢已然。間有一二懷抱經濟，足以任國事、利民生者，猶是探籌之適然，無論名不稱實之輩貽誤必多，其他以庸碌濫竽朝廷，又安取此輩為？則與科舉又何異？自鄉舉里選不行，所以取士之法屢有變更，而得人輩出，各有以任一時之緩急。論者謂盂圓水圓，盂方水方，任以何法取之，所得不外此若而人。柳子厚《送崔子符罷舉詩序》：「惟其所尚，又舉移而從之。」所謂通論。蓋以敀試取士，不過別其識見之大小、心思之工拙而已。所試者經義，識見、心思即寓於經義；所試者詞賦，識見、心思即用之於詞賦。故法不同而所得仍同。然所試之事太易，則剿說雷同，識見、心思浸假而兩無可辨。宋元祐間，中書省言試士所作，工拙不相遠，難以敀試。於時正用熙寧大義式也。顧亭林謂「科場之法，欲其難，不欲其易」。誠哉是言！難則僥倖萬無可希，而中材以下斷不敢貿然相嘗矣；難則能否眾所共知，而中材以上且見其無所不宜矣。此所謂嚴其取之事也。諸自坿於士流者，

之，賢者則困於常調，不賢者而使之在民上，既有害於民，亦非所以愛之也。郡縣佐之法：郡縣各設六曹，提學試弟子員之高等者分置之，如戶曹管賦稅出入、禮曹主祀事、鄉飲酒、上下吉凶之禮，兵曹統民戶所出之兵、城守、捕寇、工曹主郡邑之興作，刑曹主刑獄，吏曹主各曹之遷除資俸也。滿三考升貢太學，其才能尤著者，補六部各衙門屬吏。凡廩生皆罷。辟召之法：宰相、六部、方鎮及各省巡撫，皆得自辟其屬吏，試以職事，如古之攝官。其能顯著，然後上聞即真。絕學者，如曆算、樂律、測望、占候、火器、水利之類是也。郡縣上之於朝，政府考其果有發明，使之待詔。否則罷歸。上書有二：一，國家有大事或大奸，朝廷之上不敢言而草野言之者，如唐劉蕡、宋陳亮是也，則當處以諫職。若為人喉使，因而撓亂朝政者，如東漢牢修告捕黨人之事，即應處斬。一，以所著書進覽，或他人代進，詳看其書足以傳世者，則與登第者一體出身。若無所發明，纂集舊書，且是非謬亂者，如今日趙宧光《說文長箋》、劉振《識大編》之類，部帙雖繁，卻其書而遣之。

觀其舉動，採其譽望。學校、書籍、廩糈，所以養士之地；禮、樂、射、御、書、數，所以定士之業。日有課，月有試，專門兼習，量其材而視其人，平時所執何業，異日即任何事。不成材者，毋許冒焉。不率教者，隨即黜焉。教士者重其職，為士者慎其選。此則嚴於取之先者。庶幾朝廷所取之士皆朝所欲得之士已。以科舉取之可也，不以科舉取之亦無不可也。

臨陣不自標異說

選一人而命為主帥而不勝主帥之任，誠負委寄。主帥而自挾主帥之見，動涉矜張，況臨陣時乎！《陔餘叢攷‧臨陣不自標異》一篇〔註2〕，舉《左傳》熒澤之戰，衛侯不去其旗而甚敗；鄢陵之役，石首納旌於弢中而免君，一以標異而甚敗，一以不標異而幸免。復引後來殷孝祖、高敖曹等戰事標異者，率多軍覆身危；王思政、周德威等每以混雜卒伍，戰敗而仍生遠，伺便而得禽渠。證以「古戎服上下一律」、「所以有『均服振振』之謠」。篇末又引韋叡、蔡祐以及李晟、韓世忠或別裁戎裝，或指揮督陣，卒能殺敵致果，則取勝之道又未嘗不在此。

〔註2〕《陔餘叢攷》卷四十《臨陣不自標異》：

《淮南子》云：將軍不敢騎白馬，蓋懼其易識也。《蒼梧雜志》亦云：古戎服上下一律皆赤色，恐戰有傷殘，或沮士氣，故衣赤，使血色不見也。所以《左傳》有「均服振振」之語。《甕牖閒評》亦云：軍主不可自表暴，以防敵人之窺伺也。宋南渡以前，戎服猶皆用緋，紹興末乃變而用皂色云。今按《左傳》熒澤之戰，衛侯不去其旗，是以甚敗。鄢陵之戰，石首納旌於弢中，得免。《南齊書》：殷孝祖臨戰以麾蓋自隨，軍中相謂曰：「殷統軍可謂死將矣！」是日要中流矢死。《北史》：芒陰之戰，高敖曹輕敵，建麾蓋臨陣，西人盡銳攻之，遂為魏所殺。賀拔勝從周文，望見高歡麾蓋，出精兵擊之，歡幾為所獲。王思政戰河橋，從者死盡，思政創重，亦悶絕於積屍中。思政久經軍陣，每戰惟破衣敝甲，敵人不疑其將帥，故得免，夜半而蘇，遂歸。《五代史》：周德威之擒陳野叉，亦微服雜卒伍中，伺野叉過，以鐵鎚擊之墮馬，遂擒之。《甕牖閒評》：王則叛貝州，常裹花帽，人見而識之，遂擒獲，至死終不去花帽。《宋史》：李成見劉光世張蓋行陣，不介胄，知為主帥，並兵圍之。王德突圍，擁光世出。《金史》：夏人攻會州，郭蝦蟆見其主兵者入馬皆衣金甲，一箭殪之。此古人遺法，蓋陣上不自標異，有急則易免難，且可出人不意以制勝也。然梁、魏交戰，韋叡乘板輿與督勵將士，勇氣無敵。周齊芒山之戰，周將蔡祐著明光鐵騎，所向無前，齊人咸曰：「此鐵虎也！」皆避之。薛仁貴從征高麗，未知名，欲自顯，乃著白衣，持戟腰弓，所向披靡。太宗望見，乃召之。李晟圍朱泚於長安，每戰必錦裘繡帽以自表。韓世忠之圍淮揚也，亦錦衣驄馬，立陣前以致敵。此又咸名勇略足以懾敵，不可以一律論者。

吾謂韋、蔡諸人，跡近於標異，正以作士氣也，亦以懾敵心也。劇寇之盡力功圍，當之者幾有儦焉不終日之勢。諸人歷戎行，著威望，一旦出臨陣前，氣象立為之變。昆陽之戰，光武先以步騎奔莽陣，諸營部見而齊奮，怯轉為強，弱轉為勇，只爭頃刻間耳，則以標異者振委靡之氣。淮陰之下趙也，建大將旗鼓，在淮陰誘敵使來。然敵人奔迸窮蹙時，計無復之，容有思收合餘燼儌倖於一戰。設遇名將蹙其後，旌麾遙指，債軍之將、棄甲之卒望塵，復何能軍，斷不敢回戈相向，則標異者未始非殲敵之策。然而擒王者，兵家之要法也；元帥者，軍中所瞻矚也。嘗有軍甫交綏，主帥稍易常度，軍士已倉皇失措，輒至不可收拾者。晉郤克流血及履而不絕鼓音，誠知耳目環屬，不使有傷異於無傷之時，即不宜以一人異於眾人之中。諺有之：「千夫所指，不疾而死。」矧其為臨陣，與其為敵所困，暫免於行險之危，曷若無間可分，先立於不敗之地！《傳》曰：「師克在和。」異者，和之反也。《易》曰：「鳴謙，利用行師。」標異者，尤鳴謙之反也。譬之一家，尊卑長幼之分秩然，而當外侮之來，孰為父兄，孰為子弟，扞禦之情則一也。譬之一身，五官四體之司各殊，而當運用之時，相與有成無別也。無所謂異，亦無待於標，以之臨陣，敵人固無從窺伺，我陣即無分堅瑕。漢李廣行無部伍，行陣不擊刁斗以自衛，此即不自標異可知，卒以名將稱。要之，兵機千端萬緒，至變者仍當處以至常耳。

趙雲崧《懸賞購賊議》書後

自來收捕盜賊，梟示之已耳，否則計撫之已耳。懸賞以購，古來相傳有此舉。如趙雲崧所錄，[註3]宋夏竦募禽趙元昊，明楊嗣昌募禽張獻忠，謂與東魏高歡募斬玉壁城主、宋安丙傳金人揭示事相類。

吾謂懸賞購賊，止可施於巖穴之竊發、漏網之小酋。蓋欲調集師徒，則未免於勞費；任藏村落，恐漸至於蔓延。廣懸賞格，分別購募，或黨與聞而互相縛獻，或士民知而希得金錢，誠有不煩一兵，不折一矢，積年匪類不難安坐而

〔註3〕《陔餘叢攷》卷四十《懸賞購賊》：
宋夏竦判永興軍，募擒趙元昊者爵萬戶侯。元昊令：募得竦者，與錢三千。明季楊嗣昌督師募擒斬張獻忠者，賚萬金，爵侯。翌日，督師幕府自堂皇庖湢，遍題「有斬督師者，賚白金三錢。」古今事固有相類者。東魏高歡攻魏玉壁，不能克，乃射募格於城中，云：「能斬城主降者，拜太尉，封開國郡公，賞帛萬匹。」城主韋孝寬手題書背，返射城外，云：「能斬高歡者，準此。」《安丙傳》：金人揭示境上：「得丙首詩，與銀絹二萬匹兩。」則猶未肆侮也。

除者。然此特芟除民間盜弄兵者，不事張皇，亦備去莠之一策。若夫敵國外患，揣兵力不足以相制，問計謀別無所發施，徒事懸賞，以冀獲醜，一彼一此，安知不即反脣以相稽？所謂受侮不少者無論矣。即如趙雲崧歷舉各事，懸示之賞昭昭，所懸未嘗不厚，所購未嘗不急，卒未聞有購得所購之賊者，則懸者終亦虛懸而已。且夫寇攘奸宄，本斯人所共疾也；爵祿金帛，又斯人所同欲也。然而議方略，獎勇敢，凡供指揮之軍旅若干人、精技擊之將弁若干人，陸騎水艦，深入窮追，所向無不宜矣；矢石戈矛，斬馘禽獲之具綽有餘矣。殲渠魁則其功最，頒賚賜則不踰時。是朝廷本有懋賞之經，在士卒夙懷殺賊之志，無待於臨時之賞，不必為主名之購也。且賊而至於購，在賊中必以為不可少。購之者明知其不易得，將以賞為歆動耶？則堅甲利兵尚未必盡去夫非種。即有其心者，或亦無其力也。將以知之多助耶？則機械變詐適足自損其國體，況散而處者，豈易聚而殲也。然則此議亦姑備一說而已。或謂昔有以數百金而刺宰臣者，況所購為賊，順逆理殊，當更樂於從事。殊不思彼志在一人，不難出不意而倖一中。賊之蟻聚蜂屯，購其渠魁，即得一人，安知不又更易一人，餘眾且有購不勝購者？宋呂夷簡見購趙元昊榜文，歎曰：「朝廷誤矣。」老成深識，固如是也。曷若以購賊之賞易而賞戰賊之人哉？

營倉議

《大雅·公劉》一詩，後人以為追詠遷豳事。毛《傳》：「公劉平西戎之難。」嘗紬繹詩詞，當是屯戍防邊，故卒致平戎之功。其第五章曰：「其軍三單，度其隰原，徹田為糧」，言用軍士以墾闢荒蕪，即屯田之法所由昉。其首章曰：「迺積迺倉，迺裹餱糧」；又云：「弓矢斯張，干戈戚揚，爰方啟行。」《孟子》釋之曰：「故居者有積倉，行者有裹糧也，然後可以爰方啟行。」蓋裹糧以供行軍，積倉以給屯軍。是古時設營以休軍士，尤必築倉以儲軍食也。《左氏·文十六年傳》：「自廬以往，振廩同食。」「振」言發，「振廩」言倉廩，「同食」言饑民與士卒同食。此又軍行所在有倉粟之證。《漢書·酈生傳》：「陳留，天下之衝，四通五達之郊也。今其城中又多藏粟。」又：「敖倉，天下轉輸久矣。臣聞其下乃有藏粟甚多。」秦時力徵，經營藏粟，雖不專供諸營，而特置通衢，用以饋餉亦便。漢耿壽昌議常平倉也，令邊郡皆築倉。邊郡置戍嚴密，積粟於倉，固有以裕民食，何莫非實軍儲。蓋一時聚千萬人易，一時聚千萬人之食難。然集千萬人之眾而不食以千萬人之食，則立聚者亦立散。近制：凡大軍立營處，

必別設糧臺。營中所需，無一不豫為籌備。名繫以糧以食為重顯然。竊謂籌之有事，一時冀其厚集，接應者恐未必源源而來，何若籌之無事，萬一移調征剿，取攜即是某營，自有某倉供應，何須添籌款項，致稽期日，或仰給鄰省，諸多掣肘耶？

今創設營倉議，凡有屯營之府廳州縣，每營馬步守兵，以定例，月支三斗米。計總數若干升斗斛，由所設之倉支放。立倉之始，參照積穀倉法，或撥官款糴粟，或按民田勻攤。捐辦數既如額，常年推陳易新，妥為料理而生息。每月支放之數，無逾每月贏餘之數，入浮於出，則轉運不窮。無論營地產米與否，一律築倉儲粟。有倉以置粟，決不致有狼藉。即營以衛倉，不須更防寇鈔。為營備饟飧之所需，則在倉之黴變，必善為視司倉、伺糴糶孰利，即任營以販運而息益滋。積之十年二十年，倉粟充溢，可省額設之月米，於國計不無小補。即令出自捐集，民田不過暫時升合之加。果能實力通行，餉糈斷無緩急支絀之慮。足兵食者在此，裕國課者亦在此。彼屯田僅宜於人稀之邊郡，而營倉竝宜於有營之內地也。就積倉藏粟之成法而變通之，安見宜古者不必宜今哉？此可稽《大清會典》戶部積貯門而遵行之者也。

古今用兵以東南勝西北者舉略

論地形者輒謂西北佔據上游，俯瞰東南，加以風氣剛勁，其用兵於東南，譬以高屋建瓴，宜其攻無不克，戰莫能禦也。抑知正有不然者。

夫淮、徐實居兩戒襟喉，故論兩戒之用兵，約分其上為西北，下為東南。用兵勝否，以此為斷。春秋以前尚矣。略舉秦、漢以來，擇其有關輕重者，謹陳其事如左。

嬴秦肆暴，寰宇伺隙。項籍乘時，八千子弟挈以渡江。漢高祖亦起兵於沛，救趙鉅鹿，殄秦咸陽。漢末三分，魏武統率魏鄴之眾，並將荊豫之卒，蔽江而下。周瑜逆擊制勝，奠安江東。其他朱桓之破常雕，周魴之敗曹休，則又疆場之事，不足並論也。晉至元帝，偏安南渡。苻堅傾國之兵，自謂成功易於反手。謝安以北府勁兵，選鋒陷陣，敵兵瓦解。厥後劉裕浮淮入泗，克平燕地，繼事鞏洛，入關擒渠魏，入伺夔，慴伏河上。所謂百年榛莽，一朝掃滌，與淝水之捷後先輝映。宋齊梁陳，南北並立。西北兵來，或覆其偏師，或倖於小勝。惟梁武時，乘魏內釁，策遣慶之行送元顥，適因民望，一抵敵都，差為生色。迨陳高祖，亦敗齊師，稍支殘局。唐末朱溫，悉其精兵猛將，三道臨淮。楊行密、

朱瑾決計抵禦，梟其上將。爰暨南宋，國勢日蹙，金人百戰百勝，挾齊南下。韓世忠邀遏半塗，多所俘斬。大儀一役，淮東久不被兵。厥後金主亮統三十六軍，意圖立馬吳山。宋之宿將，於時殆盡。虞允文以一介書生，拒之采石，長驅逐北，轉危為安。李全連結蒙古，連陷州縣，進薄三城。趙葵建議討賊，所向有功。新塘一戰，渠魁就戮。其海道用師，尤為出奇制勝。明太祖起自臨濠，定都金陵，遣師命將，征北平西，一無憑藉，卒成大業。帝自謂與漢高祖同功，洵非虛語。此統古今來之用兵東南勝西北者也。

至若疆宇瓜分，屢戰而倖於一逞；狂愚草竊，突起而乘其未防；無足輕重，概從缺略云。

沿江海城邑多臨水正近日兵家所忌應如何補救議

自來論兵者謂城以行兵，兵以守城，城有兵而不同虛設，兵有城則得所憑依。然此特製內地之寇耳。近來海夷窺伺長江大海間，正番舶遊行自在之處，其舶高，大幾與城等。兵家謂夷於桅竿懸炮，以活舶攻呆堞，勢必不支。每籌及沿江海各城，若一一分兵置戍，備多則兵力單弱。若空城以待敵入，而盤踞適多一牽制要挾之端。魏源《海國圖志》於江蘇寶山縣城議必內徙，浙江定海縣城棄之化外，亦正以此。

效明初嘗令湯和於山東登、萊沿海等處築城，凡若干，所以備倭。雖情形不同，而沿江沿海之有城，亦未始非阻攔衝突之一策。惟專恃區區數城，視若天險，莫能踰，不知適足以受敵而不足以制敵。前人已詳論之矣。籌補救之方，懸揣而無憑，不如近事之有據也；一隅或幸勝，不如隨處之可行也。昔夷釁初起，祁寯藻、黃爵滋馳閱福建海口，謂控扼海口，莫如以砲墩。易砲臺法，以囊沙為墩，以小漁舟層疊沙囊之外，以兩船首尾夾縫為砲洞。賊砲不能洞我沙，而我兵隱墩內可於船隙擊賊。於是福建、廈門為砲墩，賊果不能近。城之沿江海者，船隻率隨潮為進退。今於旁近添設砲墩，酌沙淺之地，量砲彈所及，則於臨水尤宜。此扞城之一法也。昔張國樑之援六合也，相賊船所泊岸數里外，令土人築土牆，內外各一，外長二里許，內倍之而斷其中。及戰，賊大敗，奔所泊岸。皆奔所泊岸，皆循內牆左右走，出牆斷處，見外牆，則大驚亂，追騎及之，無脫者。今就各城左右，擇由舟而陸必經之路，臨水照設土牆，以備蹙敵，則御使不得近城之法也。《海國圖志》：緬甸之拒英吉利也，專用大木樹柵，為不可拔。在陸參用之以護城。越南之敗英吉利也，漁船環攻，巨艦立爇。宜

募漁船伏暗阪，此在水以助守城，亦在因地制宜耳。至於排鐵樁，沉舟筏，所以斷其去來也。或灌水誘使深入，或洩水遏使難行，罔非審乎機會也。夫坐而待敝，金城湯池，亦何所用？善自為計，朽株枯木，咸為我資。總之，沿江海處而有城者，當依城而截之於內河，斷無遠離而嘗試於江海中也。

沿海練水師議

自來整軍經武之制，不特陸軍與水軍異，即以水軍論，內河與海洋亦異。蓋爭戰於內河，極舟楫器械之堅利，識風色水道之形勢，已足立於不敗之地。海洋則無論暗沙礁石，非平素諳悉，將一步不可行。況出沒風濤中，內河水師處之，恐有不勝顛晌，卒致僨事者。則先事練習其要也。邇來海禁久開，海國後先來中華，其名為貿易，陰伺間隙者，難保其必無。不幸有事，中國沿海諸行省實當其衝。行省之沿海者凡七，臨事調遣，未免時日之稽遲，則緩不濟急也。客兵遠來，未免人地之不習，則多亦奚為也。海疆要口，欲處處戍守，不獨力或不暇，並亦防不勝防。竊謂沿海之居民，風波習慣，教習較易於成軍。沿海之分界口岸，紛歧險要，非歸於一律。有沿海而得天險者，有沿海而為重地者，有沿海而居要口者。議練水師，約以三萬人為率，量地巡駐。所謂形勝天險者，若江蘇之崇明及鹽城、如皋諸縣，非不沿海，然或則鐵沙橫互，或則港口狹隘；福建之福州、泉州，皆潮至通舟。此等處所，巨舶萬難駛入。如我力有餘，分撥練軍數百。萬一敵來衝突，協同額設各軍，防禦綽然。所謂根本重地，則天津是。密邇神京，不及三百里。宜練水軍六千，以固畿疆。為天津之外蔽，則奉天旅順、山東登州兩處。旅順、登州隔海相望，舟往天津所必經，宜各練水師二千，相為掎角，則沿北海之地有備矣。廣東南澳鎮為夷船來中國必由之處，此為第一重門戶，宜練水師三千，扼駐要隘。虎門、香山，拱抱左右，亦各練水師一千。福建口岸雖多，然諸河溜急潮退，舟即擱淺，且一潮不能直達。惟廈門大舟可以進港，宜練水師二千人於虎頭關。臺灣富庶，易啟覬覦，基隆尤近海濱，練水師三千，專備臺南北防勦。其民生長水澤，稟性剽悍，即使敵勢猖獗，立時招募，便成選鋒。且閩廣海程較近，呼應亦靈，則南海有備矣。江蘇上海，通商之地，夙號富饒，吳淞障其外，練水師專扼吳淞。別練水師二千，梭巡江海合流處。浙江寧波尤與海近，鎮海招寶山扼其沖，頗得居高臨下之勢，練水師三千，別練二千人分巡錢唐、甬江，以防闌入，則沿東海之江浙兩省有備矣。所練水師，選一知兵之重臣統馭，俾專責任。分領各官均

受節制,則指揮如意。或以沿海省分之督撫充分領官,一切軍需,不煩仰給他人,虞其掣肘。水軍無事更番移調,既習勞勩,兼諳海道,有事則本處水師足供調遣,鄰省所練相為援應。即或敵謀濟師,彼越重洋而數月僅達者,何如所練水師一呼即至也。此為防禦外洋計耳。若欲殲寄居之匪種,止須密飭各口練軍,同時聲討,來自外者無片帆之入,居於內者又安有只輪之返哉?

木蘭秋獮攷

我朝以弧矢威天下,故當偃武之時,仍不忘講武,木蘭秋獮是也。《皇朝通典》:「木蘭,圍場之通稱。」謹案:《國語》:「哨鹿謂之木蘭。仲秋之後,虞人效鹿鳴以致鹿,曰哨鹿。」是哨鹿適當秋時行獮,爰即其事以名圍場。攷圍場統六十餘所,周一千三百餘里。禮親王《嘯亭襍錄》:「木蘭在承德府北四百里,蓋遼中京臨潢府興州藩地。」據此,在金屬北京路,在元當屬大寧路、大都路。至前明而烏梁海、韃靼諸部游牧其中,則棄諸化外矣。國初,翁牛特部猶居之,長林豐草,禽獸充牣,固一天造地設之圍場也。顧就秋獮之舉而論,已異於前代之恣觀遊而耽安佚。而就木蘭之地而論,尤可見我朝以率舊章者柔遠人。魏源《綏服蒙古記》:「自順治初,世祖出張家口獨石口外,行獵次上都河,入古北口,為塞外秋獮之始。」《皇朝通典》「大狩」門:「康熙二十二年六月,幸古北口外行圍。是年為塞外木蘭行圍之始。」蓋前此行獵不必在秋,木蘭亦未有所。自蒙古奉其地以進獻,而木蘭遂為校獵場。《綏服蒙古記》述秋獮曰:「八旗各一營,規高處為卡倫。」《通典》:「按旗為對,分兩翼,斜行成列,各建纛以為表。」一公侯伯子男各就其旗而立之制也。《嘯亭襍錄》:「或是日場內獸集過多,特開一面以逸之,仍禁圍外諸人,不准逐射。」則天子不合圍之義也。《通典》:「蒙古諸王公臺吉應隨圍請安者,令其至波羅河屯祗候。」則方岳肆覲之典。《通典》有木蘭行圍外藩進宴儀,又「晝日三接」之文也。合於經義昭昭然。案:木蘭在前代以屆塞垣,而我朝不啻交闉。秋獮在古時以習武備,而我朝以昭禮文。會集之地有定,斷不致驚擾居民,況乎經過即普加蠲復歟!觀見之輩觀圍,俾得仰天朝威儀,況乎神武又警以鈇鉞歟!然則本以合萬國之驩心,亦可以攷當年之故事矣。《綏服蒙古記》恭述宣宗繩武,世宗不舉秋獮,文宗、穆宗體念時艱,不敢殷於遊田,以遠媲姬周文王。木蘭舊界,芻蕘者、雉兔者概得往來。昔人云地可墾闢,悉為農郊,以贍萌隸鋪張而託諸賦頌。今且幸諸躬逢,恐後來數典而忘,爰參攷記載而以「木蘭秋獮」名篇。

讀《滬城會防記》書後

宮詹馮師撰此記〔註 4〕，先敘創設會防之由，末云：「無此一舉，上海必

〔註 4〕馮桂芬《顯志堂稿》卷四（朝華出版社 2018 年版，第 437～441 頁）：

咸豐十一年冬，迎師議甫成，賊日夜出兵犯松江、上海。華爾守松江，賊不能攻，遂全力趨上海。我防兵之星羅棋布於金山、嘉定、青浦各境上者，凡二十餘軍，眾四、五萬人，賊至不約同潰。入夜，境上火光不絕，人無固志。夷人外為兩不相幫之說，內憂賊至即貿易之事輟，願助順而不肯自言。其酋巴夏禮屬所識某道詣於應刺史實時，且曰：「官無可與言者。為語諸紳忍棄上海乎？」刺史介潘君達於閣學龐公，龐公曰：「吾職團練，夷務非所與也，不敢聞命。」退與同人議，有謂非美名者。潘君曰：「吐蕃、回紇、沙陀，古人用之不以為疵，今顧以為疵乎？」有謂後患可慮者。君曰：「前年七月嘗為之，未嘗有後患，且後患之有無，實不在借兵與否。」有謂索費且無已者。君曰：「有先與價之一法，夷不致無信。」議者無以難，顧終不謂然，甚且口稱不可許為名高，心實欲潘君之許。效則享其安，不效則議其後，故無一人正言宜許之，亦無一人正言宜拒之，議竟日不決。君訪於余，余曰：「此兩言決耳，我有可守法則勿許，我無可守法則許之。」君曰：「防兵盡矣，安所得可守法乎？」余曰：「然則一不許即無上海，皖上援兵且至，蘇州之復未必無冀，無上海又安所冀乎？且彼以好來，不許是怒之也，必聽賊至，甚或引賊至以洋涇為界，如劉麗川舊事矣，許之勿疑也。」以告吳太守雲、顧君文彬見皆同。太守以白中丞。中丞曰：「出自紳意則可，吾意則無是。」

於是四君為期日，擇地與巴夏禮相見，詞氣頗傲，四君侃侃無所絀，巴夏禮亦不忤也，遂定議。

紳士呈請中丞入奏，疏稿至，即發兵。潘君等呈入，中丞曰：「蘇紳盡是耶？某某何以不與？」謂潘君遵祁及余也。初乞援之役，餘兩人即以久不與公事不列名，非有他也，重違中丞意，念所以塞責者。溫宗丞葆深，居浦東二百里外，余子芳緝師也，令放權請之，宗丞許焉。無何，殷詹事兆鏞丁憂至滬。潘君曰：「呈無詹事名，猶之不諧也。」邀余偕訪詹事，坐定，余曰：「君知餘兩人所以來乎？」曰：「不知。」曰：「將為江、浙億萬生靈請命，在君一言。」詹事默然入室，良久持一紙出示余，則是夏在都請斬巴夏禮疏也。余曰：「彼一時，此一時也，何害？」具道宗丞首列一切狀，詹事許之。於是署名者得十餘人。又偕潘君遵祁詣中丞白不列名之狀，中丞始入告，且檄設會防局，以四君主之。當是時，賊已陷杭州，別股由乍浦入犯。十二月，庚午，陷奉賢。明日，陷南匯。又明日，陷川沙、金山，賊職達於黃浦東岸隔一水，西南賊亦距城十里。於是江灣軍亦潰，我遠近防兵二十餘軍，四、五萬人者盡矣。既設局，夷人出示，略云：「有人自稱某天義某天安汪、何等四姓以文來云『率兵若干萬將到』，不知何許人，上海為本鎮駐守之地，有來攻打者痛剿不赦。」大書高揭，遠近殆遍，賊聞之竟退，歲除烽火寂然矣。

其明春賊陷寧波，與夷約以北門外城河為界，果如余言，上海之不為寧波者幾希。是記成，以示客。客曰：「此事或謂然，或謂不然，盍勿記？」余曰：「吾以紀實也；無此一舉，上海必不守，皖兵必不至，蘇州必後金陵而復。且有蘇州之援，金陵更不易復，東南大局必且一變，然耶不然耶？公論在天下，諱之何為哉？」

不守，皖兵必不至，蘇州必後金陵而復。且有蘇州之援，金陵更不易復。然則此舉在當日東南大局甚有關係，而官紳之與議者濡滯之久而後決，殆以雇用夷兵，未有前比。即創議者亦但知唐時突厥、回紇、沙陀故事而已。」余觀錢寶琛《壬癸志稿·凌雲翼傳》：「明萬曆時，廣東盜林鳳遁入福建，復入潮州，雲翼檄呂宋兵討平之。」是明以外夷兵平內地盜矣。魏源《康熙戡平定臺灣記》云：「檄召荷蘭夾板船助討。」此尤我朝往事可稽者。滬城各營時以洋將華爾之長勝軍為最，所部雖中國人，而槍砲陣式習外洋法。嘗見明包汝楫《南中紀聞》云：「西洋鳥銃能及六百步外。初放無聲，著人體方發響，所擊立斃。天啟初，宣彼國人三十名至京，教軍士銃法。甲子春，遣回至杭州。曾見之，其人色黑似墨，顛毛不及寸，皆團結如螺，兩旁髭鬚亦然。」是明用西洋人，不獨修曆也。近來以洋人教習水師，言者每以為異，不如明已有之。吁！自讀史為玩物喪志之說起，士人遂束書不觀，於行而效否之事概懵不知，幸而進用，偶涉危疑，或告以成事之可師，猶以謀始為難而不敢發，其不致貽誤者幾希。滬城之會防，其證也。可慨也夫！

郵政議

《孟子》引孔子言曰：「速於置郵」。郵之制其來久矣。說者謂馬遞曰置，步遞曰郵。一系馬，一屬人，截分為二，而為供應文書，用則同。驛政屢經禁革變通。向時地方官以有驛為累，今則不以為累可見。惟郵政未聞有議及者。

往往官中行文鄭重，加印判字，校其遲速，反不如民間寄遞。若謂事關緊急，投納不誤時刻。然民間急事臨時僱募，亦復如期可至。則公合所設郵遞，常年籌給以費，如此有名無實，揆諸置立，亦奚取焉？窺以郵政之要，要不外審其地、選其人而已。案許慎《說文》：「郵，竟上行書舍也。」《史記》：「白起既行，出咸陽西門十里，至杜郵。」《漢書·平帝紀》：「宗師得因郵亭書言宗伯以聞。」《薛宣傳》：「橋樑郵亭不修。」《注》均云：「行書舍也。」《黃霸傳》：「郵亭鄉官。」《注》：「傳送文書所止處。」夫曰亭、曰舍，則有設立之所、棲託之宇，必非即寄驛中，百里內寥寥不一二覯也。攷唐有銀牌，宋有金字牌、急腳遞。《金史》：「泰和六年，初置急遞鋪。腰鈴傳遞，日行三百里。」是必各占分地專任可知。今制：十里為一鋪，以備遞送公文。是縣或有無驛，斷無無鋪者。然試問縣凡若干鋪，鋪凡若干，卒恐案籍而稽，未必果有人也。宜於地當孔道之縣，設有驛者，坿以郵縣丞、巡檢汛官，分駐村鎮。有公文來

往，一律置郵。其間地值街繁、民居稠密處，酌量設額，輪值專充，隨其所便。荒閒處，官為蓋屋，以定設人夫之數，並移其家就之。旁近荒蕪，田畝令開治，以抵其費。閒居不至滋事，款項不須另籌。古時掾屬有名督郵者，今以就近分防，官兼其銜，隨時稽核。約以十里為率，即甚僻遠，三十里內必設兩郵。郵卒傳送公文，毋許逾三十里。則郵舍相望，人力餘裕，可以警盜賊竊發，可以便羈旅託宿，不獨消息便捷也。或謂西法電報，日逾千里，然正可為郵政之輔，不得謂郵政可廢。否則，無所事事之眾，安保其一一循分？創此議者，與明時議裁驛卒何異哉！　　玉縉謹案：此篇蓋作於將設郵政局之時，足與顧炎武《日知錄》「驛傳」條〔註5〕相發明。不得以其與今情形不同而刪薙也。集中凡情形異者視此。

鐵路利害論

　　鐵路創始，外洋以通行輪車。山阻，則路即闢於山中；水阻，則路更闢於水底。遲者使之速，遠者使之近。四通八達，千萬里無不可刻期以計彼土。於都會所在，輒置鐵路，固以為利而不以為害顯然。中國近議仿行，論者每慮其利不勝害，大抵謂設險守國，古有明訓，萬一鐵路造成，無論東西南北，不難惟意所之。就陸地言，懸厓峭壁，甚至繩索相引，有鐵路而別開蹊徑，則何往

〔註5〕《日知錄》卷十《驛傳》：

　　《續漢·輿服志》曰：「驛馬三十里一置。」《史記》：「田橫乘傳詣洛陽，未至三十里，至尸鄉廄置」是也。唐制亦然，白居易詩：「從陝至東京，山低路漸平。風光四百里，車馬十三程」是也。其行或一日而馳十驛，岑參詩：「一驛過一驛，驛騎如星流。平時發咸陽，暮及隴山頭。」韓愈詩：「銜命山東撫亂師，日馳三百自嫌遲」是也。又如天寶十四載十一月丙寅，安祿山反於范陽。壬申，聞於行所，時上在華清宮，六日而達。至德二載九月癸卯，廣平王收西京。甲辰，捷書至行在，時上在鳳翔府，一日而達。而唐制，敕書日行五百里，則又不止於十驛也。古人以置驛之多，故行速而馬不弊。後人以節費之說，歷次裁併，至有七八十里而一驛者，馬倒官逃。職此之故，盍一考之前史乎？古人以三十里為一舍。《左傳》：「楚子入鄭，退三十里而許之平。注以為「退一舍」。而《詩》言：「我服既成，于三十里」《周禮·遺人》：「三十里有宿，宿有路室。」然則漢人之驛馬三十里一置，有自來矣。國初，凡驛皆有倉。洪熙元年六月丙辰，河南新安知縣陶　奏：「縣在山谷，土瘠民貧，遇歲不登，公私無措。惟南關驛有儲此一事，而當時儲畜之裕，法令之寬，賢尹益下之權，明主居高之聽，皆非後世之所能及矣。然則驛之有倉，不但以供賓客使臣，而亦所以待凶荒覊厄，實《周禮·遺人》之掌也。帖括後生，何足以知先王之政哉。今時十里一鋪，設卒以遞公文。《孟子》所云「置郵而傳命」，蓋古已有之。《史記》：「白起既行，出咸陽西門十里，至杜郵。」《漢書·黃霸傳》注：「師古曰：郵亭書舍，謂傳送文書所止處。」

非坦途？以水地言，稽天巨浸，舟楫幾窮於濟，涉有鐵路，而如行平地，又安有望洋之歎？是無事而利止行李之往來，有事而害恐防不勝防。嗟嗟！為此說者，抑何所見之不廣歟！

《禹貢》：「隨山刊木。」解者以「槎識」釋「刊木」，即列樹表道之義，惟恐行人迷路。《魯語》：「昔武王克商，通道於九夷八蠻。」解者謂「王家遣使通彼」。案：《王制疏》：「分列九夷東方，八蠻南方，均在海外。」據此，雖異域亦不使隔於道阻且長。古盛時開通道路，豈不計及於敵國外患？特以我能往，寇亦能往，斷無我可以往而人不能至之理。區區阨隘所限，安見足深恃者？即以近事而論，數萬里之海洋，巨浪礁石，隨在不測之患。昔人恒謂大造設，以隔別華夷，萬難踰越。而鳥語卉服、趨利而來者接踵。然則論者所慮之害，將有之耶？無鐵路，亦有之將無之耶？有鐵路亦無之，此更不必知洋務而可以理斷者。所謂利害，當度我之利否耳。竊謂鐵路之設，在近今尤不可緩。邇來中土以電報迅捷，各省先後置立，頃刻千里。聲息之靈通，較驛遞未可以道里計。然能知而不能行，與不知相去幾何。況事變千端萬緒，一時施行之緩急，異時措置之難異繫之。然則凡有電報之處，即當闢鐵路以輔其用。一切調遣，庶無緩不及事之虞。無事以便通行，或值有事，慮他族之乘間，初不難於徹去，況輪車所經，間以枯木朽株立，隔閡而不能動，權固操之自我矣。孟子言：「高城深池，堅利之兵甲，積多之米粟，無如人之委而去之。」以例鐵路利害，有不繫於是者？專為鐵路計，則利可參觀，而究何難預防其害哉！

俄人於亞洲北境築鐵路論

俄羅斯為徼外一大國，據亞細亞、歐羅巴之北境，復跨海，據亞墨利加之西北隅，則五大洲之中，俄人之跡遠及其三。就所據亞細亞地言之，其境東自興安嶺，西至科布多，毗連我中國者數千里，其蹤跡旋又及綏芬河一帶，則距長白山吉林不甚遠。近聞於亞洲北境造築鐵路，居心叵測顯然。攷圖理琛《異域錄》所述，經行俄國之地，在厄爾口城時，即欲起程。俄官曰：「今河冰未泮，舟不能行。陸路泥陷，人煙斷絕。一切馬匹難於置辦，斷不可行。」又述俄人言，自此往托波兒去，向西北行，此處冰雖稍解，自此以北，尚未全泮。現今斷難起行。後由喀穆河舟行。又大雪，河內流澌。俄官來稟，水路已不能行，只得候地凍，由陸路方可行走。隨欲由陸路起行，俄官謂其間途中泥濘，浮面雖稍凍，下面猶陷馬蹄，異於損壞。雖強為起程，不能出一百里。此皆圖

君身歷其境，為俄向中國所必經。路多窒礙，使命往還，動稽時日，何論行師寇遠。惟鐵路既成，則火輪車通行迅利，何事不可為。似中國宜預為之計。

　　吾謂俄國地大人眾，而且與我同壤。前此闌入回疆，竊移界牌，何莫非嘗試之見端。此時鐵路之築，顯在亞洲北境，誠不能必其絕非覬覦之心。然謂其專為入寇而設，恐不必然。鐵路頃刻數百里，誠利行師，而轟毀正復不難。萬一俄人輕舉妄動，俟彼全軍深入之後，用間設伏，壞其鐵路，前行者業已陷入，後來者復不能繼，坐而待斃，可令其只輪不還。俄人狡悍，當不出此。且以歐洲諸國近事觀之，俄人此時尚未敢開罪於上國也。外洋列國中，惟俄、英、法、美四國地醜德齊，有各不相下之勢，並各有一彼國獨強即我國將弱之心，外睦內猜，互相鉗制，而莫敢先發。即如俄伐土耳其，欲滅之，法、英及奧地利、薩丁邪救之。雖終議和，而連兵數年，大小數十戰，陣亡及黑海遭颶風、冬凍夏疫死者，俄數十萬人，英、法十萬人。其他如土耳其欲並希臘，俄、英、法救之。西班牙欲並摩洛哥，英、法救之。迄不能逞。此皆前事之可參觀者。是彼中於小國猶爾，況敢窺伺於一大國哉！咸豐戊午，津門之役，發端於英，輒牽率三國，而來者無他，不敢專其利，而懼三國之議其後也。庚申之事，得當即已者，亦懼俄、美之議其後也。可取而忽捨，可進而忽退，夫安有興師動眾，踰越重洋八萬里之險遠，倏來倏去，不待智者而知其不然。故目前必無事，可以坦然無疑。然而從古不通中國之俄，駸駸而實逼處此，誠有不可不慮之於先者。《兵法》有之：「善戰者，先為不可勝，以待敵之可勝。」又謂：「無恃其不來，恃吾有以待。無恃其不攻，恃吾有所不可攻。」亦為不可勝，以待之來與攻，不妨聽之。奚有於俄人？奚有於亞洲北境之鐵路哉？

各西教所行國地攷

　　邇來海禁廣開，凡四大洲各國慕我華風者悉棲寄通商處所。風俗不盡知，大率視其所奉之教為異同。所奉之教名目雖多，要以天主、耶穌二者為大宗，在中國統謂之洋教而已。洋教自東漢時，始於猶太傳播西土，羅馬人崇信尤篤。大權歸教師掌握，號曰教王。法蘭西之創霸也，教王為之加冕。英吉利北族之起兵也，請於教王，教王封以英土。惟言是從，可謂盛矣。洎明時，日耳曼人路得於其教外別立西教，自稱正教，規約與洋教不甚懸殊。即從洋教中出洋教，創於草昧之初，立說淺鄙。西教之行，昏懞久啟，故能竊我中夏語言文字，以增損緣飾，儼然斥洋教為非，於是信奉洋教各國半歸西教。攷近日各國之從洋

教者，曰意大里亞，曰法蘭西，曰比利時，曰西班牙，曰蒲萄牙；從西教者，曰英吉利，曰荷蘭，曰嗹國，曰瑞國，曰普魯士，曰米利堅；有兩教參雜者，則奧地利及日耳曼列國也。其別派又有希臘教，則額里士與俄羅斯崇尚之教也。雖與兩教微有不合，要亦從兩教中坿會而來。其入中國，則自明臣徐光啟薦其人修曆始。更有從為之辭，以《唐景教流行碑》指為彼教在中土由來已久。嗣是設教會，立教堂，餘風未殄。近則十八行省、東三省間有信其教者，沿海郡邑差盛。然授教者率多愚而自用，受教者無非愚無所知之輩。覲於教師，屢經挫辱，依然遊行各土，毫不知恥。俚鄙怪誕之說，竟有奉若神明，視骨肉為行路。究之煽惑不過頑鈍蚩氓。稍識義理者，固以一笑置之也。大約西土榛榛狉狉，值風氣之將開，忽有一桀黠者乘之而起，創為條教，又有片長薄技，聳動彼土之聽聞，各國聰俊之士無所依，而不得不入其中，遂以格致之術稱，實則非西教之能為格致。才擅格致者，習西教耳。彼昏不知，以為無出其右，思欲自坿於聲明文物之區，多見其不知量也。近聞彼國有購我聖經，繙繹誦讀，行見聾者發之，瞶者振之，日月中天，合四大洲之國土，同歸於大中至正之道矣。

天主耶穌教論

漢明帝時，摩騰竺法蘭自西域馱經至，中土遂有佛教，由微而盛。北魏及唐武宗嘗申厲禁，士大夫每以非聖非法斥之。而明代封國師、封法王，即彼教以馴彼土。逮我朝，而西域遂隸版圖。天主教者，明萬曆時大西洋利瑪竇自歐羅巴航海來中國，所奉教曰天主。教祖曰耶穌，漢哀帝元壽二年庚申生於如德亞國。彼土以其行教而釘之十字木架，故奉教者必奉十字架。其所述大概如是。是佛教與天主教之至中國，一自陸，一航海，其來自西則正同。其謂釘耶穌之首及四肢於十字架，即佛經所謂昔我為歌利王割截身體也。釋氏偈曰：有物先天地，無形本寂寥。能為萬象主，不逐四時凋。此釋氏清修本旨。而天主教謂天不能自成其為天，如萬有之不能自成其為萬有，必有造之者而後成。天主為萬有之初有，其有無元而為萬有元，超形與聲，不落見聞。又謂天主者，生天生地，生神生人生萬物，一大靈明之主也。但天主之所重者，人而已，故為之生天以覆之，生地以載之，生神以護之，生萬物以養之。正不啻演暢先天地、為萬物主之義者。天主教謂人有形軀，有靈魂，形軀可滅，靈魂不可滅。人在世時，可以行善，可以去惡。一至命終，其人敬事天主及愛人如己者必昇天。

若不愛信天主，違教犯戒者必墮地獄。又曰：人犯一切大小過惡，惟天主能赦
宥之。案：釋氏之言曰：人死而精靈不可滅，上界為天堂以處善神，下界為地
獄以處惡鬼，中界人物皆以其因果緣業而輪迴升降之。惟修佛法而得其真者，
則可免於輪迴之苦而超三界。據此，天主教之立說，雖務詆訾佛教，實則大致
相符。吁！佛教自漢至明，始取為柔遠人之至計。當其遠來，已為千百年後，
舉地內坿之見端。而天主教據《唐景教流行碑》記其教之久行中土，漢與唐略
分先後，而明用傳教之人修曆法，與用佛教以綏西藏又奚異？今歐洲諸夷相率
通道，則天主耶穌教者安知非自陳厥俗所宜？或堪備我朝採錄，統歐洲而控制
之方乎？勿齗齗於彼教之是非也可。

民教讐殺之案層見迭出其故安在將由何道而可以久遠相安策

洋教之在中土，至今日亦極矣。十八行省之廣，而建立之教堂與夫傳教之
士，幾於無處無之。況官保護於上，民益宜習熟見聞於下。而乃毀教堂，殺教
士，不特不相安，而直相讐，案且層見迭出。於行教之處，欲防吾民，則不勝
防也；欲禁彼教，又無從禁也。嘗觀《瀛寰志略》，歐羅巴諸國自漢以後皆奉
洋教。明初，日耳曼人路得別立西教，自是諸國從洋教者半，從西教者半。君
民相仇殺，列國相攻伐，半由爭教而起。是洋教在外洋猶不相安，而不免於讐
殺，何論吾民，何論久遠。然而事可以相形而見也，道或以由舊而無弊也。中
國地大物博，其非聖人之教而偏天下者，莫若釋老二教。民不特習處焉而不以
為怪，其廟寺不敢褻越，其奉香火之徒眾惟恐曠缺而不供。即官吏有時屬禁，
而民之崇信者曾弗少衰。夫同此天堂地獄之說，同此勸善懲惡之意，所以為教，
在有識者固視為一丘之貉。民乃曲致分別，於彼則歷久而篤信無間，於此則深
惡而不約皆同，則以為釋老之教者任人信否而不強致，為洋教者存心求勝而逼
處此也。且洋教之公然設堂於中土，自明萬曆間徐光啟為之疏請。謹案：聖祖
仁皇帝三年，楊光先《請諸邪教疏》歷敘濟南、淮安、揚州、鎮江、江寧、蘇
州、常熟、上海、杭州、金華、蘭溪、福州、建寧、延平、汀洲、南昌、建昌、
贛州、廣州、桂林、重慶、保寧、武昌、西安、太原、絳州、開封竝京師共三
十堂，歷地十三省，歷時先後約四十五年，初不聞有民教相讐殺之案。當甲申、
乙酉歲，皇朝方行戡亂，四海蜩螗羹沸，民教未嘗以不相安而乘間求逞。豈昔
之民皆良善，今之民獨強悍哉？度彼教甫來，尚不敢挾官長而脅氓庶，民亦以
有無於我何關，安然無事，道豈有他。此其故，可令彼教自思之。近曾文正謂

選擇良吏，密撫吾民，告以漢過不先，獎以同仇敵愾，曉以拔劍挺身之無益時局，勸以臥薪嚐膽之留為後圖。老成因時制宜，抑亦不得已之苦衷矣。然則欲民教相安，惟以文正之言喻吾民，彼教則令一切循初來之舊，民亦與為釋老之教者齊觀。久遠相安之道，庶其在此。敢抒所見以對。

卷二十九終

青學齋集卷三十

新陽汪之昌

辨異端似是之非說

孔子曰：「攻乎異端，斯害也已。」解者以凡非聖人之道統為異端。《孟子》引孔子之言曰：「惡似而非者。」則以顯然異者固可惡，而竊其似者尤難辨也。三代下所目為異端者，尤在於釋老兩家。蓋聖賢以設教為旨，而彼亦以設教為名；聖賢以勸善懲惡為教，而彼教亦自有勸善懲惡之說也。所謂似是而非者，非耶？然而問所誦習，則非聖賢之言也。彼之衣食宮室，則非聖賢之制也。彼自不敢同於眾庶，又何難見為異？又何俟用吾辨？今夫譬諸行路，南遊者斷無有北向也。觀之田功，蒔苗者未有不去莠也。夫非以非者顯而易決，似是者混而難分，毫釐之失，千里之差，辨之不可不早，似是其跡而異端其實歟？聖賢垂教之書，綱常典禮顯見於名物度數，則學聖賢之學，務實者是，談空者非，而彼則薄視跡象而高語性天。聖賢之箸述正以別異端為大綱，而彼則謂異端之精微原與聖賢同歸，援聖賢之經傳，釋以異端語錄，然則異端之非在於背聖賢而適成為異端，似是之非轉以論異端而自掩其為異端。

黃老異同辨

黃老之學肇始於戰國，崇尚於漢代。黃謂黃帝，老即老子。據《史記》，以黃帝居五帝之首，老子生東周之季，時代之先後懸殊。近俞長城《黃老對》以為黃老教同，宋翔鳳《過庭錄》言老子箸書以明黃帝自然之治，似黃老無異學。吾謂以老子為宗黃帝之學，非真老子之學不異於黃帝世之為老子之學者，張大之以為一同乎黃帝也。案：今所傳黃帝遺文，若《陰符經》、《素問》等書，

咸出後人依託，見者具知，未可盡憑。而老子所箸上下篇，言道德之意，五千餘言，所設教與經史所述黃帝事蹟，以參攷其異同。案：《老子傳》以「無為自化，清靜自正」綜括老子言行大概，論者以《易傳》言「黃帝垂衣裳而天下治」正可為無為之證。無論《易傳》言通變宜民初非不為而成者，《易傳》所謂「後世聖人」，解者謂即指黃帝、堯、舜，則「自作舟楫」以迄「作書契」何一不為斯民計？何嘗使民無知無欲？且《禮記·祭法》言「黃帝正名百物，以明民共財」，是創制立法，亦非所謂使民復結繩而用之。《左傳》言「黃帝以雲紀官」，《帝紀》言「置左右大監，監於萬國」，當日陳綱立紀，蘄至詳密，正老子所謂「法令滋章」，而絕不聞「盜賊多有」也。「舉風后、力牧、常先、大鴻以治民」，與「不尚賢，使民不爭」之義正相反。《紀》又歷敘帝順天地之紀、幽明之占，以及播百穀草木，化鳥獸蟲蛾，勞動心力耳目，無微不至，何莫非納斯民於軌物以言乎？「絕仁棄義，民復孝慈。絕聖棄智，民利百倍」，老子慨乎其言之者，皆黃帝所躬行矣。然則黃帝之所為，驗諸老子之所言，為異為同較然，無待於辨。案：史遷傳申不害、韓非皆云：「其學本於黃老。」而於《樂毅傳·贊》敘次黃老之學，儼然有師法之流傳，可見戰國之初尚無黃老之目，迨橫議之風浸熾，士各執其一術以為學，每託於上古神聖以為名高，《孟子》七篇中「許行為神農之言」即其明證。以黃老連文為目，殆為老子學者以黃帝名最著而無可徵實，何妨以老子相坿會。漢初百家之說未盡黜絕，故尚沿舊稱，詎知詳加攷辨，其異而不同者固昭昭哉！

古書澆胸說

《孟子》曰：「盡信《書》不如無書。吾於《武城》取二三策。」明謂古書之不必盡信也。顧書以紀事，就攷實而論，立言之體所限，容有過其實而不盡可憑。而去人胸中塵俗，若黃山谷所謂「用古書澆胸」者，固非博通典籍者不能為此言也。攷《說文》：「澆，沃也。」《一切經音義》作「潰，灌也。以沃義言之。」段玉裁謂「自上澆下曰沃」。古書傳自往代，而傳誦於後人，正所謂自上澆下也。土之肥者曰沃土，而方寸之間多識前言往行，又不啻瘠土而厚加墾治，不難轉為沃土者。以「潰、灌」言之，日積月累，循誦習，廣見聞，抑亦潛滋暗長於不覺，非徒搜奇務博之為矣。無論六經三史，古書之懸日月而不刊者，故宜習熟於胸中，廣而諸子百家，瑣而稗官小說，其立說或即非出自古人，或為後人綴緝以假託，而嘉言遺訓不無一二之確有由來。辨其偽以無為

所惑，存其真即以備夫取材，更不必盡出中土，即流傳異域，片長薄技足以益
意智而資造作，不妨博採菁華，譬諸牛溲馬勃之可供培壅矣。故胸中多古書之
義一分，即胸中少塵俗之陋一分。《淮南》書論種植之物多一溉者後枯，義可
互參。至蘊諸中而形於外，一言一動，罔非折衷於古書。旁觀亦咸推為讀書之
士，則澤於古者深也。古有以酒澆胸中塊壘者，蓋因生世之不得已，以寄其胸
中之無聊賴，然而卒為禮法之士所藉口，孰若以古書澆胸、不然夫塵俗者，竝
且開其心胸哉！

歷代關市之徵攷

　　《周官》一書為千古理財之祖。太宰九賦，關市之賦居其一，誠以市多淫
巧，而關通末流，欲止抑之，故加徵耳。至如泉府之入，廛人掌之。司門、司
關之屬，各有攸司。上儲府庫，時察奸衺。春秋時，鹽筴錢官，權算踰密；布
縷粟米，徭役名煩。古先王良法美意漸即淪澌矣。漢初，不軌逐利之民，競相
畜積餘贏以稽市物，痛騰躍。〔註1〕高祖令賈人不得衣絲乘車，重稅租以困辱
之。武帝時以公卿請算商賈率緡錢二千而算一。諸作有租及鑄，率緡錢四千而
算一。軺車、船筭，詳於《平準書》。而齊之市租千金，趙王為賈人權會，郡
國猶且如此，不特馬口有錢幹官置丞也。王莽立五均官，民困滋甚。建武初悉
罷。章帝命交趾、益州上計吏市珍寶，收採其利，本武帝均輸之法，而所收者
止珍物，隱寓禁遏逐末之旨焉。三國鼎峙，各擁土民科斂，漫無定限。晉孝武
帝詔除丹陽竹格等四桁稅，而攤稅珠禁如故。宋孝武帝停道中雜稅，齊武帝免
逋城錢。嗣及梁陳，西有石頭津，東有方山津，各置津主、賦曹、直水一人，
檢察禁物，均十分稅一。淮北大小各市備置官司。元魏明帝稅市人出入各一錢，
店舍為五等。北齊關市邸舍之稅，請自顏之推。宇文周閔帝除市門稅，宣帝旋
復之，然徵稅多方，倉儲無補。隋文帝受禪，所由釐革之也。唐肅宗遣鄭叔清
等籍江淮蜀漢富商，產十收其二。德宗以趙贊請，稅屋間架除陌錢。又於諸道
關津置吏，閱商稅緡錢十稅二，竹木茶漆十稅一，以至秉筆持籌，入人廬舍，
宮市使白望等名起，而民不聊生矣。五代時，農具稅錢，躝紙有課。誰生厲階，
一至於斯。宋制：關鎮置務，每千錢筭二十，名過稅；市鬻每千錢筭三十，名
住稅。酒、官茶、鹽，史策具詳。至王安石行青苗法，白地錢則專事掊聚矣。
南渡偏隅，流禍數葉。遼太宗得燕，城北有市，有司徵之，商稅金銀百分取一，

〔註1〕《史記‧平準書》作「而不軌逐利之民，蓄積餘業以稽市物，物踊騰糶。」

他物百分取三。金源踵興，或因或革，葦錢蘆禁，厥有定額。元初，定三十分取一之制。後復大徵商稅，或以充軍糧。而柳課茶由，無微不至矣。明興，於元政病民者損益變通之。府州縣設稅課司，河泊有所，率三十稅一。宣德時，添設鈔關，率於貨物湊集之處。成化時，添置工部屬官三員，分往津要，抽分竹木，所獲歲歲遞有加增，不免一貨數徵。繼差太監抽分柴炭魚菜稅，各有章，煩擾瑣末。後雖更張，朘削甚已。

要之，關為拮暴而立，市為阜民之生。濟國而徵之，誠出於萬不得已。然計其所入，在上之實獲有幾；而利之所在，後來之裁革何時。藏富於民，猶是藏富於國也。有理財之責者宜酌歷代之成規，戒吏胥之中飽。為攷大略，以箸於篇。

武梁祠孝子邢渠攷略

《山左金石志》，武梁石室畫像第三石第二層畫孝子韓柏榆事。次一室室中坐一人，榜題「渠父」。左一人跪，一手撫坐者之肩，一手舉雙箸，榜題「邢渠哺父」。案：武梁祠所畫大都與經史傳記可參攷。《志》謂「邢渠事，古今紀孝行者遺之。」《志》係畢氏沅、阮氏元同撰。然則博覽如兩公，亦謂孝子事蹟無可攷矣。

案：《太平御覽》第四百十一卷「人事部」五十二引蕭廣濟《孝子傳》：「邢渠失母，與父仲居。性至孝，貧無子，傭以給父。父老齒落，不能食，渠常自哺之，專專然代其喘息，仲遂康休，齒落更生，百餘歲乃卒也。」與石刻所題「哺父」事正合。雖寥寥數語，不獨渠之孝行略具，而其父之號仲亦可補石刻之遺焉。夫孝冠百行，若渠之哺父，豈易多覯？在武梁祠畫像之時，諒當世傳述為美談。至今而賴此石刻存姓字於若滅若沒之間，又得廣濟佚文以互相參攷，渠之孝行遂長留於天地。然則瑰意琦行之士如渠，而無畫像可稽，又未有為之作傳之人，卒之湮沒不彰者，何可勝道哉！爰攷其大略如右云。

《金石萃編》：武氏前石室畫像題字第七石第一層有左榜存「刑渠」二字，右榜存「孝子刑」三字。「刑」即「邢」字。乙酉先立冬三日自記。

錢唐六井攷

《史記·秦始皇紀》：「至錢唐，臨浙江，水波惡。」則錢唐之稱舊矣。《水

經注・漸江水》篇：「《錢唐記》曰：『防海大塘在縣東一里許，郡議曹華信家議立此塘，以防海水。』」是錢唐不獨臨江，兼復瀕海。潮朝汐夕，漸漬浸灌，地幾荒斥而成廢，民每飲汲之苦艱。處此而籌水利，鑿井其一端矣。

唐德宗時，李泌刺杭州，引西湖水入城為六井，大為民利，具詳史文。然則六井開置，肇始鄴侯。《小學紺珠》：「錢唐六井：相國井、西井、金牛池、方井、白龜池、小方井。」分別井名甚晰。潛說友《臨安志》：「六井：一為相國井，在甘泉坊側，近井亭橋。一名西井，又名化成井，在相國祠前，水口在安國羅漢寺前。一為方井，俗呼四眼井，在三省激賞酒庫西。一為白龜池，水口在玉蓮堂北。一為小方井，俗呼六眼井，在錢唐門內裴府前。一為金牛井，今廢。」據《志》敘各井方位鑿然，而金牛井獨無文，則名雖留傳，其所在已不可知。攷六井者，以金牛之廢大約在吳越錢氏時，境內擾攘，撩湖容置軍號，而井養或未暇計及。故宋真宗時，沈遘作南井，以補金牛之缺，人稱沈公井。是鄴侯六井，宋初已僅存其五。若神宗時之陳襄，哲宗時之蘇軾，先後知杭州，咸有事於六井。所謂六井，當已統沈遘續補者數之。南渡後，若湯鵬舉、周淙等所修濬者，抑又可知。

攷《唐書・白居易傳》：「復修李泌六井，民賴其汲。」而李商隱撰《白居易墓碑》敘居易於穆宗時「貶杭州，發故鄴侯泌五井，淳儲甘清，以變飲食」。明言五井，與《傳》文異。竊謂商隱與居易同時，其作葛碑，必據居易家狀所開列，當得其實。文云「發五井」，所未及者未識何名。臆揣殆即金牛，於時蓋難遽修復，故居易但就五井治之。居易守杭，去李泌守杭時纔四十年，而金牛已蕪不可治，則開未久而即塞，宜知其地者亦希。是金牛之廢，固不待錢氏之據錢唐矣。然則以錢唐之井而論，鄴侯所開者固有其六，宋人所治之六井，正不盡屬鄴侯之舊。此又攷錢唐舊事者所當鑿別也。

義田贍族說

凡人苟稍識義理，動於聞見所不忍，不吝相賙相救，況誼關一本者乎！故有散家財以示敦睦，闔族姓而共衣食，非不著名載籍，傳播人口。求其歷久而長存，首推吾吳范氏。蓋文正公籌所以贍族者，有義田以善其後也。夫逐賤販貴，或牟十倍之利，或營稱貸之息，所得豈不厚於義田？所得既厚，所以贍族者當愈周。抑知五行百產迭相消旺，安能覩於未萌？動輒有利，鰥寡廢疾之環而待命也，死喪大事之急不能俟也。田之所入雖薄，歲非大歉，必無大相懸殊

之理，即不至漫無稽攷之勢。量入為出，一家之政可推行於一族；圖匱於豐，制國之用可試行於贍族也。或謂按口授食，則年力壯盛者勢必安坐以待，無所事事，適長遊惰風，贍之反以陷之。不知贍族之舉，贍其不能自贍者，故無告者在所先。可有為者，禁勿與名以義，則族人當顧而自思，一以田則所獲示之以有限，區區所贍，何至荒於嬉哉！揆諸古制，隱合宗法。《儀禮》云：「大宗者，收族者也。」又云：「有餘則歸之宗，不足則資之宗。」自宗法久廢，即有篤念本支，安得餘閒鉅資以應合族之養欲給求？有此義田，奚恐不贍，田為祖宗之所創者歟？還以祖宗之資長養其子孫，田為族人之協助者歟？則體族人之誼，普惠於同宗，異宮同財之法，藹然在耳目間矣。昔人云：合床止有百錢布被，甌中有數升麥飯，不能強之為盜賊。蓋有衣食可資，苟非病狂無恥，決無有輕試法網、靦顏鄉里者。是則一族有義田，所贍之一族不為非；百族有義田，所贍之百族不為非。此又有裨於法令所約束者矣。至子弟，而聰明教育於家塾，愚蠢者轉移以執事，為贍族之一端，尤易易者。吁！昔賢舉動，原異尋常。即贍族一事，亦規久遠。後之人無視為推解之惠可已。

銓選掣籤說

攷《明史·選舉志》：萬曆時，因銓選滋弊，於是創為拈鬮，旋易為掣籤，立議者倪斯蕙，試行者李戴，踵行者孫丕揚。籤分四隅，各隨省分，其詳具史中。初行掣籤，中外翕然稱允。嗣以奉行者循為具文，弊又隨起，至有籤部之譏。然而相沿不廢者，非特因其濟銓選之法之窮而已，捨此且無以示大公，在循其名者貴變而通爾。夫以幅員之廣，官職之繁，而人材之不齊，同一地而遠近分，有此所樂就，彼則畏避；同一官而職任分，有此為兼轄，彼則專務。於是趨避之心起焉，請託之弊出焉，吏胥則高下其手，冊案則挪移其名焉，在操銓政者豈不欲為地擇人、為事擇材哉？而地乃如此其廣遠，官又如彼其別異，問其人則不知誰何，防其弊則百出不窮，此亦常不及之勢也。至恩怨旁猜，是非互起，又無論矣。且立法安得歷久而不弊者，與知人安得肺肝皆如見者，惟去太甚，慎厥始而已。今則鑒翻紙之竊易易，粉版之大書，分封籤者郎曹，監掣者部堂，監視者科道，掣籤之法密無遺憾，用人之弊無所復施，用人之方或猶得半。選者而果才歟？不次之擢隨之，非以一掣限其終身也。選者而不才歟？參劾之奏亦隨之，非以一籤子以護符也。彼拘前代之弊，襲前人之說，議以為非，亦見膺疆寄而佐人黜陟者，欲授之曰所屬無逾於某，欲去之曰人地未

相宜，是果為地擇人乎？為人擇事乎？可為不用掣籤之借鑒也。吁！自鄉舉里選之法不行，取士者不得不出於觶名。辟用掾屬之法又廢，銓選者不得不出於掣籤。時勢所趨，亦有無可如何者。否則，公正大臣迭司銓政，不聞更張。職是之故，或有謂於地類其衝者闢者，於人類其傑者庸者，分而掣之，籤補籤升，亦於事酌其事之大小緩急。類而掣之，猶是掣籤之法。更善掣籤之用，是在世之留心銓選之政者。

重建周宣靈王廟記

吳中祠宇林立，除祀典外，所奉之神率無攷，或附會神仙家言侈張之。十數里、數十里間，輒異其名稱。若合諸行省之廣而祀之，事蹟灼然，人之所以神之者，祇此庸德庸行，則惟周宣靈王廟。前年餘展墓徽州道，浙江所過處率有神廟。及抵徽州，泊舟休寧之屯溪，神廟尤宏麗。友有賈於閩，語余閩中亦多神廟，云廟之在蘇州者，於城西北隅巷以廟名為名，則由來者舊矣。謹案：神周姓，諱繆宣，宋臨安新城人。生建炎戊申歲。父榮，母氏王。幼喪母，事繼母孫以孝。洎父歿，兩弟弱小，飲食教誨如父時。家貧，棄儒而賈，以供旨甘。隆興癸未九月，販木衢州，心忽動，急歸省母，至鷺鷥灘而溺，逆流而上。土人傳其素行異事，欲立廟肖像，有司以聞，如所請。東南郡凡過化存神地，一律刱建。迄元明，代有封號勿替。皇清乾隆、嘉慶、道光朝，錫命迭加，昭垂祀典。咸豐庚申，粵匪之難，廟燬焉，經久未復。里人某某家廟側念神歆此已久，今因變中輟，非敬也。爰約同志某某集資營葺，經始同治五年某月，逾五年落成，門庭堂廡並齋庖井匽悉復舊式，屬之昌為之記。

嘗聞之經云：「孝悌也者，其為人之本與？」又云：「孝悌之至，通於神明。」知倫常間事，可以馴至變化不測。今神之為神，初無畸行異跡，如世傳登仙成道者，驚駭庸眾人之耳目。而廟歷七百年之久，地兼數省之大，蓋其行推四方而皆准其祀，即歷千古而不朽，經誼昭然，無足怪者。某君當闤闠湊集之區，崇奉正神，俾熙來攘往者於以觀感，視崇設浮屠老子宮求福田利益者，其識見為何如也。至於生時夢龍，歿後像立，世人以為張大其事，不知適以淺測乎神，故概從略云。時光緒某年某月日，之昌記。亞援漢時石刻之例，列出錢者於後。

壽盦記

復齋以壽盦名其讀書之室，而屬余為記。維人之名其室者，或取之古儒先

姓字言行，或舉室中所有及所見聞，其大概也。而復齋獨取乳名之一為名。乳名者，文率取其吉祥，義必寓夫期望，固有所受之矣。擁，抱也，而名之以相摩撫。痛，癢也，而名之相燠咻。每與呱啼啞笑聲若應若和於一室中，循是而命名焉，製字焉。室以外，容不盡知。即室以內，亦無復相呼而寂然於耳者，何嘗不識之於心也？復齋童年失怙，恃居甥館讀書，泊有室而歸其室。迴思舉其名相摩撫、相燠咻者，未嘗頃刻忘。以壽盉題額意，惟是一舉首而得諸目，一指示而出於口，有無異提其耳者。長日婆娑，而彊壯，而期頤，吾知觴酒環晉，庭階羅侍，復齋且呼其名而進之，俯而矚，仰而瞻，固猶是曩年劍負闢咿處也。至窗幾之明淨，籤帙之整齊，抑亦居室之常，更無取於覼縷已。

琴韻山房匾跋

余次女適潘復齋中書內閣。中書，封光祿大夫樹庭先生之曾孫也。先生嘗於所居廳事東偏疊石種樹為讀書所，顏之曰琴韻山房。經亂，題額遂佚原額，復齋固未及見也。幼時詢知之，上年乞令叔宮保鄭庵尚書重書，屬余於餘紙作識。聞之琴之為言禁也，余謂莫之禁而務自禁者，其故家子弟乎？世恒以先世之勳望，每信其後嗣之無過舉，而攘攘者方以莫之我禁，恣行而無不可為，先人嘉言懿行一切弁髦視之。復齋於題額一端，猶必規復其故，則家法所在，聞見所及，罔不奉若球圖。日於山房中展楹書，張素琴，吾知聞聲音者如見其先世之風流餘韻已。時光緒丙戌八月十日識。

跋施師詩集

先生從父鐵華公，受業師也，先榮祿公嘗從學詩。先生博通經史，旁及說部、釋典、道藏，所撰詩古文駢文總若干篇。說經宗漢儒，尤致力於《詩》《春秋》兩經，著有成書。其《詩經說》，陳碩甫先生亟稱之，均毀於寇難。嘗聞先生釋《左氏傳》「孟氏之御」一條，以「驪豐點」為女御；「好羯」者，屬意於「羯也」；「從余」兩語，告孟莊子語；當讀「再三云羯」為句，所謂「再三」，即上文兩言，屢稱羯於莊子；「從之」者，莊子從之也。讀書不沿常解，融會書旨有如此。昌之從先生學詩賦也，咸豐庚申春，時先生館昌家幾五十年，頗稱許所作，輒以不與榮祿公共評閱為歉。未幾而蘇城陷，又三月而先生長逝矣。嗣光緒紀元，令子子百假館家祠中，相與背誦先生詩，共積若干首。近家柳門學使有繕刻先生詩集之舉，子百即舉所錄畀之。就先生箸撰而論，不及十分之

一。然庚申之變，吳中經師宿儒著述與名字俱燼者何限。先生遇學使闡發幽滯，永永流佈，不獨為先生感，並為天下士之被褐懷珍者幸也。爰附書於卷尾。受業汪之昌謹跋。

正誼書院課藝跋

我朝經學昌明，一洗宋以後空虛誣聖之陋。吾鄉顧亭林氏倡之，元和惠氏、江氏家學傳授，繼起之尤著者也。學士進身，積重帖括，置樸學為無用，故有終年伏案，問以《十三經》，至不能舉其名，其亦風氣使然乎？

吳縣馮景亭先生，博通經史，旁及疇人、日者諸家說，以高第入官，歷掌文衡。主講省會劇郡書院，旋以病歸，教授鄉里。慨樸學之日微，思鄉賢之墜緒。咸豐八九年間，擬於蘇州仿浙江詁經精舍、廣東學海堂及江寧惜陰諸書院規，另建講舍，以粵匪之難而止。同治二年，李伯相規復蘇郡，先生重申前請。蘇城向有紫陽、正誼兩書院，惟課士以制藝則同。伯相乃以紫陽書院課制藝，別籌正誼書院，經費月，以經解策論詩賦為課，延先生主其席，吳中學者稍稍知重樸學，顧氏、惠氏、江氏等說類能推演引申，兼以功詣為等第之優劣，故肄業者日益奮，幾邁詁經、學海、惜陰而上之。繼先生者，為以不職去官之某。《十三經》，其未見書也。延之者以哀其老，居之者藉娛其老，視贄之厚薄為第之高下，不逾年而人逾於額，則以新投者列於前，而向之肄業者弗與試矣。此卷雖刻於先生身後，要為先生所手定閱之者。先生誘人之成效，伯相儲才之良規，猶可見一斑。

擬《古逸叢書》總敘

遵義黎君之使日本也，刻書二百卷，計二十六種，大都古本逸編，得自彼土者。旋歸後，舉而致之江蘇書局，原委略具《自敘》中，見者罔不謂刊刻之精。昔吾吳顧千里先生以善校刊名，其言曰：「為宋元本計，舉斷不可少之書覆而墨之，勿失其真，是縮今日為宋元也，是緩千百年為今日也。」黎君此舉庶幾近之。然自來號叢書者，率以隨時刊刻，初無倫次名之。此書亦以叢書名，所刻雖止二十六種，而編目解題想見四部學之精專。《爾雅》、《穀梁傳》、《論語集解》、《程子易傳》、《繫辭精義》、《開元御注孝經》，皆聖經也，以次冠於全書。《尚書釋音》、《玉篇》零本、《廣韻》、《韻鏡》、《急就篇》各書，聲音文字之分別，小學家之要，抑讀經者所不可不知。《史略》，綜括諸史綱領。《漢

書・食貨志》一卷，若「守位養成」之作「守養位成」，「出入相友」之作「相交」，文字不無參差，注文亦較今通行本加詳。據以攷訂同異，不獨唐鈔之宜寶貴也。《太平寰宇記補闕》、《玉燭寶典》二書，地理時令，咸史家所重。《性解》，表裏譜學。《日本現在書目》體近於志藝文，且可證《尚書百篇》尚存之誣。《老子》、《荀子》、《莊子》為子部中最古，各注本皆中土罕見。《楚辭集注》、《文館詞林》、《草堂詩箋》，集部大觀，詞章家之津要在焉。《碣石調幽蘭》及《瑂玉集》、《天台山記》，則又班《志》錄樂家、錄《虞初小記》之例。彙而為《古逸叢書》，逸於古者粲然備於今。目錄後歷識單疏本《尚書》、舊鈔《春秋經傳集解》等書十種，皆致佳本，深惜未及重刊，觀識語，不能無望於繼之往日本者。縮今日為宋元，緩千百年為今日，指顧間耳。黎君昔與同事書局，今復見此盛舉，故不辭而為之敘。

淨君涼友合傳

淨君、涼友，俱出竹玉系。淨君有澄清一世志，雖處偏隅，凡蒙不潔者就之，率為之加拂拭功。夏少康始知而用之，故居越。吳王夫差之入越也，句踐擁淨君迎於門，旋進諸吳宮。吳王優游廣廈細旃間，淨君無所用，受制於僕隸婢妾之手。涼友聞，嘗貽書勉以自珍焉。涼友者，慕風伯之為人，務為吹垢障塵事。當夏之盛，涼友輒應令而出，世率奉揚其仁風。泊夏衰，有誚其做法於涼者。涼友見金德旺甚，因秋風起，慨然曰：「君子待時而動，世與吾相遺矣。吾安能為吾友淨君所為，日屑屑供人指麾乎？吾其韜匵而藏乎！」漢班婕妤聞其風，作詩歌之。

贊曰：淨君不擇地而處，日與紛紛擾擾者為緣，雖見用而終不竟其用，卒至於敝。涼友始則因時而出，終則善藏其用，有君子之德焉。觀乎淨君、涼友之用捨，有志用世者可以審所處矣。

貓證

陳啟源《毛詩稽古編》釋「有貓有虎」曰：「虎，白為魁，黑為爐。似虎，淺毛，謂之貓。貓非捕鼠之貓也。」並以《逸周書・世俘解》「武王狩禽，虎二十有二，貓二。」即其類，非今家畜。攷《禮記・郊特牲》篇：「迎貓為其食田鼠也，迎虎為其食田豕也。」貓虎竝舉，與《詩》同。明言食鼠，不得謂非捕鼠之貓。《毛傳》：「貓似虎淺毛者也。」《爾雅・釋獸》：「虎竊毛謂之虥貓。」

《說文》:「竊,淺也。」則《毛傳》「似虎淺毛」之說即據《雅》訓。據《詩》,「有熊有羆,有貓有虎」明為對舉之文。《說文》:「熊熊〔註2〕,獸似豕」;「羆,如熊,黃白文。」是熊、羆異名而同類。例諸貓、虎,當亦以形似而類及。吾母潘太夫人嘗云:「幼時隨待文恭公京邸,嘗見虎圈所畜,蒼色黑斑,與世呼貍貓者形色正同,特有大小之分耳。」《爾雅》云:「虎竊毛」當以此。《廣雅》:「貘,貍貓也。」《御覽》引《尸子》:「使牛捕鼠,不如貓狌之捷。」《莊子‧秋水》篇:「捕鼠不如貍狌。」可證貓、貍通名。《周禮》:「貍步。」《注》:「貍善搏,擬度而發,必獲。」正與貓合。《韓詩外傳》七:「有鼠出遊,貍見於屋,循梁微行,造焉而避,厭目曲脊,求而不獲。」曲肖貓捕鼠之情態。此又目驗可知。是古亦稱貓為貍也。然則經典所云之貓即捕鼠之貓,歷歷可證已。

　　余有唐張搏之癖。嘗於《群峰集》見《相貓經》一書,修詞雅潔;於《昭代叢書目錄》見有撰《貓乘》者。爰取貓之見經典中者疏證之,竊坿兩家之後云。乙酉臘八日自記。

卷三十終

〔註2〕似衍「熊」字。

青學齋集卷三十一

新陽汪之昌

伯兄行略

伯兄名克昌，號俊民，字壽我，榮祿公冢子也。生而穎敏，年十八，入新陽縣學，以優等食餼。道光己酉科選拔貢生，應本省鄉試，薦不售。明年赴都，朝考列二等，就職教諭。咸豐壬子科，中式舉人，報捐內閣中書，加侍讀銜。己未科會試，薦不售。

初入塾，榮祿公督課嚴，卒通諸經，尤善說經，聽者無不意解。余五歲時，與兄同臥一榻，兄講柏舉之戰，至楚人將食，吳人從之，余喜極，墮床下，家中人後每述以相戲。余年八歲，兄嘗以子夏命屬對，余對以亥唐，兄大喜，以銅章及螺甸杯為贈。榮祿公聞之亦喜，加嘗以猿鶴銅印及玉環。洎余學詩，每日課一詩。間有合處，必加標誌獎語。迨後學文，亦如之。己未歲冬，送子至杭州應試，卷出馬仯千先生房，為主司所黜。兄向人道及，惋惜不置。蓋榮祿公望昌等甚切，兄因而勸勉不少懈。余為榮祿公所鍾愛，兄於諸弟中撫視尤篤，善體親心，率類此。其與人也重然諾，親友有急者必為之位置。值粵寇之擾，凡同譜自遠來者，料理得所，並輾轉設法伙助。親戚有疑難事招往，以數語排決之。此二者，人每謂有先公風雲。治經精於《毛氏詩》、《左氏傳》。謂《周官》多古字，可以印證他經，《說文》為六藝鈐鍵，《文選》為文章根據，均有箚記。其舉於鄉，首藝以《選》體，三藝本《說文》，精熟可知。嘗告余作文固宜沉博絕麗，要須取材經典，不可雜以後世語。生平不喜古今體詩，避難徽州，偶為之。迺釋經之作盡佚，惟詩數十首獨存。徽州弟子某生處可悲矣，其之徽州也，惑於友人言。值寇張時，流離困踣，卒因之病。同治元年十月，歿

-495-

於婺源。寓明年，遣人迓嫂及二姪姪女並其柩歸。

長女松齡傳

　　咸豐辛酉，余避寇長洲北甲村榮姓家。是歲十月十九日，長女生。何恭人自丁巳歲來歸，至是甫舉一女。荒村破屋中，聊以遣愁，名以松齡，冀其耐寒；字曰荷裳，又以處污不染勉之。生八月，偶患食滯，誤服某醫劑，幾殆。經浦莊工推拿之，錢君治之，又服郭君緩生藥愈。後攜之上海，居數月。余大姊、二姊居寶山楊家巷村，屢招同住，遂移家。女漸能學語，兩姊咸愛之。十一月，官軍復蘇州。甲子四月，余挈家歸里，女始識家門焉。同宅諸姪輩年率倍長於女，幼者亦相若，奪棗爭梨，在所不免，女絕不言，甚則獨自垂泣而已。後諸妹弟生，輒提抱，分其母及嫗婢之勞。稍長，身率入塾，暇則隨母學女紅。戚鄰見之，咸謂為安靜。我外祖潘文恭公之冢孫婦、封光祿大夫大母舅功甫先生之冢婦、四品銜正一品蔭生東園部郎之元配胡淑人，遂為其子稻齋名豫穀訂婚。光緒庚辰二月歸於潘，胡淑人及王氏兩姑在堂，均許其能得歡心。故親戚招邀，必令隨侍。六月，胡淑人病，女適潘纔四月，延醫服藥，長親主之，女惟听夙扶持抑搔。及卒，持喪奉祭，見者頗謂中禮。稻齋本王氏出，胡淑人生兩女，已適人。淑人既歿，欲盡淑人所有均分之，慫臾在蘇行輩之親且長者將淑人所受祖姑及姑之田若千畝、金銀首飾若干事、銀錢若干兩千，概給兩女及甥某、姪某、義子某某。戚族多不能平，數於女前言之。女答之曰：「衣食之資，祖宗所遺何限，果能勤儉，何有於區區？若驕奢淫佚，即諸人所不能分而據之者，安知不轉入於不知誰何之手？」聽者悚然。王氏姑夙病痔，發輒劇，床褥淋漓，侍者率遠避。女為敷藥擠膿者屢矣。王氏愛之，亦不減於胡淑人。後王婢與僕通，內外籍籍，稻齋覺之以為言，王疑女所告，憤甚。適素昔往還之某婦來，女侍膳，王極口訶斥。同席咸不堪，謂女何不辨。女曰：「姑罵婦，常耳。若將此事播揚，置姑何地？」時六姊在蘇聞之，曰：「其說極是，其理非駿兒女所能知也。人第見女或隨侍出遊，詎知有萬不得意於中者。善不可為，古人固以訓女矣。」當歸安時，恭人詢近事，輒亂以他語。即遣嫗輩饋問，必戒以無多言，蓋恐增父母憂也。今春二月，余患氣塞。時二女將臨盆，延恭人往。女慮四女幼，未能料理湯藥，歸家小住。繼知稻齋將至上海，以為侍奉較可久。而稻齋有族妹亦欲同行，嗾稻齋迫女與偕。不得已，住上海月餘歸，病終猶言此次至上海得肝氣病傷已。稻齋歸後月許，復往，而姑王瞯稻齋不在，

招所昵諸婦女至，則為葉子戲，集彈唱伎，叫呶讙笑，女又不能不出與酬應，如是六晝夜而病作。家人以病始於六月二日，余謂此特萬不能支之日，非感受風寒之始，況舉家崇奉之某醫更下於生甫八月所遇之某醫。女歿於十七日之申時。十四日，病情已變，某醫猶謂必無妨，見他醫之按病議方者，以為用藥過重，減改分數。豈命定死於庸醫。始則幾死於庸醫，而遇治於他醫，至此雖有他醫，而卒見殺於庸醫也。

女秉性聰明，見尊長有憂慮，故作不曉事語相往復，以博一笑。其入塾也，已十歲，逾年畢《毛詩》、《禮記》兩經。復授以《古列女傳》，月許畢。更授以唐人詩，略能上口，喜誦「孤鴻海上來」、「花間一壺酒」兩篇。後岳兒學詩，即舉以問，曰：「詩專說眼前景耶？」頗好書籍，嫁前兩日，猶助余料檢架上殘書。後又乞金陵書局所刻《四書五經》，蓋習聞金陵局本校刻均佳，隨購與之。前年夏秋間，余至其家，見攤曝中庭，云留俟外孫讀。視其架上書，各整齊標題。使假以年，所以訓其子者，決不以溺愛為愛可知。外孫生於壬午歲。記當二三歲時，女每告余親戚家兒之聰俊，謂某日識方字若干，某讀經已若干部。余知其意在令外孫蚤入塾也，因語之曰：「汝姑愛孫逾恒，絕不忍令受先生呵責。小兒讀書，全在能悟，初不以一二年為早晚。」女自聞余言，且見外孫體弱，遂不復言。然病中囈語，猶及外孫入學也。其初歸也，余屢舉大舅治家故事告之。一日，見廂懸大舅手札，詢從何處檢出。答曰：「徧尋手澤，止此，裝成小軸，庶幾晨夕瞻奉。」並以大舅年譜中所云「京師人海」數語問，略為講解。後聞女酬接往來諸婦女，若無所區別，殆有會於「渾與角逐」之家訓耶？朔望獨自叩謁影堂，數年無間。此次疾初亟，余往，見其手執若紙帖者，以為藥方，詢知檢忌辰單。旋聞其姑語人，渠家事悉不關，惟祀事極留心云。平時刺繡之餘，尤善剪裁，大而製裙襦，細而鏤金翠。若市中象生花、雜彩縺，依樣為之，輒肖，間出新意，見者每效其式而遜其工。病前嘗雜採線為蝶形，可綴釵頭。二女問病，手持一蝶贈之。病亟，見息婦潘往呼侍者，又以其一贈。殆以手製寓拳拳意耶？其待嫗婢，夙無違言。歿之日，近侍咸哭失聲，親戚家僕婦亦互述舊事而歎息。尤異者，女於五月杪購一小婢，侍奉甫數日，迨女歿，嘔哭悲甚。詢以故，則云主母慈祥愷惻，此數日中有教導而無求備，恐未易遇，故不覺悲從中來。此亦見御下大概已。十七日黎明許，凡問病者，旁人指問，招呼一一不爽，自云此時心仍湛然。呼所生男女之乳媽至前，告以嗣後兩人總在一處，毋相離處置家事。語止斯。後見東津集大姊誄詞，有「留祖庭兩人不

稍離」，始知其語有所本。見余到，猶令人裝煙，自謂兩目昏花，手不能自主。侍者告以諸妹若弟若弟婦咸在，有無要言，概云無有。又詢以汝忍捨諸人而去耶，則不答。其姑詢以汝兩老人咸在，亦忍捨之乎？答云：不念呼以平日舉動度之，何當頃刻忘父母，特作決絕詞，殆不忍以片刻之悽戀增父母日後之哀痛耳。然則彌留之際，猶是虛靈不昧也。所生子一，名承枚。客冬又生一女，承枚，貌清異，異日或能慰其志，未可知。十八十九兩日，家中上下人俱遣往送斂，余與恭人坐蘸綠山房，相對泣然。語及自辛酉至此，纔廿六年，直如一夢。爰略舉長女事行箸於篇，明知過於瑣屑，特情之所繫，言之每恐未盡，且將以俟承枚長而授之。光緒丙戌六月日，青學齋主人記。

> 留餘信從之瘍醫，今年春夏間偶病，以服藥有誤，數日卒，即當年延治女病者。所殺不止吾女，此其報也。庚寅秋中檢閱是作，誌之。

沈先生傳

士人讀書列膠庠，不得弋科第，輒授徒自給，若歷四五十年之久，所止只一家，合一家之眾咸受教焉，且逮三世，則惟沈先生。先生名肇基，字雨軒。吳庠生，以高等食餼。道光朝恩貢，就職州判，未試而卒。

先生之始來，課榮祿公及諸姑。後昌男女兄弟十人者先後就塾，先生一一課之，並及祺、禔兩姪及三侄女焉。先生身長而腴，面微赬，疏髯，短視，常戴眼鏡。端坐終日，寡言笑。度量雍容，有犯之者，默然置之不校。工制舉文。林文忠公撫吳，合四書院肄業生決科，先生冠其曹。遊其門者，入學若操券。往往有小試屢黜，以所業文相質，先生略為竄竄易，旋即入學。昌所見只時藝。然家易門伯詩古文詞，吳中稱巨擘。至塾就先生談，以能文推。先生書學歐、褚，姿致婉秀，暮年猶作蠅頭楷。性習勤，塾中斷爛簡帙，手為整治。昌等每以殘書置案頭，先生見之，補其闕，完其毀，曾無忤焉。不言人短失。昌侍先生後，見先生三得危疾，醫家指為中死法，卒痊平，人咸謂陰行之報云。嘗以事過友人家，其家有狐祟，於時日暮，先生留宿，是夕竟帖然。積誠所感格，一端可概矣。館吾家既久，備悉先世行誼。榮祿公歿，先生課餘每述之。見榮祿公所藏碑版金石，指示昌等曰：是某年所購，是某人所售。悽愴時露眉睫間，旁侍者咸為感動。先生嘗曰：曩年有以厚幣相聘者，謝卻之。蓋以館此數十年，詎因重利顧而之他？且見爾先人績學未售，生平利濟，於文士尤加意，必享文

字之報。今爾等雖或得第，或入學，當不止此，吾將以觀厥成。情誼惓惓如此。先生卒於咸豐丁巳十月，年六十有九。諸姑厚賻，諸姊集資，為資冥福。子一，卒於庚申。孫一，未娶而卒。厥後嗣續未知。以先生篤於吾家，恨昌等生晚，無文不足狀萬一。謹就所見所知錄於左，後有能文者尚搜訪而論定之，以俟儒林志乘之採擇焉。

章師行略

師章姓，名□□，號子貞，長洲縣庠生。性耿介篤誠，幼力學工文詞。初應縣試，縣宰號知文，拔冠曹偶。時同郡王某，文名甲郡中。試於吳縣，不得志。以長洲宰之知文也，遂改試，果得第一，而師被抑。嗣長洲宰升知蘇州府，見師名，為之歎息，仍置諸第一。入邑庠，應試秋闈，屢薦不售。道光丙午科，同考官某得師卷，評云：惜墨如金，下語如□，望而知為斲輪老手。薦諸主試者，仍以額溢被放。師自此絕意進取矣。章固世族，於時已中落，頗有登第者，族人每藉故誼入大府幕。師居鄉教授，然館主有幾微倦怠容，立去，恒不終歲淹。獨在昌家二十餘年，則以榮祿公待之忠且敬者，終始無間也。昌七歲入塾，師善誘之。小有違忤，不遽加呵責。後講說經傳，借俗事譬況，聞之輒解。猶憶咸豐癸丑春仲，逆賊竄陷金陵，吳人紛紛遷徙。師目覩情形，皆裂眥張，誓不避。時施君珊師亦館昌家，工諧謔，戲語：「爾果殉節，吾為爾作《章義士傳》。」師正色曰：「誠知吾輩一死，無裨於事，然能除一賊，天下即少一賊之害，奚憚為？」凡友人至齋中，語涉穢褻，必指昌與□□示之曰：「如吾徒，何面規之不少遜。」榮祿公歿後，昌一日入塾稍遲，師誨之曰：「爾先人以讀書望爾輩，歿未踰時，今若此，何以對爾先人？我今不為爾言，爾日後有知，必追咎無為爾早言之者，我亦何以對爾？」回憶師訓，如在耳也。師病甚，四兄往問，聞師勉以身為家督，宜使一家無間言。蓋師之栽植昌兄弟，有異於世俗所謂師弟者。師生於乾隆六十年八月某日，卒於咸豐六年正月十九日。子志堅，翰林院編修，五品銜，贈師如其官。昌事師晚，行誼未能備悉，謹據所見所知者箸於右。

施君子百傳略

君施姓，名應桂，字子百，君珊先生弟三子也。先生於嘉慶、道光間，以能詩名吳中。小村四伯祖延先生課鐵華叔父，榮祿府君因從問詩法。後慧生兄

輩入塾，先生各授以經。泊咸豐己未歲，昌亦從學詩賦。蓋館吾家幾五十年，故君幼即在吾家讀書。庚申避寇桐港涇，君仍隨先生館鐵華叔父寓。是秋，賊警日迫，先生病歿。吾家輾轉他徙，音問遂不相通。同治甲戌，慧生兄官京中，屬余招君襄理家祠事，遂與君重見。詢別後事，君言在上海請獎局司筆箚。返蘇後，又在《賦役全書》局裁。而君戚某有充藩署掾者，見君貧困，欲與偕。君自念家世儒素，前在請獎局主其事者雅契君，欲授以雜職官，君辭焉，僅議敘從九品。至是舉以告其戚，卒不往。賃廡課蒙，資膏火。江西高心夔以名進士宰吳縣，君就試，得前列，旋以疾發，不克與院試。遂赴慧生兄之招，在吾家祠中十數年，銀錢出入井然。積其歷年所得脩金，兼以節衣縮食，至甲申歲，其年已四十三，始娶周氏，踰年生一子，知君者咸為君幸。詎知周氏以產後失調，病半年歿，君自傷命之不偶，意沮神喪，於丁亥七月初十日病，下利十三日，日加辰去世。先於黎明許，遣人招友計君子平至，將所經理事未了者一一舉告，並以子託焉。君之妹適上海某，兄亦館上海，計君函致君兄來，而攜君子之子去，八閏月而卒以痘殤。哀哉！

君晨起宣佛號，有常課。嘗習算學，知大概。又為李虛中術，亦時有驗。皆以志有所在，未學研精。為人性專一，而堅於自信，故接人罕諧際，獨於計君無間言。卒之料理君身後事，安置遺孤，籌哺乳資，計君力居多，則君正未當漫無區別矣。綜君生平，始欲無失家學，迫於貧病而不得青其衿。而弟子若畢光祖、孫宗華，戊子科一舉於順天，一舉於江南。娶妻生子，亦人生之常。乃君自成室三年中，妻子與君先後病亡，泯焉忽焉，尤生世之大可哀者。計君擬葬君於君珊先生墓次，君之兄拘於堪輿家言，今猶寄閶門外丙舍也。

吳縣學廩膳生員陶子黻傳略

榮祿府君潘太夫人生余男女兄弟十人，最長姊適祖姑丈陶寧齋公胞祖姑之冢孫姑丈馥棠胞三姑之冢子、太常博士、吳庠生雲如先生。長姊於道光甲辰、戊申年生兩男，均不育。咸豐癸丑十一月，甥始生。初名毓麟，字子紱，後以應試改名承潞。長姐在家，兩大人素鍾愛。泊歸陶，能得翁姑懽。三姑性躁厲，長姊事之幾二十年，無間言。甥之生，內外家望久矣。上年，余伯兄適生女，太夫人即以字甥。猶記甥生初，府君往視之。是夜，昌侍膳，府君顧謂人言：新甥似汝，果有相肖處。昌固府君所憐愛者也。嗣長姊歸安，輒攜甥俱至，則依依太夫人旁，不與群兒嬉戲，見者咸稱靜默。稍長，入塾。

太夫人每詢饋，問諸僕婦，則云：清晨至塾中，不煩督促也。庚申，避寇居鄉，遂與姊家聚散不恒。癸亥秋，余居上海。明年夏初，雲如挈眷屬亦至。秋初，雲如病歿，甥纔十許歲，喪祭儀節能不違禮，戚郵咸謂夙見愛親長，絕不敢驕縱。雖長姊警勖有方，而甥之循謹，自幼已然。是秋末，長姊攜甥居寶山縣楊家巷。時二姊亦孀居，攜甥同處。並招余偕。每當無聊，雜取居停氏殘膡小書為兩甥講解，陶甥每悉心靜聽。蘇城旅復，余先歸里。五月杪，兩姊攜甥輩旋蘇。陶氏舊宅為某弁所據，兩姊居吾家兩月餘。二姊有宅在顏家巷，修葺粗完，即邀長姊去，延陳吉甫茂材課兩甥。吉甫謂余：陶家令甥文筆清楚，讀書殊有會心。兩年餘，占陶屋之某弁他往，長姊遂攜甥返舊宅，延顧少逸比部課之。少逸，逸材孝廉子，小學專門，時猶諸生，器重甥，舉家學授之。甥之由小學治經自此始。陶氏屋與余家相離纔四五百步餘，或數日，或十數日，必至長姊處話家常。時見甥獨坐書室，繙檢卷帙，余歎為難得。以語長姊，姊曰：「渠大類女郎。不令出門，從不出遊。即如諸同學年相若、意氣相契者，亦但有來無往也。手一編不輟，則真似舅矣。」姊以余癖視書，故云。同治辛未，應縣試第一，府試亦前列，補吳縣學官弟子員。六試鄉闈，丙子科薦而不售，壬午科與同族某君同號，甥為刪潤諸藝，遂中式，而甥被放。然自此名藉甚。肄業蘇州、上海、寧波、江陰各書院，每列高等。學使者歲科試經解四書文亦然。黃漱蘭侍郎、王益吾祭灑尤極推許。侍郎設南菁書院，選高材生讀書其中，蘇州府坿郭三縣纔三數人，甥居首。是歲甲申。明年乙酉，當選拔與優生期。人咸以甥為必得。而甥兄弟行隸長洲縣學者，侍郎素屬意拔以充貢，甥以同族嫌見擯，猶謂留俟優選也。而吳縣某秀才，其父習藝事，其子幼時略誦《四書五經》，誇於同業。同業之子弟罕有誦經書畢者，群稱神童。某大令素好事聞，以為誠然，延譽俾入學，至是遊揚於侍郎，得以優生貢成均，而甥又不與。繼王祭酒來督學，甥始以高等食餼。此考試之大略也。甥負高材通識，不為時下名士態。乙酉秋試，祉兒初次入場，甥隨時指示。迨戊子歲，姪孫入場，亦復如是。歸述所坐處，問疑者坌集，輒為剖析由來，宜身後諸交遊咸行哭失聲也。生平不輕下筆，余所見大都書院課居多。惟十餘年前，甥在老屋時，於案頭見條鈔北朝地名數十紙，未識欲為何等書，亦未識此書之成否。長姊喜聞說部，間令識字老嫗誦於旁。後病臥，悶無所遣。舊所聞見，厭之不耐。甥仿稗官體，以同時人雜入其中，或躬述，或令他人旁誦，以博一笑。此曲體親心一端。家計中落，以各書院

膏火濟其乏。於人之緩急，亦量力相應。戊子年，以鄉試寓江寧。族某未及試，驟病歿，躬為料理身後事。鄰有瞽者，無所得食，甥飼之者屢。瞽者告人：「本無生趣，何忍久累陶君。」自投甥所居門前井內。甥為營棺斂。此亦士人所罕。甥有一妹，適余族姪，長姊素愛之，先甥歿數年，而甥相與往還，無間於母之存亡，戚鄰稱說至今，而余尤以為難者。某書院院長令人致意，盍執贄居門下，甥笑不應。潘公衍桐督浙江學，重幣延甥襄校閱，亦以事謝之。綜甥一生，家庭則無間言，撰作則未嘗無真賞，交遊相信，不涉標榜之習。處境雖約，斟酌於辭受之間，雖無過人畸行，夫亦可謂粹然無疵矣。體素充實，近年嗜飲，蓋藉以消塊壘。聞初病時，值紫陽院課，勉竟而臥，告家人此病不復起，夢冥中令司餓鬼道事。處置家中一切。廿三日，余始知之。廿五日，以噩夢告余，始為慰解。旋見祉兒及姪孫問病，猶各詢近作。姪孫受業於甥，而祉兒自乙酉，每試與甥偕，於兩人尤股拳。本年歲試，同寓五人，咸高等，詎知試後纔兩月許，而竟有不可測者歟？翌日往視，神識已變。又明日歿，時己丑年四月廿七日也，年三十有七，病纔旬日耳。病中所云，誠儒者所不道。然聰明正直之士不獲申於生世，僅見信於冥冥中，亦理所不必無者。子：長某，殤；次景弼，次景韓，次景文。女若干。景弼年十六，甫學詩，異日倘償其父未竟志耶？余嘗戲語甥曰：「余所輯述無足道，而一二心得當見採於虞文筆記中。」虞文，甥所自署。孰知事有不可知者。掇拾成此篇，衰病之年，追述疇曩，明知多所遺，而惟其實，姑書一通，以授景弼，俾攜就諸父執參訂，以乞有道能文之君子據以為傳若狀云。舅氏新陽汪之昌撰。　　玉縉謹案：子黻亦熟友。凡院課時，檢得各書，人問之無不告，謂在乎運用。而於他人之自秘者，恆意輕之。此亦足觀其態度。尤足為徒事鈔胥者警也。

李安浦孝廉行略

　　光緒癸未冬仲，李積卿封翁來賃宅。既諧繾綣，有指執筆者謂余曰：「是乃孝廉，名福字安浦之李君也。」君以元和學生，己卯舉於鄉，我師章鐵珊先生官上海教諭時妻以子，余故夙念之，而未見其人。洎封翁攜家來，詢悉生三子四女，君最長。封翁曩在上海某銀行，延之經理家，稍裕回蘇，閒居久，兼以家累，一切咸望諸君。君所娶章氏，歿已經時，猶未續娶，以斯上侍父母，襄佐教育諸弟妹，類以所得書院花紅膏火銀承其乏，雍雍如也。君舉孝廉，甫弱冠，舉業家欽慕而暱就與交。人之材質、學業高下深淺不同，悉處以平等。

即如祉兒，時初學文，君頗相契，輒為講解不倦，沾丏良多。紫陽院課率與偕。其弟銘吉負笈，攜燈共往還。歲乙酉，值鄉試肄業紫陽者眾，甄別卷至三四千。君作三藝，均高等。其他月課，尤習以為常。正誼書院課詩賦亦然。君來余家，見架上多說經書，遂兼試經解。自言未之習，而閱者亦置諸高列。久與之居，初不見其誦讀研究，乃知通材無所不能。合觀之倫常間，如君者，洵未易覯矣。嘗有以屋質封翁錢者，既又他售，聞者咸不平，謂曲本在彼，君乃孝廉，訟無不勝理。君第集中保論處，以視恃勢暴鄉里者懸殊。或謂君居恒謙謹善下，酒後率不自檢束。余不勝杯勺，罕與人會飲，惟丙戌春初，餞君北行會試，舉杯相勸，君指所佩鐶曰：「以此自戒有年矣。」是科仍薦而未售。到家四月晦也。君於客春，續娶孫氏。封翁夫人望孫甚切，至是有身。以樓居苦熱，不相宜，令君伉儷僑居外祖家。值正誼課，俟君寫作竟，將行，余見於塾中，料檢書籍。余時有長女之戚，君告以晚將出宿，並諄諄以珍重相勸慰。而去不數日，知君以抱恙歸。六月晦，猶招祉兒至臥房談文，方謂已小愈。洎七月朔，聞君竟夕囈語。翌晨，余盥漱甫竟，陡聞君聲息屬甚。蓋余居與君舍前後纔隔一牆。余謂家人輩，酷熱如斯，病勢乃爾，宜告李家防驟閉。言未竟，聞哭聲，則君長逝矣。

君儀觀偉特，辭氣和藹，箸經說詩賦雜文若干篇、制藝百數十篇、悼亡詩百首，皆篋藏。銘吉告余：「兄舌已木彊，手招使前，似言刻者再。」余謂君以絕人之姿，髫歲領薦，年止廿五。留於世者，區區文字，宜其不能忘情。而其家以為非所急，力亦未暇。其友星散身後，即有不赴弔者衰老如余，未識能否佐君弟輩料理斯事也。庚寅暮春，封翁盡室之上海理舊業。君之舉人匾留余家，仍高懸以識遺跡云。

余與君非舊交，爰摭同居後所見聞為此篇，聊存大略而已。自記。

李母陶太淑人行述書後

光緒甲午歲春，中子蓉姪以書一冊授余，展視乃上元李古漁通守繼母夫人陶太淑人之行略也。愛莊誦一過，竊謂通守條分件繫，與世所為其親之行述動輒累萬言、鋪張藻麗，體裁微有不同。綜計前後二十餘條，雖止撮述大概，而語語樸實，太淑人之名言媺行粲然明著，見聞者奉之為型模固宜。

案：述太淑人自陶歸李，上以孝奉祖姑，洎孀居後，下以慈撫嗣子，處家庭之常，虔恭祀事，教子讀書，昕夕操作，以為家人率。迨粵匪之變，躬攜幼

孤遠避。其遣往城內扛取器件之佃戶，亦能體太淑人居平睦族、重人命意，捨所取器件，凡李族之急切不能行者，舉以舁置城外，俾不至陷賊中。其他若置祭產，戒冶遊，論擇交，論取婦，以及訓誡守通守諸語，即此落落數端，在閨閣中人，得其一節已足著稱戚鄰間。而文人學士或且意存表章，仿傳頌以備觀法。昌謂太淑人之舉動，其非世間閨閣中人所及，尤在不喜洋貨與訓通守箸《中興別記》。自海國通商以來，中朝之號稱士大夫者，始則眩攝於奇技淫巧，近則漸與狎習招來之，挾以自重。一二揣摩風尚者流，凡遇彼國之有片長薄技者，輒與出入往來，外矜奇而內迎合。觀於太淑人論洋貨數語，彼士大夫當亦自愧所見之不廣也。私家記載其得與官書參觀者，官書自有體例，詳略容有所限；私家則各據所聞所見，以筆諸書，大都確有自來。特晚近人所撰，間有阿私所好，曲筆坿會，或藉逞勼憾，極意醜詆，幾幾各執一說，是非浸至淆淆。太淑人所云：「徵採最宜詳慎。如有不實，現在人具知之。年代久遠之後，安知不以訛傳訛？不可輕易下筆。」據此，見太淑人之識慮大而遠。此數語雖因通守撰箸言之，要不獨為通守發之。凡有心撰箸者，咸當知之。通守躬奉母訓有素，宜其撰成《大淑人行略》條理井井，可決其信而有徵已。謹識數行於後，以授子蓉姪，俾持覆通守云。新陽汪之昌識。

影像圖跋代何吉儀

古人祭必有尸，詁經家謂孝子之祭，不見親之形象，心無所繫，立尸而主意焉。尸禮廢而圖像行，事異實同。吾家本程姓，籍□州□縣。□□公自□遷吳。□□公娶同里何氏。時何氏之遷吳者無嗣，公命□□公承何氏後，以奉祠祀。今象始□□公，志所自也。自□□公下，謹依世系，敘列填諱。左方凡為圖若干頁，藏於家。嗟乎！子孫之及見祖先者，曾幾何時，曾幾何人。當時習以為常，積久而恍惚，漸至於泯沒不可攷，幸賴圖像，歲時展對，庶幾音容於萬一，以生其敬恭之心。吳郡自庚申后，世家大族倉皇遷徙，輒以圖像難於移奉，委之他去。迨事後追思，有抱恨於無可如何者。夫先人手澤尚宜鄭重保護，況形容所繫，不此之務，而廣陳牲鼎，燒燭焚香，心之不屬，神於何憑乎？謹潢繕是冊，並書以示後來。

舊藏《銀河棹》跋代何尹孚

右《銀河棹》一卷，家大人所手錄。大人夙負異稟，博覽經史，書法宗顏

平原。入學後，旁及諸子百家，於孤虛玉相之說兼會其通。庚申，避寇鄉居，得是書，手鈔竟，謂□等曰：「儒者讀書，固當務其大者遠者。然如古所傳遁甲等書，誠不必專習而近於語怪，亦宜略通其誼，庶毋貽笑通人。」□等懵然無知，謹受櫝藏。逾年見背，輾轉流徙，幸旋故里，亦幾忘之。今者偶檢篋中，得是本展閱，恍然提命在耳。惜趨庭時不知請業，迄今惛不能進，匪獨痛音容之渺焉。憶幼年侍奉，每見親朋以扇若紙索書者夥甚，亂後徧訪無存。此編作蠅頭小字，楷法森嚴，可見一斑。吁！楹書久佚，手澤僅存，謹跋卷末，以示我後人。

卷三十一終

青學齋集卷三十二

新陽汪之昌

一賦以「惟初太極，道立於一」為韻。　有韻。

　　　　唐王棨作《一賦》，運典工雅，摛辭整飭，然於造字之怡未盡發
　揚。爰為此賦，以補所未逮，亦不沿其體制云。

　　自結繩之代易，迺造字之日孳。循點畫而依樣，任增損以紛岐。名既廣益，
而惟其備；書或虛造，夫不可知。書未守夫顋若，文畸齊而同之。攷教國子於
保氏，洎課尉律於僮師。證經訓於周禮，辨籀字於漢時。可見其文其義，固當
載謀載惟。試原製字於倉頡，實法畫卦於庖犧。許權重辨六書體八之別，擅五
經無雙之譽。署南　之祭酒，詣東觀而校書。專門遵賈逵師法，分授有李喜吏
胥。參《訓纂》於揚子，採《凡將》於相如。彼千慮豈無所導，然百密亦或有
疏。爰依解詁而成《解字》，始自永元以迄永初。惟一字形本乎數始，定一尊
首冠乎部居。其立一以為耑也，如勺水浸，衍為別支；如元音隱，笣乎眾籟。
如閫閾繫乎中樞，如戰陳隨乎大旆，如栽樹之豫培其根，如箸書之先栝其最。
｜出旁證乎枝莖，橫田儗貫乎錢貝。異形廣孳乳以系聯，折衷定聯言之疑蓋。
建首例以尊王，襍廁等諸自鄶。引申者由此而生，穿鑿者去其已太。原夫一之
為字也，如萌蘖之異形，恍審諦而有色。事可指而形可分，察而見亦視而識。
積畫別之為二三，推算演之為兆億。審兩端以用中，闢二儀而立極。貫三才而
王度無偏，推十合而士行可則。本末以一而顛倒文成，上下從一而高低義得。
假壹者陋吏牘之通融，作式者刊古文之記憶。就本字以稽求，合諸經而探討。
貞一闡易繫之微言，虛一運大衍於在抱。汝一搜殷詰敷陳，惟一訂古文偽造。
一言蔽風雅全經，一日見殷勤夙好。一節悟經曲於素修，一元怯春秋於蒼昊。

《爾雅》以初哉居先，《孝經》之開宗參效。凡茲觸類於說經，罔不因文而見道。至諸子之流傳，匯眾說而採緝。抱一為式，老聃之指精微；有一未形，蒙叟之書誦習。荀卿以一驗聖人之名，管子以一為君子之執。本經則一統夫萬殊，原道則一喻之獨立。數始一而一遞生三，里計一而一通作十。起元而已具者專倪，持平而無分者等級。高下齊而妙在不偏，起訖間而隙無可入。洵體勢之莫與匹倫，猶音韻之肇端呼吸。況乎互根者動靜，相倚者盈虛。含變化而惟茲原本，趣約易而無可省除。悟妙用之通乾畫，存微陽之伏剝廬。非左戾右戾之儼分門對，非上行下行之待引緒餘。非●但取疊象之形似，非●僅異燈主之光舒。故敘五百四十部而援觀象，亦統九千三百字而儗貫魚。形橫庚而不相襍，部終亥而得所於。這造從茲起也，偏旁舉而空諸。至若爭勝文場，自誇賦筆，莫辨分一之形聲，輒廣引一之典實。用方冀以當千，譏未免夫掛一。但知一或謂初，詎解一兼訓質。拘文者謂一也猶皆，作詁者謂一之無匹。爰效許氏所手編，獨冠全書而自出體，翻新以重申，思別求乎抽乙。

述鄭賦

歲干值丁，月數逢七，溯經神之誕降，後生明之二日。主人乃肅衣冠，啟齋室，肴果維時，籩豆有秩，百觚黍醴，一鑪松術，燎燭光，暉薦獻，身率諸子進而前曰：

蓋聞鄭君當炎漢之頹綱，仰尼山而上律。完嫩躬修，通明經術。亦嘗緬事蹟於史家，讀箸纂於笘畢。或識其事而未識其文，或有其始而不有其卒。久蓄斯疑，謹持相質。主人曰：余雖誦君論贊之精，求君言行之逸，有年矢淑艾之私，於世笑嗜痂之疾。景鴻儒兮雲遙，詎鯫生所能悉？爰訂譜系之繼繩，爰證師友於積帙。所過所存，或處或出。闡聖經而作箋，兼後人之載筆。妨撮見聞，備為引述。偉鍾靈於泰嶽，啟積善之高門。宅魚鹽之土沃，衍蠡羽而族蕃。化居比銅山之錫，結姻聯玉牒之婚。以高訾之遷例，奉平陵之寢園。傳家訓之忠厚，習法令之紛煩。事貢公而學殖，位御史而官尊。洎尚書之濟美，徹履聲於帝閽。值太阿之柄倒，懍如水兮心捫。上章諫寵臣過度，戚屬諍封侯濫恩。繄介弟之品概，敦同門之繫援。無愧孔懷之誼，嗟遭譖人之冤。家風則來有自，醴泉則異無源。滂薄鬱積，竺韋彪惇。七世君子之澤遠，特生大儒以起元。人號神童，時才卯角。覽賦有太守賞音，加冠謝小吏志學。得師承元先以引申，析疑就恭祖而商榷。素書訂盧植叩關，絳紗侍馬

融講幄。莫不奉手隨方，傾心先覺。更有北海相訂道誼之交，西蜀主述箴規之數。或表裏致敬恭，或薦賢使拔擢。邴根矩並著聲名，孫賓石同造謠諑。上下古今，切磋磨琢。至如任嘏、國淵，幼聰卓犖；伯輿、季珪，大權掌握。陳鑿、田瓊，偕侍側於炅崇；趙商、臨碩，更專精於禮樂。若李歷、程秉之遠來，洎王權、焦喬之辨駁。張逸比南容於聖門，服虔授經注於倚較。數及門之多材，咸著籍而卓卓。翳當年之荃寄，感隨地以萍浮。竟傳勝蹟，試數歷遊。會蠟臘與迎貓虎，笑衣裳侈飾蜉蝣。陳火祥而縣詣，造太學而業修。桑弧蓬矢，四方之志；囊琴匣劍，千里之郵。往來於兗豫，經涉於並幽。中原人文所聚，帝王肇造之州。覽扶風之雄壯，因舊雨而淹留。旋返東萊之駕，言偕南陌之儔。方歸故邱而戢影，忽罹黨禁之捕鈎。更黃巾之逼處，避不其之荒陬。芊芊書帶芳草，涓涓石井細流。爰南來而東下，曾客陶而依劉。觀棲皇於道路，異庭說夫王侯。非侈口於勳名，非冥心於祿仕。為嗇夫而隱恤孤貧，發軔試牛刀之始；選計掾而彙集儁英，盍簪占驂靳之擬。卑官或除自朝廷，辟命矯託夫詔旨。故三府辟承，將軍引延；而一宿逃守，老氏知止。父憂謝侍中之招，道阻拒趙相之徙。甘避地於徐州，仍署名以博士。中郎將之舉盧閭，大司農之徵胄起。數併名比牒之紛然，勵遯世無悶之卓爾。彼黃忠以受署招申屠，與應劭稱容閎就弟子。未識藏器以待時，曾何足以語此。姑捨入官之跡，且徵學古於先。秦火燼餘之本，禮堂寫定之編。注《羲經》之朗箸，共《易緯》以昭宣。《書》守伏生而由舊，《詩》申毛公而作箋。三經解《三禮》《三傳》之精博，古論合《齊論》《魯論》而說研。《孝經》冠乎百行，《孟子》訂夫七篇。異義駁五經燦若，大文論六藝炳焉。律令章句之義析，日月交會之圖傳。締祫禮上徵之魯，乾象歷高談夫天。七政論居其要，九宮經注不偏。旍飛變而神妙，碁推行而詳詮。兩卷之集殘賸，七首之賦纏綿。效家訓之戒子，更作答於子然。綜其守先而啟後，閟閟於七十四年。洎乎運同衰於赤帝，夢忽見乎素王。示以龍年之厄，假爾龜筮有常。乃飾巾而有待，要研經以無荒。念厥子之徇義，撫有孫而待旁。聞望係達尊之重，促迫嗟狡童之狂。爰辭石室，爰去講堂。霧露蒙犯，驛次倉皇。載病覓元城淨土，憚暑值六月驕陽。薄葬遺命，少微斂芒。是凶威雖有隨軍之傳檄，而讕語可辨絕氣於行觴。惟千餘人麻衣赴臨，受業者咸會於雁阜；即十萬頃稻田灌溉，誦德者詎止於魚梁。嗟乎！大武觸牆而成字，穉婢誦《詩》之中露。以此表純儒之芳型，終未離小說之家數。惟戴安道溲雞卵以鏤碑，與史承節

撰鴻文以表墓，翳童屮而敬恭，雖異世而慨慕。聖人作而不易其言，徐爰非過為揄揚；造次間而不動非禮，袁宏能隱括趨步。略舉一二人之品評，足為千百世之儀度。值右文之聖朝，崇實學之殊遇。錄鄭學具見源流，輯年譜以備掌故。孰非本搜集之勤劬，咸可備參訂之攷互。至於王肅一門之營蠅，實惟儒家六籍之巨蠹。區區昔所見聞，歷歷行間舒布。明知掛一而漏萬，聊且便文而為賦。拾塵垢充車後之囊，誇果飽乞歆餘之胙。各依家法之專門，一永奉瓣香之一炷。

擬補《史通・體統》篇

六經之外，惟史為要。其並行而不可缺者，則以各自為書，各別其體統也。體言乎體裁，統言乎統攝。同一記事，而紀傳表志之攸分，仍應合而可備參稽，一有缺，即體之不具；同一修詞，而時地人代之所繫，隨後先而無淆倫敘，一或舛，而統已難言。是在立乎大而小不奪，舉其綱而目斯張矣。觀於《春秋》二百四十年事，編分隸於十二公；《史記》一百三十篇書，言綜計止五十萬。莫非體統，以握要歸歟？晚近史書局廨官纂未窺此旨，輒下己意，執筆率爾，起例忽諸。或限斷之未清，乃名稱之不正。喜述俚言文語，軍國之計轉略，論者謂差長於稗官；曲避國諱時嫌，紀載之文互違，讀者徒益滋其疑竇。考夫斷代成書，肇始班氏，述《漢・貨殖》之闌入范蠡等傳，舊貫可諉仍司馬成文。乃陳壽志蜀國開基，而以焉、璋冠列傳；沈約以《宋書》標目，而為羲、昊侈祥符。何解於越畔之嫌，不幾於類書之輯乎？夫沛公、漢王並見於《高紀》，未免讀者眩惑。吾觀蔚宗論贊於隗囂，而忽號以王；習氏《陽秋》於昭烈，而間舉其字。迥殊輕重，莫辨誰何。《南史》於《宋武帝紀》臚歷講堂見龍等瑞，《齊・徐嗣傳》特增縛豷為鬼之奇，錄及瑣末，當無遺漏。乃山陰湖田之議，褚貴宋末之臣，民生所重，名節攸關，率從刪汰，其義何居。若沈約陳情之書、郊居之賦，劉峻辨命之論、自序之篇，大都歎老嗟卑，動輒盈篇累牘。贏於此者勢必絀於彼，採其華者不顧失其實矣。苟濟、元瑾協謀文襄之圖，王謙、尉迴舉兵宇文之代，在史官限於時會，於諸人加以叛名，乃異代之纂修，復舊文之因習，謂為實錄，得勿惡顏？若此者散漫無稽，如值流泉之溢出，參差不一，譬理亂絲而愈棼。惟法《麟經》之起例，扶質幹以預定其基；參馬氏而要刪，審去取而無棼厥緒；則敘事源流，不同吏牘；亦遺文傳播，無可雌黃。孰非體統之不自褻乎？爰陳其失，抒所見，以備作史者鑒別焉。

擬補《史通‧紕繆》篇

史之為書，俾後人知所則效而鑒其紕繆者也。夫必無可瑕疵，而後不愧箸作。本之於微言大義，識之為國典民坊，其大在規模，其顯在文句，言必經選，信而有徵，紕紊乖繆，庶幾免乎。自皇運遞興，史臣必備，在後起而得所取法，懲前失而似易見長計。自馬、班以降，逮夫《南》、《北史》，咸守定式，各成一家，方自詡上駕於前賢，卒亦僅充數於當世。則以所作之紕繆，正可略舉其端倪。即如本紀獨繫年月，藉昭正朔之同；專屬帝王，用別臣下之傳。陳壽於蜀、吳二主各標歲時，則傳也而與紀奚別？陸機於《晉書》三祖但錄事蹟，則紀也而實傳之為。拓跋之史，魏收所箸，其始於追尊二十八代之部酋，虛稱帝制；其終於傳序二十三年之西魏，並汲屍王。此紕繆之見於體例者也。人之舉動，傳已詳明，當居何等，瞭然卷內。效之馬班之舊貫，間有編次之總題。若傳經者號為儒林，戀遷者謂為貨殖，大抵以時代懸隔，習業符同，輯合所由，稱謂斯顯。魚豢純固、清介等號，王隱寒俊、鬼神之稱，直是累屋疊床，抑亦矜奇弔詭。至於南朝以朔漠為索虜，北方以江左為島夷，此則割據者久已分疆，紀事者從而互詆。案《南》、《北》二史之成，備後來參觀之助。凡諸異代之續纂，更無下筆之嫌疑，自秉大公，概歸一律。乃延壽撰夫《南史》，特箸賊臣，豈魏、齊、周、隋絕無悖逆罔上之輩？《魏書》成自高齊，所謂私署，若張寔、李暠，遠在登國僭號之前。此紕繆之見於題目者也。更姓之際，措詞頗難。然當時異世殊，何妨大書直筆。晉之易宋也，晉恭帝見禪草有言，而云遜位自甘，宛如揖讓氣象；零陵王以掩被告殂，而但書薨無別，直是壽考令終。殆襲徐爰之舊文，而為宋朝所深諱。蕭之代劉也，諸臣之効忠宋室者，若沈攸之等，則曰舉兵反其黨；坿蕭氏者，若張敬見等，乃曰起義兵。案之是非，尤為顛倒。不加釐訂，何解沿訛？至謂馬睿為牛姓之奇說，劉駿播上烝之醜聲，本屬道路無稽，亦復坿會其事，遂為口實，穢史貽羞。此則剿說之弊，即紕繆之一端矣。史之名官，言動並記，勸懲所寓，去取適中。血流標杵，《尚書》亦極形容；指掬爭舟，《左傳》以狀敗北。及履劍記楚莊之聞變，廢爐炭見邾子之卜急，每即瑣屑，以待推詳。乃《南史‧后妃傳》灑鹽引羊車，無異晉武時事；《宋書‧江敩傳》移床遠客坐，又見《張敷傳》中；豈傚倣之有心，胡前後之一轍？若起驅蠅而踐筆，《魏略》志王思之躁狂；及左持螯而右杯，《晉書》錄畢卓之沈湎。瘡痂似鰒魚，臚歷劉邕癖嗜；無骹尊傍犬，瑣述沈瓚戲言。罔非妨要之浮文，何涉經國之大計。此又記事之失，亦紕繆之一端矣。以言一句而晦奧難明，一事而

後先重出，亦未可謂非紕繆者。撮舉於篇，與史家商榷焉。

擬補《史通・弛張》篇

宇宙間事，月異而歲不同，是在當之者通變因時，所謂弛張也。知此乃可與論史。夫揖讓征誅，已迥異古初之世；華夏蠻貊，有迭為消長之機。千變萬殊，環生綿密。本末限有程格，固宜具於策書。或成例所無，而未妨增益；或昔人偶用，而不必遵沿；或當時容有避嫌，正宜暢言於後；或其事本屬粉飾，何蹈覆轍而書。為弛為張，此其大略。於《稱謂》篇嘗言「史臣之無復張弛矣」，《雜說》篇又謂「班氏之曾無弛張矣」。然班氏《漢書》，號述《史記》，稱名異同，留心釐訂。蓋以《史記》事包八代，《漢書》限止西京，《項羽本紀》降之為列傳，《循吏》舊目載者皆漢官，其所變更，抑亦準則。後來諸史，此例尤疏。即如何法盛所撰《中興書》，謂劉隗議獄事具本書《刑法志》，案《志》並未採入，立語已自乖違。而榮緒書仍之於前，梁《通史》襲之於後。一時失檢，踵謬沿訛。觀於宋齊來之易代，咸踵新莽故態，而類載禪文；宗室王之入朝，迥非呼韓請臣，而具書方策。咸在何有何無之數，止少一張一弛之宜。有似欲弛張而實未嘗弛張者。班氏避《漢書》之名，八書易篇題為志，本無深意，乃更踵效。蔡邕曰意，華嶠曰典，張勃曰錄，法盛曰說，紛製新題，要仍舊體。猶之何法盛忽創記人以錄名，無改列事之傳式。有強欲弛張而率無當弛張者。班氏不立世家，而梁武《通史》若吳、蜀崛起，復被以斯名。不思割據之豪雄，初非分封之土宇。史遷創為合傳，而延壽史書，凡官氏高華，必聯諸同卷，直以一家之譜牒攙入當代之典章。史官識朝廷大事，而王隱乃錄及《鬼神》；史志綜中國常經，而魏收乃創為《釋老》。則所弛張轉不如無矣。令狐《周書》，潤色《北史》，參觀所及，舊跡昭然。周文已易太祖之稱，《韋孝寬傳》疊書「周文孝閔」；紀年當係宇文之號，《王慶傳》錯出「大象開皇」。則於弛張有所未盡矣。夫創守之業流傳，所賴史籍之攷稽；勳績所關晦明，實係史筆之去取。誇多而無所整齊，勢必濫登以充卷帙；模古而務為簡潔，事輒遺漏而滋信疑。當弛者未之弛，不可弛者從而弛之；宜張者不為張，不必張者反更張之。煩省兩失，心貌互違。穢史群起而詆訾，後人或為之補注。攷《尚書》止廿八篇，備官家之時局，秉筆者奉為千古正宗；《春秋》歷十二公，嚴夷夏之防閒，及門者不能一辭旁贊。斟酌盡善，增損何從。即欲馳張，正有無所施其間。然則弛張之義，洵為作者之要。特臚歷而匯其概，以殿內篇焉。

擬顧野王《虎丘山序》

夫市遊鶴舞,居溷塵囂;山象鼇浮,僻處鄉曲。乃有兼林泉之勝,去城市而近。竹笐蠟屐登眺,謝攀陟之勞;酒簾茗旗點綴,饒幽雅之致。如茲山者,直金閶亭外,與胥江驛連,數武可至。四衢所會爭奇,鷲嶺、海湧名傳。曾有虎盤,金精氣應,精藍包其外,澄碧瀁其旁。寶塔卓孤立之影,坐石容千人而廣,洵鉅郡之名區,而吳會之靈阜焉。若夫結社嬉春,踏青真娘墓上;冶遊銷夏,浮白短簿祠前。秋水吟蓬,煙波無際;寒冬落木,雪月長空。或懷古而眷戀,或極望而嘯傲,莫不橐筆志勝,金絲引和,聊嘉會於一時,玩光景於四序也。至漱芬劍池之水,題名鐵花之岩,於此徘徊,輒形歌詠。維時煙嵐滴翠,夕照頹紅,藉草作茵,拾級高頂,俯瞰百四十寺金碧畫中,翹望七十二峰縹渺天末,境之所值,詞以代宣,從我遊乎?倘有騎牛帶瓢而至。後之覽者聊備蜚鴻印雪之徵。

擬庾子山《謝趙王賚米啟》

詔粞忝荷,久曠躬耕。冑穀曾歌,薄嗟交誼。請益少釜庾之給,問誰五秉分遺;投贈異桃李之微,敢拜百朋雅貺。某簞瓢屢空,菽麥未分。闕寒菜之一畦,歎懸匏之長繫。謀虛卒歲,願左歸田。忽春白粲以盈囊,來從天上;試炊紅蓮而作飯,香溢鄰家。粒疑採自金枝,餐更慚夫素飽。豈羨指囷相贈穀,懷君子之詒;從茲每飯不忘粟,拜仁人之賚。

陳梁叔駢體文序

夫一命展利濟之材,其惟幕職;孤忠就從容之義,尤多經生。況乎昔有先正,攖凶燄而握節;君先人在故明,有殉難山東者。繩其祖父,俾信史以成書。君之祖著《明紀》,未覆槀而卒,君續成之。則夫一生箸饌,固宜長留天地焉。梁叔先生夙稟門律,博通墳典。生華閥而好古,希蹤古賢;入閭塾以研經,留心經濟。遂擢庠序之秀,繼登孝廉之科。董仲舒對策三通,陳子昂擘文百軸。僉謂長安日近,鶴飛上天;豈知人海風高,鷁逢退舍。劉蕡下第,登科者汗顏;班生將母,傭書以餬口。近則婁江小住,遠而岱嶽壯遊。祇以家累逼人,遂束戎裝入幕。時張公殿臣統同仇鐵騎,剿逋寇金陵。以禮為羅,將軍既殷勤具幣;渡江擊楫,先生亦慷慨請纓。為典箋奏,得腹中所欲言;與論形勢,若掌文之可指。知己一人之契,酬庸七品之官。方將句當軍務,佐曹武惠下

江南之策；刻畫金石，刊韓吏部平淮西之碑。詎料困獸猶鬪，匹馬無援，勢窘獨支，功虧一旦。遂至劫火原燎，丹楊之戍莫遏；將星宵隕，綠林之氣愈驕。有謂先生不與執殳之列，盍效負書以行？先生曰：平生讀聖賢書，所學何事；一片覓乾淨土，此去安歸？畢命清流，恐毛賊之刃辱；隨身行卷，異心史以井藏。忠魂毅魄，天上修文；隻字片言，人間傳寶。某於先生，誼聯中表，跡阻親炙。今年仲夏，哲嗣假館蝸舍，偶索鴻文，知續成之《明紀》，江蘇書局刊之；爐餘之詩篇，海昌蔣氏刻之。惟駢體文藏於家，援借觚之例，遂盥薇而讀。篇帙無多，體格均備。凡為賦五首，序記七首，書啟五首，史論二首，事狀墓表三首。緹繡藻繢，胎息於六朝；釵釧瓶盆，鎔灌於大冶。具詳原序，不煩贅言。伏誦膺服，願萬本之書；待付手民，為單行之集，以俟儒林之搜輯，增戚鄆之光寵焉。雖結纓正命，原不藉乎區區；而淑艾私心，爰以寫其耿耿。是為序。

與吳仲簡大令書　名慶咸，一字子漁。

子漁二兄大人同年：水窗一別，星火再中。虛積心痗，久曠音問。昨展海帖，藉稔蓋祺。伏維板輿迎養，留佳話於西湖；佇看璽書慰勞，著循聲於東海。治平第一，家譜式繩，舊日交遊，與分光寵。猥以松花微款，反勞蘭訊下頒，是區區者何汲汲也。弟筆耕所入，家累足支。縱不能贊清廉，又何敢相促迫。迴思曩昔，戻止敝廬，縱議論乎上下，榷文章之流別，有時角藝，試席分敷。或出秘書，然燈許讀。泛鬧紅畫舸，玉山冶春；酌太白酒樓，金陵聯騎。及爾如貫，單情得雙。閟我以非禮之動，助我為不平之鳴。童子垂頭，夢囈間作，而我抵掌，譚辨方酣。此景此情，諒同睠戀。自君遠別，慨我索居。陳編數函，與之晤語。胡床一角，役我魂夢。偶觸弱齡所值，愴隨塵劫而消。姑即近狀之艱辛，聊爾陳言於知己。在官校字，出入限辰西之嚴；按戶題門，匆迫尤秋冬之際。竊維西域都護，曾作書傭於微時；北海經師，亦受嗇夫之末秩。差勝吏事，庶解客嘲。只以窮途涕淚，貧無十雙之田；全家性命，懸於三寸之管。始擬閒身暫寄，不難變計他之。乃為郎苦無其貲，學賈又非所習。得過且過，寒蟲之號；言愁欲愁，向禽之累。校之閣下以明經擢高第，荷帝簡，授專城，聆部民歌聲，萬家生佛；率佳兒視膳，一室太和。奉檄娛親，弛輜報最；嘉除拭目，左券餘言。嗟乎！雲龍投分，恐無逐影之期；野鹿聞聲，尚有呼群之戀。吳山越水，地邈心遐。拉雜布陳，請希垂鑒。

展墓新安記

粵光緒庚辰之歲，展新安兆域之期，返故鄉兮初回，幸約識途吾友。先立夏之三日，爰依祭軷舊儀。於時日中，平頭挈隨行童僕；前程風順，揮手謝遠送親朋。甫聽驪駒於門，如飛烏篷之艇。雨響晴光，覽舟行之萬變；晨徵夕碇，計水宿之四宵。旋抵武林，言訪同族。詢聽鼓遊宦，倏又三年；比荷篠丈人，見其二子。點心設水引之餅，助談淪雨前之茶。小住勸留，歸途預約。於是出錢唐門，館曹氏行。江潮打門，枕流則繩床高臥；瓦盆盛酒，團坐有梓里耆年。龍龜之社曾遊，導師先得；鴛鴦之船定雇，明日遂行。由是歷梅堰，泛桐江。吳大帝結廬渺矣，無羔英風；嚴子陵釣臺巋然，不磨片石。方且廣眼界，滌胸塵焉。泊夫舊壩，經過問津。猰㺌之異狂飆突起，破篷胡蝶與飛。負笮夢若亂絲，危檣輕於折箸。操舵者驚呼纜，獨力而難繫；曳舟者欲下岸，甫近而又回。身搖播似懸旌，真如天上；野茫茫如暗室，疑非人間。有誰窨雨之舟，先我避風；其地同力相濟，霽色亦開。且按行程，追談急景。逾百里而近，當四達所湊。人煙一簇，倏湣安縣之在前；村落幾家，有小金山之特秀。漢代龍驤，遺愛比桐鄉之葬；崇封馬鬣，勝朝嚴柳罣之樵。宰樹鬱蔥，坊碑刊石。譜圖述德吾祖三十一世而遙，村人為言昔年三月十日之祭。闓明起盥，上食加虔。燭花香瓣，敢忘臨上之思；杯茗粉餈，敬埘嘗新之誼。雨勢之猛又作，碑文之讀未周。倉猝返舟，沿緣前路。篷背頭回，未遠樹楸之影；波心指點，不停水碓之聲。船依山而徐旋，石限泉而橫決。滾灘米灘之間，逆流而上數十丈；橫石牽鑽之外，蕩心不怡幾重險。抵屯溪而始泊，值陰雨之初晴。爰以浴佛日之晨，敬謁兗山渠之墓。神祠近接，相地得宜；僵樹春回，乘時示後。翌日謁報恖觀信行山坦頭村各祖墓。借斧鐮而自運，為去草萊；巡岡隴以就頹，補刊石誌。禾麥在陌，喜同宗勤服先疇；鄰里聚觀，指敝廬原非近市。或淪雞子以饗，或煮茗芽而進。更有竺念同枝，相邀為黍。導往寄居之舍，盛設盤殽；得觀先哲之書，壁懸程瑤田書。比珍珠玉。泊話別而分袂，復躬導於臨歧。認岩市之重過，及篁墩而小憩。日云莫矣，休乎舟中。檢點行裝，有朋別而歸去；催促發夕，二僕膡相周旋。歷徧來時之路，下水船輕；宛成之字之形，度江人暇。休館踐吾兄之約，連牀同猶子以居。其間訪心朋，聚手談，登鳳凰山，泛金牛湖，展我夙懷，計各一日。爰辭於越，言歸於吳。此行也，綜身遊歷，記里則約千三，縷指光陰，為日不逾廿五。觸景言情之作，別寫詩篇；山程水驛所經，備詳日記。茲述梗略，以誌萍蹤。

書窗偶記

余樓居讀書，面南取明。簷下羅列盆梅三四，當春初花滿窗。晴日風透破紙，吹面不寒；香細游絲，逆鼻以受。室不贏乎十笏，易給掃除；架亂疊以百函，備忘披覽。校讎之暇，婆娑其中。一桁青布之簾，三腳白木之榻。偶逢身倦，枕簏欲眠；為取花薰，掛鉤略起。自樂其樂，息焉遊焉。每當似舅甥來，謂子巘。發拚經誼；抹雲壻誦，謂復齋。商略詞章。一日之長忝居，片刻之聚亦暢。為述舊聞，或開卷之所得；偶談近事，同說餅之無聊。未了縱談，更留小住。香溫茶熟之時，雙煙颺碧；苔甃蘚垣之地，八甎晷紅。逮夫送客歸休，闔闠塊獨。寺遞鐘聲，識黃昏之將近；窗橫花影，宛白描以如生。稚子蓬頭，經卷補日課於案側；季女轉手，紡專分夜吟之燈光。生室內之春，亦房中之曲矣。至於凌雜米鹽，雄長婢僕，都付山妻之操臼，奚暇老嫗與解詩。兀坐蕭寥，或憶及雞談消遣；終朝點綴，恐負茲駒隙光陰耳。彼夫蘭幬椒壁，徹宵盧雉之呼；檀板銀箏，促坐燕鶯之侶。陳設侈周鍾秦碣，自詡鴻通；收藏悉錦膘牙籤，祇儲蟫食。固知人各有好，抑亦病未能。差免薪芬，敢嫌閣束。署讀書之室，宜於其中；種繞屋之花，俟諸他日。

卷三十二終

《孟子》鎦熙注

長洲宋翔鳳輯　新陽汪之昌增補

　　《隋書·經籍志》言《孟子》十四卷，趙岐注；《孟子》七卷，鄭玄注。又，孟子七卷，鎦熙注。蓋自趙氏章別其指，篇分上下，故有十四卷。鄭、鎦不分，篇卷同數，注當少省矣。近世以來，唯傳趙《注》，其他則佚。康成之注，不見一辭。唯唐人書時引鎦說，暇為搜錄，得二十餘事，文或殊焉。乃敘之曰：

　　孟子故在諸子書，漢孝文時，諸子傳說廣立學官，皆置博士。孝武定為五經博士，《孟子》遂微，時師道絕。後漢趙岐逃難四方，藏跡複壁，始注此書，

至今具在，學者時病闊疏。以今輯鐬注，得千百之二，較於臺卿，頗多同者。臺卿之注，地理尤略，以鐬攷之，恒復相勝。如《史記・五帝本紀》：「舜讓避丹朱於南河之南」，《集解》引鐬熙曰：「南河，九河之最在南者。」《漢書・溝洫志》：「許商以為古說九河之名，有徒駭、胡蘇、鬲津，今見在成平、東光、鬲界中。自鬲津以北至徒駭，其間相去二百餘里。」孔穎達《禹貢正義》因是知九河所在，徒駭最北，鬲津最南。案：漢鬲縣在平原郡，為沇州界。《漢書・地理志》河東郡平原，應劭曰：「堯都也。」在冀州界。九河八流入沇域，在冀州南。鬲津又為九河之南，故曰南河也。《史記正義》曰：「《括地志》云：『故堯城在濮州鄄城縣東北十五里。又有偃朱故城，在縣西北十五里。』偃朱城所居，即舜讓避丹朱於南河之南處也。」案《漢志》，鄄城屬沇陰郡，在鬲津以南，故曰南河之南也。趙《注》遂云：「遠地南夷。」有似荒僻，無可主名，烏知所避越竟而已。鬲津之南，殆未可易。《晉書・段灼傳》引《孟子》「舜避堯之子於河南」，中減二字，義亦可通，然係省讀，非由文異。又，《夏本紀》「陽城」，《集解》引鐬熙曰：「今潁川陽城是也。」此亦同《漢志》。又，「益讓禹之子啟而避居箕山之陽」，《集解》曰：「陽字一作陰。鐬熙曰：『崇高之北。』」《正義》：「《孟子》陽字作陰。箕山之陽，即陽城也。箕字誤，本是嵩字，而字相似。其陽城縣在嵩山南二十三里，則為嵩山之陽也。」案：張守節言「箕」字本誤者，《水經注・潁水》云：「潁水逕其縣故城南，昔舜禪禹、禹避商均、伯益避啟，竝於此，亦周公以土圭測日景處」；又曰：「縣南對箕山」；是在箕山之陰。《史》云「箕山之陽」，故知《史》文「箕」字為誤。《孟子》則云「箕山之陰」，字自不誤也。《史記正義》又引《括地志》：「陽城縣在箕山北十三里」；又引云：「嵩高山一名太室山，亦名外方山，在洛州陽城北二十三里。」而鐬《注》顧訓「箕山之陰」為「嵩高之北」，雖或周而不備，豈於南朔若斯違失？孰思其文定有脫誤，當為「嵩高之南，箕山之北」也。又，《〈後漢志〉注》引《孟子注》云：「南小山曰牛山。」案：《〈水經・淄水〉注》：「淄水自山東北流逕牛山西，又東逕臨淄縣故城南，東得天齊水下有缺字。□水出南效山下，謂之天齊淵。五泉竝出，南北三百步，廣十步。」山即牛山也。左思《齊都賦》云：「牛嶺鎮其南者也。」案：南郊山即牛山。牛山為齊臨觀之阜，非過險峻，樹木宗生，斧斤易盡，故為小山。《韓詩外傳》：「齊景公遊於牛山而北望齊曰：『美哉國乎！鬱鬱泰山，參天入雲，視此小矣。』」文曰「北望」，知山在齊南。《〈史記・管晏列傳〉正義》引《括地志》亦云：「管仲家在青州臨淄縣南三十一里牛山之阿。」

鑷注左賦，其說竝同。趙謂東南，殆乖目驗。至畫之作畫，趙注必同，誤由傳寫。《〈田登傳〉集解》引鑷注言齊西南近邑，趙氏說同。而《正義》引《括地志》云：「畫即戟里城，在臨淄城西北三十里。」一書數說，吾從其朔，歸鄹之跡又在西南，《括地》所言定為無據。如右數條，矗為證合，知其訓詁概非疏淺。望桂林而無從，識一枝之足貴。搜集之業，曷云能緩？若《〈文選·景福殿賦〉注》引鑷熙《孟子注》曰：「獻猶軒，軒在物上之稱也。」《〈酒德頌〉注》引鑷熙《孟子注》曰：「槽者，齊俗名之，如酒槽也。」獻、槽二字，七篇不見，遂無坿麗，因而缺焉。至於鑷君，史佚名氏，唯《吳志·韋曜傳》「曜言鑷熙作《釋名》，信多佳者」。今本《釋名》題鎮安南太守鑷熙撰。或謂二漢無安南郡，當為南安。要其傳聞所得，輒多譌舛，世既縣隔，史無見文，無從推斷。夫漢儒之傳經有數家，《孟子》一書傳注頗少，因拓遺缺，校為此卷，當得比坿於趙《注》，以助思誤之一適，是或可以朝益莫習，聊為保殘守缺之倫勝乎，擿埴索塗而已矣。嘉慶七年六月壬寅哉生明宋翔鳳書。

梁惠王

　　叟。　　長老之稱，依皓首之言。《史記·魏世家》注。

　　霈字異。然。　雨貌。《華嚴經音義》上卷注。　補。

　　王若隱其無罪。　隱，度也。《文選·郭有道碑》注。

　　為長者折枝。　折枝，若今之按摩也。《後漢書·張晧傳》注。

　　齊宣王見孟子於雪宮。　雪宮，離宮之名也。《文選·雪賦》注。　補。

　　吾王不遊，吾何以休？吾王不豫，吾何以助？　春遊曰遊，秋遊曰豫。馮惟訥《詩記》。　張之象《古詩類苑》。　《孟子四攷》。　補。

　　鄹與魯鬨。　鬨，構也。構兵以鬭也。《音義》。

公孫丑

　　自反而縮。　縮也。《玉篇》系部注。疑有誤。　補。

　　則具體而微。　體者，四肢股腳也。具體者，皆微者也。皆具聖人之體，微小耳。體以喻德也。《文選·運命論》注。

　　宿於畫。　畫，齊西南近邑。《〈史記·田單列傳〉集解》裴駰云：「畫音獲。」

滕文公

　　周人百畝而徹。　家耕百畝，徹取十畝以為賦也。《孝經》度人章疏。

使民盻盻然。　盻盻猶豐豐，動作不安也。《玉篇》月部「肹」注。　補。

瀹濟漯。　瀹，通利之言也。《玉篇》水部「瀹」注。　補。

反虆梩。　虆，盛土籠也。《釋文·詩·緜》篇。　補。

為之詭遇。　横而射之曰詭遇。《文選·東都賦》注。

景春曰。　景春，孟子時人，為縱横之術者。《文選·七發》注。

脅肩諂笑。　脅肩，悚體也。《文選·解嘲》注。　補。

病於夏畦。　今俗以二十五畝為小畦，五十畝為大畦。《〈史記·貨殖列傳〉索隱》。《文選》顏延年《和謝靈運詩》注。　潘安仁《在懷縣作》注：「作為大畦也。」

則君子之所養。　養猶守。《玉篇》食部「養」注。　補。

污地沛澤。《後漢書·崔駰傳》注。

知我者，其唯《春秋》乎？罪我者，其唯《春秋》乎？　知者，行堯舜之道者也。罪者，在王公之位，見貶絕者。《〈史記·孔子世家〉集解》。

陳仲子。　齊一介士也。《文選》張景陽《雜詩》注。

井上有李實，句異。螬食者過半矣。　螬，蟲也。李實有蟲，食之過半，言仲子目無見也。同上。

彼身織屨，妻辟纑以易之也。　仲子自織屨，妻紡纑以易食也。緝績其麻曰辟，練絲曰纑也。同上。身織縷，妻辟纑，績陳縷以為纑繩也。《玉篇》糸部「纑」注。　補。

離婁

其良人出。　婦人稱夫曰良人。《文選·寡婦賦》注。

滄浪之水。　「滄浪，水色也。」《文選·塘上行》注。　一本無「劉熙注」三字。據《四攷》補。

萬章

父母使舜完廩，捐階，瞽瞍焚廩。使濬井，出，從而揜之。　階，梯也。《玉篇》阝部「階」注。　補。舜以權謀自免，亦大聖有神人之助也。《〈史記·五帝本紀〉集解》。

詄字異。而不知也。　詄，何也。為言何為不知。《玉篇》言部「詄」注。　補。

岌岌乎。　語者之聲，岌岌然也。《玉篇》山部「岌」注。　補。

舜避堯之子於南河之南。　南河，九河之最在南者。《〈史記·五帝本紀〉集解》。

夫然後之中國，踐天子位焉。　天子之位不可曠年，於是遂格於文祖而當帝位。帝王所都為中，故曰中國。同上。

十有七年。　若此則舜格於文祖，三年之後攝禹，使得祭祀與？《〈史記‧夏本紀〉集解》。

陽城。　今穎川陽城是也。同上。

箕山之陰。　崇高之北。案：當作「崇高之前，箕山之北。」同上。　《後漢‧續郡國志二》注。

囂囂然。　氣充自得之貌也。《玉篇》㗊部「囂」注。　補。

告子

白羽之白也，猶白雪之白也與？白雪之白，猶白玉之白也與？文異。　孟子以為白羽之性輕，白雪之性消，白玉之性堅，雖俱白，其性不同。問告子，以為三白之性同。《文選‧雪賦》注。

牛山之木。　南小山曰牛山。《後漢‧續郡國志四》注。

一字異。寸之本，可使高於岑嶁。字異。　岑嶁，小山銳頂者也。《玉篇》山部「嶁」注。　補。

軫字異。兄之臂。　軫，庆。《玉篇》車部「軫」注。　補。

而摟其處子。　摟，牽也。《文選‧琴賦》注。　案：今本《文選注》作「鎦向」字，誤。據宋本正。

是不可磯致。文異。　磯，切也。《玉篇》石部「磯」注。　補。

魯欲使樂正子為政。　樂正，姓也。子，通稱也。名尅。《文選》褚淵碑文注。

則人將曰訑訑。　訑訑，自得貌也。《玉篇》言部「訑」注。　補。

盡心

所以異於深山之野人者幾希。　當此之時，舜與野人相去豈遠哉？《文選‧竟陵王行狀》注。　補。

摩頂致。文異。　放踵。《文選‧詣建平王上書》注。　補。

不以三公易其介。　介，操也。《文選‧長笛賦》注。　《巴陵城樓詩》注。

猶棄敝屣文異。也。　屣，草履，可履。《文選‧北山移文》注。　案：《廣韻》「屣」字下引《孟子》「如脫敝屣」，亦作「屣」。

愛而不敬，獸畜之也。　愛而不敬，若人畜禽獸，但愛而不能敬也。《文

選・補亡詩》注。

獻猶軒軒，在物上之稱也。《文選・景福殿賦》注。

槽者，齊俗名之如酒槽也。《文選・酒德頌》注。　案：上二條不審所屬，恐有脫誤，錄之俟攷。　玉繩案：周廣業《孟子四攷》云：「獻疑在饋孔子蒸豚下，槽疑螬字之訛。」說詳彼書。似可參。

孟子曰：「樂正子春生孝也，茅亶死孝也。」　茅亶，驥大夫。喪母哀毀而死。藝海珠塵本《孟子外書》。　案：《孟子外書》，後人每多疑嗣。觀此則鐳君注竝及之，《隋書・經籍志》「《孟子》七卷，鐳熙注」者，抑竝《外書》而數之否耶？補錄於末，以俟攷焉。

《隋書・經籍志》：「《孟子》七卷，鐳熙注。」書久佚。吾吳宋于庭先生嘗取他書所引鐳注，仿王伯厚輯《周易鄭注》例，錄存一卷刊行。余讀《文選》，見《注》引鐳書，宋氏容有未錄。嗣後讀書，凡關涉鐳注，必記諸冊上。年見日本新出《玉篇》，雖非完帙，而引鐳君《孟子注》，又得若干條。吁！載籍極博，見聞有限，況毫將及之！爰就所錄鐳注，依宋氏例，按次排比，注補字於下以為識，仿丁小雅先生《周易鄭注補》之例也。搜輯以竟宋氏未竟之緒，是所望於博雅好古之君子。光緒甲申汪之昌錄畢自識。

青學齋集卷三十三　詩存之一

新陽汪之昌

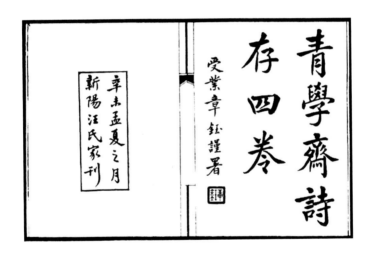

義驗行　己巳

九江戍校傳王成，氣吞氐羌籍隸兵。願以汗馬酬主知，撫髀常作伏櫪鳴。淮甸胡騎恣蹴蹋，畜薿被野氣怖愵。中有病驗酸嘶風，烏鳶啄肉蟻銜蠶。成也徇地停征騑，覩茲病驗長歔欷。雌伏與驗毋乃同，爰命健兒為驅歸。拔之草莽置外廄，飽以薪芻飼以豆。膚革漸次能充盈，駑駘羞與共奔走。牙治城陬頻往回，終朝屏息依庭槐。金臺未聞收駿骨，鹽車終是覊龍媒。偶然試騎加絆籠，騰躍噴沫拳毛孔。左右驤拒不可制，數十健卒莫能動。成也拊項疾聲呼，帖耳馴伏供馳驅。罄控不憚歷峻阪，駕馭只須付羸奴。銜恩願為國士用，群馬流汗僅追從。久伏泥塗等常騎，世無伯樂誰推重。峒寇竊發起潢池，幕府軍符星夜馳。驗於此日爭敵愾，崎嶇山澤險化夷。鼠輩跳樑狡且悍，臣力不敵空扼腕。驗也更作烏騅嘶，躑躅不去僵屍畔。賊將見之喜動顏，銀鎧華韉收上閒。進退盤旋咸如志，群謂蠢爾

真冥頑。狂寇突犯永新柵，官軍迎擊皆辟易。捉生恨未殲渠魁，賊弟馱來特獻識。我軍奮迅賊勢窮，露版告捷甘泉宮。虛誇貔虎勛同仇，詎知駒也成大功。鐵檛傷重胕血赭，哀鳴宛轉徹廡庌。去逐靈旗報成事，甘從舊校遊地下。我讀《桯史》增悲傷，[註1] 論材不數驪與黃。匪僅斯駒識大義，惟成高誼感龍驤。成忠駒義兩知己，麾下追隨誓生死。莫道奇材惟相馬，由來相士亦如此。

[註1]　（宋）岳珂撰，吳敏霞校注《桯史》卷五《義騟傳》（三秦出版社 2004 年版，第 132～134 頁）：

吾鄉有義騟事甚奇，余嘗為作傳曰：義騟者，九江戍校王成之鎧騎也。成家世隸尺籍，開禧間，北兵入淮甸，成以卒徒戍四方山，屢戰有功，稍遷將候騎。方淮民習安，倉卒間，虜至而逃，畜孽滿野。成徇地至花靨，見病騟焉，疥而瘠，骨如堵牆，行逐水草，步且僵，烏鳶啄其上，流血赭髀，莫適為主，縶而得之。會罷兵歸，飼以豐秣，幾半年，膚革僅完，毛鬣復生。日置之槽，慭慭然與群馬不相顧，時一出繫廡下，顧景嘶鳴，若自慶其有所遇，成亦未始異之。牙治在城隅，每旦與同列之隸帳下者，率夜漏未盡二刻，騎而往。屏息庭槐下，執樻候晨，雁鶩行立，俟頤指畫，午退以為常。馬或瘝茶不任，相通融為假借。一日，有告馬病，從成請騟往。始命鞍，蹎鳴人立，左右驤拒不可制，易十數健卒，莫能孰何。乃以歸之成，成曰：「安有是？」呼常馭羸卒持鞚來，則帖耳馴服如平時，振迅通衢，磬控緩亟無少忤者。自是惟成乘則受之，他人則復弗受。雖日浴於河，群馬皆褕而騎，相望後先。騟之馭者，終莫敢竊睨其脣鬣，稍前即噬齧之，軍中咸指為駑悍，攢弗齧。嘉定庚午，峒寇李元礪盜弄潢池，兵庚符下，統府調兵三千人以往，成與行。崎嶇山澤，夷若方軌，至吉之月餘，寇來犯龍泉柵，成出搏鬥四五合，危且敗矣，或以鈎出其腋及鞦而隊死焉。官軍亟鳴鉦，騟屹立不去，蹢躅徘徊，悲鳴屍側。賊將顧曰：「良馬也。」取之。元礪有弟，悍很特熱，每出掠，率彊取十二三。適見之，色動曰：「我欲之。」將不敢逆，遂試之。蹴鞠進退，折旋良愜，即不勝喜，貯以上廄，煮豆粟，濯泉，剪茸，用金玉為鎧，華鑣（開林按：四庫本作「轡」。）沃續，極其顯明，群渠皆醵酒來賀。轡重卒有為賊掠取者，知之，曰：「騟他日未當若是，彼畜也而亦畏賊耶？」竊怪之。於是日遊其騟於峒峽間，上下峻阪，無不如意，恨得之晚。思一快意馳騁，而地多阻且不可得。後旬浹，復犯永新柵。官軍聞有寇至，披鹿角出迎擊。鼓聲始殷，果乘騟以來，騟識我軍旗幟，亟馳。賊覺有異，大呼勒挽不止，則怒以鐵檛擊之，胕盡傷。騟不復顧，冒陣入以。軍士識之者曰：「此王校之騟也。是異服者必其酋。」相與逐之，執以下，訊而得其實，則縛以徇於軍，曰：「得元礪之弟矣。」噪而進，賊軍大駭，軍士勇躍爭奮，遂敗之。急羽露書以出奇獲醜聞，檻送江右道。朝廷方患其跳樑，日候吉語，聞而嘉，第賞有差。眾恥其功之出於馬也，沒騟之事，騟之義遂不聞於時。居二日，騟歸，病傷，不秣而死。稗官氏曰：「孔子曰：『驥不稱其力，稱其德也。』今視騟之事，信然！夫不苟受以為正，報施以為仁，異以用其權，而決以致其功，又卒不失其義以死，非德其孰能稱之也！彼仰秣而戀豆，歷跨下而不知恥，因人而成事者，雖有奔塵絕景之技，才不勝德，媿之駑駘，何足算乎！」余意君子之將有取也，而居是鄉，詳其事，故私剟取著於篇。

中秋夜題號壁懷伯兄都中　乙亥

中秋勝節自年年，四度文場看月圓。余六試鄉闈，己未在十月，甲子則十一月，惟丁卯、庚午、癸酉及今科試期在八月耳。早歲虛名誇宰世，舊時同學半成仙。棲遲矮屋涼於水，遠大前程渺似煙。江樹燕雲千里隔，思家一樣悄無眠。

敨閒母舅以元旦試筆命和謹次原韻　丙子

霖雨蒼生屬望人，偏同謝傅寄閒身。當年手掃檷槍靜，先占春風替布新。

愛才如命眼垂青，桃李門牆蘭芷庭。白傅大裘杜陵廈，巨觥介壽數修齡。

翩翩曾振九霄翰，強仕年華早桂冠。吟到五朝詩首句，觚稜金闕夢長安。

新年明日詠詩餘，廿五年前餞歲除。一枕春醒醒剛解候，鑪香柏子校楹書。

林下逍遙值太平，偏栽花木替題名。從頭春色參生理，依舊關心課雨晴。

消息韶華暗裏知，寒梅芳信逗亭池。番風重數逢周甲，原祝恒春更獻詩。

白荷四絕句錄奉七襄公所吳稚萍先生一笑

露華澄澈曉煙橫，自在香參客夢清。絕似文場好風景，瓊枝四照畫廊明。

銀河舊種阿誰移，謝絕塵紅冒涤池。錯訝天孫今夕降，凌波彷彿細腰肢。

省識秋從花上來，亭亭玉立想風裁。依稀夢裏當年事，無數梨雲似雪開。

鉛華洗盡水溶溶，霧閣雲窗隔一重。消受清涼滋味永，個中只許住吳儂。

竺塢掃墓遇雨祠旁有桂一株花開頗盛因成一絕

廣寒仙種耐寒開，帶雨花濃瘦石偎。多謝鄉人傳吉語，明年進步月宮回。有輿夫謂余云此吉兆也，明年當進一步，故云。

寒夜懷緄穆

庭中廖寂問字車，清勝寒山高士家。圍爐斗室結古歡，破裘擁腫披槀霞。鄰寺鐘聲驚夢迴，彷彿官閣聲排衙。想君此時值公退，狂呵凍墨題字斜。叔重季重招同僚，興酣怒生筆□花。雅會合繼聚星堂，飛揚白戰誰李鴉。願乘長風坐末壁，□□□觀銅缽摣。瓊樓玉宇鈞天樂，同聽笙簧奏女媧。

元宵懷伯兄都中　丁丑

　　紫薇省例住詩人，鈴閣森嚴自在身。想約吟朋三五輩，一尊共賞歲華新。

　　□□藜火夜深青，屢得分校，差國史方略館。退食鑪香散一庭。應念家園逢令節，蘭蓀齊祝大椿齡。

　　□□定奮御風翰，錫宴簪花好整冠。我盼泥金兼驛至，漫同竹使報平安。

　　□□船脣七稔餘，少年結習已全除。告君別後經營利，壓架新添百卷詩。

　　□□疏狂禰正平，年來習靜漸忘名。看燈早謝朋儔約，閒玩冰輪快雪晴。

　　春信天邊定早知，五雲聊護鳳凰池。鑪煙宮漏供吟料，背踏金鼇手寫詩。

春夜坐牡丹花下

　　一抹輕雲吐月華，濃香和影吐窗紗。書生眼福誇如許，清夜還看富貴花。

中秋環秀山莊遲月憶繐襫

　　金飆掃雲灝無滓，如水天街平於砥。今夕何夕不期遇，露臺雜坐石闌倚。水香送涼瀉衛杜，秋氣逼樹鬱蒼紫。嫦娥厭喧遲不來，縱談佇覓娟娟姼。驀地放出大光明，世界顯晦一彈指。迴憶客歲度佳節，矮屋聽雨擁布被。鄉思隱隱隔雲端，寒蟲徐催冰輪起。憑闌翹望依北斗，我所思兮家伯子。如許良宵值鳳池，添香薰衣勞侍史。或當公退開燕寢，燭花煙篆燦瑤卮。此時此景念家山，明月不隔人千里。

雨登寒山

　　霜林幾簇黯疏煙，選勝休辭石徑穿。藤蔓低遮僧寺額，籃輿濕壓野人肩。風聲遠捲澗泉落，雨氣曉籠山頂圓。一杵清鐘開霽色，似催詩就韻悠然。

讀杜于皇劉海峰雨先生詩文集題後　戊寅

　　韓潮蘇海與評量，開卷驚人作作芒。不屑規模傍門戶，無端涕淚總文章。秋闈對策權奸忌，杜以試策觸時相，被擯。廷薦通經老大傷。劉晚年以明經薦。莫為劉侯呼可惜，副車誤中事尋常。

贈歙人張佩蓀　工畫。曾以所作詩文屬為點竄。在太倉質庫司會計。

市隱風流今見之，吟詩兼喜古文辭。八家規格三唐律，變化都憑筆一枝。

性靈別派共傳袁，頓使詩家世界翻。漫待漁洋返正始，瓣香且復奉梅村。

或精證實或翻空，或尚森嚴或健雄。如面文原無定法，須知要訣氣常充。

擬寫君家喜慶圖，將詩聊代畫描摹。大椿比壽萱蠲忿，補寫幽蘭夢裏株。

披吟不厭數番頻，卅六峰頭恍置身。君念家山吾念舊，當年立雪執經人。

祭酒詩篇比部文，治平刺史德親薰。婁江好認師門地，今日談經更得君。

春日到竺塢埽墓祉兒隨去歸途作此示之

蘭橈旋換筍將來，風景沿途與溯洄。靜聽流泉在山水，翹瞻故相讀書臺。墓左山椒有石屋，為明文文肅公讀書處。經春墓木濃陰鬱，薦熟盤飧肅奉陪。回首廿年三月日，板輿扶侍此徘徊。咸豐戊午春，侍太夫人展墓。

初夏閒居即事

門前樹樹綠陰齊，樹上流鶯不住嗁。同巷古風聯比戶，昨宵新雨漲清溪。貍奴階下偷閒臥，燕子梁間認舊棲。恰稱吟身個中住，東偏銀杏碧桃西。室西有碧桃。一指門東春申君祠前有銀杏樹。

岳兒學畫頗有一二肖者作此示之

繪事原家學，先祖畫冊十二幀藏於家。府君畫不多作，親友中流傳者絕少。深慚某未能。爾偏工刻畫，格守在嚴矜。領略無聲旨，空靈最上乘。清芬勤念祖，拈管寫吳綾。

近購盧忠肅公集讀一過因題

展誦公書想見之，當年朝局竟如斯。樞謀自誤陰相扼，主眷深叨晚忽移。五疏籲終三歲服，一生總值萬難時。每思草奏花驄背，表語真誠抵出師。

歲暮憶許鏡涵

僑寄湖鄉憶乍逢，離歌旋唱散萍蹤。鱗書久曠貽三六，雉堞多應隔一重。近況傳君耽市隱，頻年老我困書傭。每懷占盡清閒福，門外胥江海湧峰。

歲暮偶成

休將遲暮悵窮途，窮到如斯債也無。書帙尚留消夏借，紙窗早為怯寒糊。匆忙歲事聊隨俗，寂寞門庭恰稱吾。已敝青氈向分煖，泥人偏有小貍奴。

兀坐蕭齋感歲華，喜無俗累向人誇。亂堆書認新題字，細築泥培舊種花。女習紡專工織鳳，兒摹畫本任塗鴉。圍鑪領略清閒趣，待掃空庭雪煮茶。

正月二日過滄浪亭高閣迷雲積雪在樹途中賦此　己卯

遙指昔賢酬唱地，幾番阤落幾經營。雪封僻徑疑無路，春近枯枝亦有情。鈴閣大旗搖暮色，寺鐘一杵蕩寒聲。名流怪底城南住，不讓郊原選勝行。

瞻姪近作詩頗有才氣拈此告之

涵鎔情性最宜詩，聞道年來喜習之。入手先除門戶見，含毫莫作女郎詞。六經醞釀前無古，一字推敲近有師。第一斂材將就範，須知格律細於絲。

新春偶成

嫩寒側側雪初晴，鎮日書窗一卷橫。莫道春風吹不到，硯池凍解筆花生。

討春偶訪故人家，雅稱幽居玩物華。沽得村醪助談興，一尊清對萬梅花。

瞳瞳春日麗晴空，翦紙裁鳶戲亦工。旁視莫嫌余袖手，替人如願祝東風。

共說嚴寒甚隔年，頻番雨雪又連綿。願攜五色懷中石，替補長空大漏天。

獨自沉吟有所思，瀟瀟春雨閉關時。壯懷一筆都句盡，幻作風雲月露詞。

校讎幾輩聚萍蹤，盡是寬袍博袖容。我憶班超未投筆，在官同作寫書傭。

太常齋日總無聊，應有新詞遣寂寥。吟到念家山一闋，故鄉明日正花朝。

種玉蘭兩株於敬業中庭示姪輩

移將玉樹列西東，寂寂庭階替補空。會得郭駝培植意，要憑手段奪天工。

細雨連番展嫩芽，一痕新綠上窗紗。問誰佔領春風早，獻歲先開第一花。

赴璩巷泛雨婁江偕計子平作

乘興此揚艙，婁觀地偶經。春深千樹綠，雨外一帆青。茗話憑書助，秧歌對酒聽。山光鬱蒼翠，歸路暗冥冥。

城南閒步

薄寒峭逼薄棉衣，穩坐籃輿上冢歸。野徑沙平行步健，林陰春淺望中稀。雲含雨意山光淡，風捲泉聲石隙飛。前路金閭亭子近，炊煙和冷鎖柴扉。

小樓春夜聽雨

枕書短榻眠，猛雨催夢覺，餘勢尤傾盆，陡寒逼孤燭。庭花方含苞，令我心根觸。默拈一瓣香，薰鑪爇黃熟。　玉縉謹案：黃熟，香名。見晉嵇含《南方草木狀》卷中。

天福寺晤許敬涵

彈指頻年別，重逢古佛前。水鄉真隱逸，香火夙因緣。痂癖乃嗜否，君於拙作有嗜痂癖。萍蹤聚偶然。匆匆催判袂，又是暮鐘天。

秋夜苦熱不寐

揮汗驅蚊手不停，半床殘月夜深明。秋聲欲覓從何處，但聽譙樓又幾更。

惱人樹樹噪秋蟬，星點如棊正滿天。誤道雷聲宵半起，塌傍兒女各酣眠。

每當苦熱盼秋回，定有涼生散鬱埃。今夕坐聽蓮漏盡，科頭猶自待風來。

小庭月影已過中，翹首纖雲四捲空。倘許銀河將夢渡，綠章奏乞一絲風。

甫錄昨詩雲起風滿爰吟此篇以待雨來

亙空一片皁雲飛，烜赫驕陽已斂威。防雨催詩先試筆，當風生腋欲披衣。良朋好訂宵談約，斗室偏欣暑氣微。會割睡龍驚起舞，作霖雅願詎終違。

八月杪與子百話雨環秀山莊

繞過中秋驀地寒，淺愁聊復共憑欄。雨多小沼寬無際，籬剩疏花秀可餐。塊壘容澆新釀酒，釣遊偶話舊垂竿。遙思覓舉文場輩，壁上偕君冷眼看。時方秋試。

疏簾一桁瀦茶煙，寒翠冥濛欲暮天。去燕不忘經歲聚，驚牛偏受別人牽。舊栽樹禿翻多隙，大漏卮虛強覬填。一笑煩推磨蠍命，此生果否似坡仙。

木瀆道中

秋容輞取付詩囊，身在扁舟煙水鄉。指點靈巖好風景，山間一塔倚紅牆。

舟中望玄墓山

籃輿曾探梅，春雲薄於絮。山色依舊青，同遊渺何處。丁卯春偕絸筱尋梅山中。

山靈句詩心，紅葉絢秋日。香雪海樣深，於中曾滌筆。

金閶渡

無復橋通上下津，金閶亭瞰水粼粼。往來喚渡紛如織，誰識襟懷利濟人。

夜雨滴階孤燈勘書秋意颯然憶瞻姪金陵

浩渺長江接太虛，片帆飛渡興何如。宵涼聽雨撩鄉思，夢我挑燈手校書。

當年角藝訂同岑，戰退文場倦不禁。禿筆一枝情悵觸，臨風躍躍動初心。

辭家時節恰中元，短驛長亭路幾番。應憶倚閭人未寐，濃雲如墨話黃昏。

或聚呼盧喝雉儔，或誇舞鳳聽鸞遊。須知分寸陰宜惜，會占蓬瀛最上頭。

焦里堂《雕菰樓集》述伊夫人賣釵買書事讀之感賦

雕菰淘畔老經師，一室雝和樂唱隨。會拔金議換書籍，勝他勸積買山貲。

寒夜勘書偶成

紙窗月上一枝梅，未竟官書手展開。耐得寒宵滋味永，不須掄指數春回。

有感

少年意氣劇飛揚，俯瞰紛紜翰墨場。慚負師心當入塾，余入塾，章師授以青雲直上四字，並許可造就，輒向人道之。幸承家學勤聯床。從俊兄慧見學。護持虛想逢僧孺，涕淚空揮訴憤王。近事更堪成一哄，腳靴手版與隨行。謂今春事。

看人淵墜與雲騰，積累文章兩莫憑。清白敢忘庭有誥，雌黃翻笑客無能。口碑未遠家忠厚，手筆難售米斗升。咫尺九閽問消息，捫胸五嶽起崚嶒。

茗園遲友

小窗斜拓綠陰奇欹，遲客憑闌渺渺思。正是秋心無著處，茶煙引上豆花籬。

春夜書室作

東風昨夜來，春氣滌餘凍。案頭短榦梅，清芬暗中送。手展未竟書，對花作幽諷。香氣不可名，疑義煥若洞。領略清寂味，塵心一洗空。坐久月上窗，紙帳妥清夢。

省墓新安桐江道中偶吟用三松老人展謁祖墓渡錢唐江韻

省墓新安路遞迢，錢唐小泊待乘潮。三年祭酹書儀定，十里程經水驛遙。山色雨餘青滿郭，波光風皺碧於綃。隔江翹望松楸慕，漫寫閒情賦採蕭。

桐江道中

綠陰疏密白沙隄，新漲桐江路欲迷。撩我閒情堪絕倒，鴛鴦船所坐船名。聽畫眉嗁。

過七里瀧

遙向荒亭酹一卮，高情苦節此雙祠。客星不與中興佐，天水偏當末造時。論世縱教時地異，流芳相映古今師。瓣香久切臨風慕，獨倚危檣有所思。

過釣臺詠子陵皋羽各一絕

披襲釣澤足徜徉，過客爭談姓字香。畢竟如天子度，當年容得故人狂。

初日林端宿靄開，非關晞髮此登臺。如斯抱負投閒散，我為先生慟哭來。

舟行來去俱遇逆風作此解嘲

來船帆掛羨弓彎，獨背風趨往又還。莫道封姨工惡劇，天教看盡浙西山。

歸舟過富陽

昨夜風兼雨，朝來抵富春。地誇山水勝，我憶宰官身。謂吳子漁大令。綠樹猶含霧，青衫待浣塵。仲謀何處覓，醼酒問江神。

過杭班生兄留宿

歸舟又泊浙江濱，吾族分符有幾人。去日館餐將約訂，異鄉兄弟倍情親。宴遊恰值官中暇，談笑渾忘客裏身。更喜階前雙玉樹，殷勤捧手慰風塵。

罵腥湖觀日落憶俊兄

回思二十二年前，水國初冬此放船。落日紅醅襯湖淥，曾經同墨寫詩篇。

年來面皺感觀河，日月跳丸等逝波。風景不殊人不見，那堪舊地更經過。

屯溪道中

生涯都半託漁耕，疏密村居畫不成。更有替消羈客緒，好風吹送讀書聲。

曉過富春子緝曾作尉其他有詢及者偶成一絕

小泊富春渚，曉市人聲沸。船脣竹馬童，來詢神仙尉。

泊平望

吳越雄圖逐水馳，居民酣醉太平時。欲尋爭戰當年跡，茅屋三間卓酒旗。

曉坐

朝陽逗綠陰，初晞露猶滂。滋味頷頜中，茶鑪沸漱玉。

吟釭花四開，憶昨夢初回。侵曉一聲雁，所思書正來。

達舅以盆花匣餅見贈賦此報謝

驀地擾吟魂，侵晨使到門。名花分手種，蒸餅助儒飧。長養生機現，酸鹹味外論。夙承培植訓，隔宵以灌植法見告。飽飫共黎元。時以主薄分發吾吳。

偶成

蕭齋幽絕點塵無，書卷琴床又藥鑪。一桁湘簾開不卷，苔階並臥小貍奴。

瞻姪屢以詩呈賦此示之

凡事慎首基，所貴審步趨。詩雖學一端，準矩未可踰。精研十三經，修詞懲矯誣。流覽廿四史，立論陋牽拘。諸子與百家，採華乃吐腴。我朝崇文治，鳴盛諸碩儒。集成漁洋翁，變化無方隅。神韻尤殊絕，毋乃真仙乎。而我奉瓣香，祭酒婁東吳。格律牛毛細，文采鴻藻鋪。百回讀不厭，語病能回蘇。巍巍兩詩家，後學宜規模。一為詩中聖，大雅輪持扶。一為詩中史，紀事燦畫圖。膏馥足沾丐，其餘皆歧途。或雜兒女話，此即著屠沽。或誇性靈訣，譬諸野禪狐。我本不工詩，所見只區區。汝倘志乎此，氣質變浮麤。勿貽無當譏，勿作

無病籲。承平雅頌聲，颺拜歌唐虞。

曉起

隔院一聲笛，破夢初惺忪。褰帳覰窗月，光透繭紙重。意行沿階除，詩心句吟蛩。秋花三五叢，零露滋濃濃。翹首碧天宇，星點疏萍蹤。何處起爽籟，塵煩空心胸。平居被蒙頭，怕聞鄰寺鐘。詎知暗中失，清景追無從。會當卻睡魔，鼉更數逢逢。俯仰具佳趣，莫侈煙雲供。

料檢架上書依部分題示岳兒

八九來從外，提攜一束書。眼饞慚所見，手澤感當初。有例防售借，無忘聚拮据。客嘲聊復解，此已滿籯儲。

披吟手不停，先熟十三經。餘子浩煙海，斯文炳日星。正宗炎漢學，同里昔賢型。遮莫談心性，陳編詡乞靈。經部。

讀書不識字，成誦枉勞功。祭酒能稽古，詁經此折衷。大宗推段令，新垞訂徐公。最是傳家學，陳編尾署沖。小學部。

一覽周千載，編年紀歷朝。體沿書志重，名判舊新標。史論惟求是，民風遞變澆。隨時酌因革，指掌說條條。史部。

橫議盛周末，紛紜數百家。語堪供採擷，失或在浮誇。僻論滋如草，雄文燦若葩。笑他輕肆斥，受侮讀南華。子部。

各有傳人想，空言道在茲。文詞摹漢馬，詩體坿關雎。語總雷同戒，源探水鑒知。休參門戶見，披覽盡吾師。集部。

九數關經術，分明藝可遊。憑推高遠廣，先辨股弦句。法或重洋采，功責七政求。莫教開卷對，不省但張眸。算學部。

壓架盈書卷，頻年費購藏。傲伊懷餅寫，記我典衣償。校字眉分列，題籤目備忘。縱無致佳本，守讀後來望。

初春赴書局途中漫成　辛巳

袖束官書信步行，城南煙景繪難成。鈴轅風颭牙旗影，槍壘雲封畫角聲。如掌平蕪看試馬，前頭深樹乍嘡鶯。歸途絕倒奚童語，古錦囊攜底許輕。

弔梯雲歸舟作

沖寒哭友泛輕舠，酹酒清波誦大招。最是撩人篷背雪，恍同夜聽雨窗蕉。

讀荀子

姓名亞聖傳同編，特識千秋有史遷。經學派宗洙泗正，賦材格創馬班前。齊窮仕楚遊終困，弟罪科師論總偏。性惡問誰工議論，遂教道統宋儒傳。

元夕書齋獨坐

東風近夕狂，虛窗生薄寒。吟釭紅吐花，搖搖上屏山。於時值嘉節，里閭紛往還。喧闐雜簫鼓，聲響隨更闌。兒童縛爆竹，起滅雲霄端。而我籠袖坐，悄焉結古歡。萬緣空無著，寄懷何處間。老樹梅數點，長天月一丸。

仲夏晚庭閒眺

暝色蒼然來，庭樹望轉深。新月色淡黃，一鉤逗雲陰。眾草綠未歇，生機恰道心。隔院松濤飛，灑然涼滿襟。

雨後渡口偶吟

隔岸樹蔭昏，屐聲喧過客。新漲波溶溶，綠上繫纜石。

小艇煙靄間，濕逗孤篷背。一幅米家圖，扶筇不厭對。

環秀山莊晚坐

小亭瞰清流，眾綠潤新雨。晚風吹流雲，蕩胸滌煩暑。吟蛩得氣先，未秋作冷語。側想菰蒲中，煙波一枝鷺。

秋宵夢回風聲颯然偶吟

風催夢不成，了了數殘更。映月窗如曙，捎牆樹有聲。燈留孤焰閃，簟怯嫩涼生。頷略虛中籟，晨鐘寺又鳴。

山行遇微雨

陡覺峭寒詩袂侵，寥天如暮雲陰陰。風力能禁雨到地，山光宛隨泉出林。籃輿人影仁離合，茅屋炊痕時淺深。緩緩歸去晚開霽，新月伴我助長吟。

攝痾小樓

閉關靜攝小樓居，短枕藤床味有餘。深夜未忘書卷對，良朋每勸酒杯疏。中年態已成衰廢，一室身都懶掃除。聽說玉蘭開已遍，未曾花下立躊躇。

偶成

春晝遲遲悄掩關，偏從小病得餉閒。親朋道我耽清寂，除卻君平謂計子平。少往還。

攝痾

煖寒刻變訝今年，兩度吟身作病眠。鮮食添衣勤檢點，起居此刻即神仙。

掩關且暫息塵囂，斗室棲遲暮復朝。已是病懷蕭寂甚，雨聲窗外助無聊。

強坐難禁倦不支，恰逢初夏日遲遲。自知經史嫌嚴密，臥讀風雲月露詞。

慰問初無一客過，那知門外事如何。偶教冷眼疏窗外，作態浮雲變幻多。

繙書倦極眼模糊，乍試吟毫思又枯。紙蝶手裁黏短線，榻前戲引小貍奴。

吉儀招遊光福歸後卻寄

一肩行李一童隨，偶雁輕舟訪舊知。記里漫嫌程五十，片帆徑渡不多時。

問訊兒童叩竹扉，相將情話倍依依。虎山橋畔憑闌立，指點澄波浸夕暉。

許我樓居屋半間，伴人無數好煙鬟。側峰橫嶺窗中列，休羨開門始見山。

司徒遺廟丁卯年曾到過。冷荒煙，香火重聯未了緣。古柏精靈應識我，青衫憔悴似當年。

莫言空手寶山回，衣袖芬流亦快哉。道是前身證金粟，木樨香滿我剛來。

萬軸名碑付逝波，剩餘手澤勒岩阿。廿年椽筆留題處，岩腰有先公題名記。劫換紅羊此不磨。

石壁登高豁遠眸，湖波倒映萬山秋。願偕穩跨金鼇背，披浪乘風話壯遊。

寂寥慰我故人情，屬付青山送客程。安得營田三百萬，與君永訂耦耕盟。

湖光山色竅裁工，旖旎情懷一洗空。悟得性靈先輩訣，眼前光景拾詩筒。

出所作詩見示。

蓬蒿亂石疊橫斜，冷落亭臺訪舊家。解事山僧留客住，自尋松子煮新茶。遊滎陽別墅。

對雪偶吟是日小雪。

漫空擘絮復飛綿，恰值初冬小雪天。著村頓催枯葉下，凌風宛作落花旋。澹須不厭參詩味，寒總能消快酒顛。差喜今宵照清課，呼童掃取地鑪煎。

思雪吟

宮保江督何根雲先生

文章班馬賦鄒枚，一疏除奸兆禍胎。先生督學時，某太守不職，劾去之後，其子官京曹，因事報復，遂不免。臣罪當誅師失律，斯人可惜用違才。軍謀四載勞籌筆，天意三吳付劫灰。浙水英風傳節使，薦賢試問孰為推。王壯愍係先生特薦。

刑部主事張護航先生

仰瞻山斗感蒼涼，少日蜚聲翰墨場。幕府借材展經濟，先生曾為林文忠、程晴峰、恰悅亭諸公典奏記。科名高選重文章。白雲司佐郎官貴，絳帳班叨弟子行。賸有憶樊遺稿在，披吟一瓣奉心香。

封翰林院編修庠生章子貞先生

直上青雲負夙期，春初入塾憶兒時。燎原憤寇常衝髮，據案談經總解頤。誘掖有方真學問，端嚴其度古尊彝。焚黃祠墓償齎志，差勝方干賜第遲。

直隸州判沈雨軒先生

耆年日仰古衣冠，氣度和平顧視端。談往事徵三世遠，授經人徧一家難。雄文尤利青衿試，陰德能教險病安。隻字無存兼乏嗣，蒼雯渺渺淚汍瀾。

訓導陳行可先生

吳中耆宿老明經，賃廡還開問字亭。自愧樗材陪絳帳，曾窺筆法學黃庭。腹修偶演壺籌筭，先生通算學。耳病差叨社酒靈。晚年病聾。最是手書般若咒，久要曾不負幽冥。榮祿公嘗索先生書《金剛經》，沒後，先生書焚座前。

生員施君珊先生

手稿哀然署拙修，所箸集名。並時文筆號無儔。題碑海外相傳誦，嘗撰《日本文廟碑》。偕隱閨中與唱酬。陳夫人工吟詠。課學旁通證仙佛，箋《詩》餘力注《春秋》。解兩經，均有專書。吾宗太史崇風雅，碎璧零珠替廣搜。柳門近欲刊先生詩集。

除夕閒步

細數春先半月回，佳時新霽喜晴開。常年心計輸人拙，此夕街頭獨往來。今年十六日立春。

闔家筵飲散更深，誰過閒行約共行。十六駤兒防我醉，手攜曲柄一燈明。

卷三十三終

青學齋集卷三十四　詩存之二

新陽汪之昌

初夏雨窗偶成　壬午

潚潚雨如晦，為拓碧窗紗。照眼紅如許，戎葵正試花。

庭中戎葵

急雨纔過未放晴，戎葵一朵露輕盈。嫣紅含潤添風韻，自起呼兒替寫生。

雨止

雨息開午晴，晝長纔罷讀。小院悄無聲，一鳥啄新綠。

夜坐

勘書趁夜涼，燈右一卷把。未任我忘眠，鐘聲又蘭若。

夢轉

夢轉聽分明，譙樓第四更。癡兒強解事，囈語學吟聲。

枕上聞雨

薄擁羅衾冷逼燈，排空急雨聽崩騰。溪頭遙想添新漲，綠上苔磯最上層。

冬日赴莊鳳翔招夜泊唐墅寒甚

扁舟招我海東行，自在中流看月生。乍喜村逢容小泊，敢因風利趁前程。宵分鑪火寒無力，枕底冰稜裂有聲。忍凍偏教眠不得，悶尋詩句聽郵更。

奉題鐵蕉伯父遺墨應辛生四姪之屬　　癸未

高懷遙寄楚天青，畫卷重摹夢墨亭。大好煙雲山水窟，扁舟倘許夢遊經。

瀹茗談詩斗室中，卅年前事太匆匆。床邊竊聽輸張顧，我是當年畫裏僮。榮祿府君喜收藏，間作山水小幅。先伯通奉公遇從尤數，敘談蘸綠山房。垂髫所見，追思宛然。

臘月廿八日陰雨時止偶成

風尖面面透疏櫺，薄暮寒威逼酒醒。短塌夢回抬倦眼，茶煙和雨濕空庭。

題《金陵舉義文存》後

城頭擊鼓聲鼕鼕，欲滅不滅燈花紅。手取堆案書一束，開卷颯然起英風。椽筆淋漓誰揮灑，江寧府學生張公。癸丑二月石頭碎，公也戀母陷城中。恨無寸柄防先事，誓不徒死負厥躬。塗炭衣冠目擊慘，忠信甲胄心兵攻。百千虎狼感公義，願供指麾相和衷。開關密約延王師，制梃梟縛渠魁雄。大帥持重期屢爽，禍亂未厭彼蒼穹。狗奴反覆縛公去，炮烙剝鑿賊伎窮。體無完膚舌尚存，奇智忽生濟愚忠。歷數梟悍若某某，心許意合謀僉同。劇賊卅六駢首死，以口殺賊非常功。隱語同志尚可為，叱吒氣憤貫長虹。熱血一腔如火烈，騎龍乘雲返嶽崧。下闕。

聞劉泖生訃

秋初話別記分明，噩耗郵聞意外驚。治譜家傳纔小試，剪刀風急慘殘更。半生謹慎存公論，九載周旋異世情。不待讀碑先墜淚，須知我亦一蒼生。

木瀆偶成

晴窗六扇敞樓居，坐臥隨時興有餘。鄰寺鐘聲催夢醒，案頭重檢倦拋書。

寄魯岩兄淮安

冒雪當年話別離，淮流未許託通辭。家於此久都忘客，官不妨閒況作師。桃李手栽添宦蹟，蘭蓀膝繞秀孫枝。聯床舊約偏辜負，癸酉歲，約余北上，過宿衙齋。羨煞東坡聽雨詩。

水仙花

自是蓬瀛種，仙人手贈誇。託根常在水，按譜總名花。微步凌波賦，前身

泛宅家。蘭香參氣息，檀暈洗鉛華。韻倩琴弦寫，狀成石角遮。下闋。

書樓寒夜

差喜齋居窈亦深，猩紅簾子夜沉沉。更闌寒逼燈如豆，定有猜儂擁鼻吟。

瘦吟訂消寒會第一集　十一月初七日　甲申

歲晚偏思慰寂寥，快聯群季遣無聊。兩三客至非關速，會共十人，除陳、馬兩君及潘端卿聞之自願來與，余為兄弟姪輩。一九寒輕況易消。後冬至二日。酒力豪思嚼冰雪，羹材細與辨鹽椒。瘦吟峻三精於烹調。笑他桃李園中宴，秉燭還嫌卜夜燒。

奇礧片石劇嶙峋，傍綴梅株澹入神。嗜好酸鹹味殊俗，笑談歡洽氣如春。明窗淨几堪留客，小榼驪盤仿率真。擬向此間來聽雪，遲遲後會待重申。

臘八日作

披裘呵凍撥鑪灰，手拓窗紗霽色開。閒步中庭數梅朵，再遲十日便春回。是月十九日立春。

燈下有感得七絕二首　乙酉

卯角聰明似此稀，外家偶到總依依。去年今日成追憶，隨母燈前學告歸。

哯笑無端替拊摩，有時聒耳厭煩多。可憐氣息懨懨候，斷續聲猶喚阿婆。上年季冬，承圭隨母來，留住旬餘，於廿七日回去，宛在目前，竟成惡懺。吟以代哭，議彼剎那塵緣而已。吁！

輿中有所聞見觸予懷復成絕句

肥白當時戚黨傳，果然玉雪見堪憐。疏眉朗目端莊相，安得追魂到筆顛。

夜半為承圭告回之期有道士來呪聲鼓鈸益動予懷倚枕聞之復成絕句

學語聲清德解顏，最憐試步總蹣跚。十旬留汝煩調護，嬉戲床頭片刻間。住吾家旬餘。某日在余床頭行走，饒有得餅之意。只此一回，念之黯然。

曇花身不耐寒凋，小弱堪憐慟雪消。二女次子生數月，客冬便夭。泉路尋歡應弟伴，強將幻想慰無聊。

送試舟中作

錫山在望快揚舲，暑氣薰含水氣腥。記得鰐溪門外過，萬荷花處畫船停。

解衣盤礴快同曹，陳篋披吟興轉豪。而我最無聊賴甚，一編閒誦楚《離騷》。

衡茅拌擬老閒身，底又江頭溷客塵。無恙金焦還識我，十年前已見斯人。

試寓

一椽借得冷官衙，庭敞分栽樹總嘉。慣送秋聲來枕角，偶隨明月上窗紗。招涼借蔭容談藝，埽葉呼童為煮茶。恰值雙枝丹桂放，天香折取載歸槎。

示岳兒

秋來深矣已涼天，大好文場快著鞭。不少功名由倖獲，須知攻苦總多年。文章根柢參經史，矮屋中間慎食眠。遲爾歸來話風景，街杯喜對月剛圓。

重到金陵感懷施品珊

居近精廬過訪便，劉陳謂劉雨人、陳景芬兩孝廉。替約孝廉船。劇談濃笑忘羈旅，此景回頭十二年。

餞我中秋酒一尊，臨行吉語祝騰騫。那知此別成長別，揮淚重來白下門。

單家零替健能支，尤自盤飧見餉貽。臨別菀孤分手屬，無忘勞瘁蓼莪詩。

彈指光陰幾十更，纔踰弱冠解治生。絕無市儈囂浮習，定慰重泉屬望情。

獨坐試館憶闈中諸君

兀坐悶寡歡，翹首見月明。明月共千里，何況同此城。左顧月所照，萬瓦魚鱗平。畫角隨風來，中含吟哦聲。遙想能文才，興會酣縱橫。思入煙雲幻，氣得乾坤清。鏗鏘金絲諧，鎔裁經史並。燭已幾條炧，文倘萬言成。昂頭一馳想，懷念獨客情。此時尚無寐，枕書數疊更。東坡水調詞，浩歌遣愁生。

題寓舍壁

安頓行窩喜息肩，尊經閣下近東偏。幾人鄭重仍溫卷，一月句留倘夙緣。粉壁題來笑狂態，碧紗籠敢望他年。囊裝檢點遲明發，帆掛長風又各天。

留別

冷官齋閣似僧房，一月棲遲解客裝。最是難忘雙桂樹，遷花濃處置匡床。

守歲漫成

漏聲細數過宵中，笑語圍鑪煖熱烘。吳俗有相煖熱之諺，見石湖《田家樂府》。預報明年好消息，一雙椽燭吐花紅。

北峰塢展墓山行偶成　丙戌

入山原不為探奇，犖确中間展步遲。童短肩隨扶更便，病餘腳力喜猶支。看花久謝尋春約，倚石閒吟弔古詩。到處秧歌初夏近，桑楸濃蔭日長時。

庭中花木數種鄭庵所贈對之偶成

花木含春畫不如，臨行移贈憶尚書。不教近日爭摛藻，留伴空齋野客居。

春回生意總依然，憔悴風姿劇可憐。等是道旁輕棄擲，枉承青盼植平泉。

環秀山莊聽雨

黑雲如墨起長天，暑氣全消未雨先。白菡萏香容領略，披襟且自立風前。

哭大女

皂紗未裹每欷歔，得意諏期入塾初。女與妹及弟同日入塾，清晨入塾，每以身率，非真有疾無間。其妹弟傚之，故從無託故逃學之習。記得于歸前一夕，助余架上理殘書。架上書多亂疊，女於嫁之前夕，依書卷第分排。蓋稔知余夙好惟此，亦性喜翰墨使然。

幼知愛弟體親情，梨棗區區絕不爭。女知岳兒為吾兩人所愛，垂髫時，凡玩物食物岳兒所欲得者，即推與之，從無爭奪細故。慘絕聯床將永訣，故傳聲說話前程。五月中，女歸安小住，回去即病矣。猶記某夜告岳兒曰：「客春嘗為汝算命，據云初次必不中，俟廿三歲當中。廿三歲有鄉試否？」明知岳兒廿三歲值戊子科，故以吉語慰屬望之情，平生大都類此。

阿母篝燈繡色絲，女紅偏喜學兒時。習勤安分天成性，頓使流傳戚鄰知。

鏤金錯翠擅靈機，不屑釵工舊樣依。雜組拈成胡蜨巧，留貽諸妹痛分飛。女每取殘臘縑帛出新意，翦成簪釵飾。病前手製兩蜨，二女往問病，於以一蜨贈。病亟時，息

婦往視，呼侍者取其一贈之。殆以分飛之痛，隱示乎慘矣。

搜求先澤出氛塵，小軸裝成煥斬新。別有雙丸千佛墨，篋藏留示後來人。

女於諸人分攫姑胡氏之金銀田產毫不存心，獨於太翁小浮先生手澤加珍重。嘗檢得遺札一幅，懸座右。余詢之，曰：「諸詩文稿均為伯寅三叔取去，存者止此。」又於匣中出墨兩鋌，遍刻佛像，曰：「聞此墨太翁以刻有佛像，從他氏乞歸，幸未遺失。」察其意，拱璧不啻焉。

太母菩心幼夙聞，濟人私願繼清芬。竹箱葦笥供龕贈，累爾連朝十指勤。

女習聞潘太夫人家法，嘗謂萬不能及，惟利濟一事，尚可量力，以希萬一。有親戚某貧而驟病，女貸資贈之，後以針黹所易償焉。

恪記風詩習禮容，影堂朔望啟重重。七年祀事曾無忝，婦道還兼子職供。

女歸潘後，每月朔望必叩謁影堂。其他祀事亦然。七年如一日。蓋女兒家中人但以供設為畢事，故獨自展拜。云子孫而不拜祖先，安所取子孫者？病亟，猶檢視忌日單，詳子所撰傳中。

都因手澤重慈姑，詎止能全物命無。報汝靈帷伴朝夕，銜恩偏有老狸奴。

堉畜鳥，將家所畜貓悉行拋棄。女以黃色者胡氏姑舊畜也，詭詞留之。病時，是貓夜必臥於房中。迨歿後，又臥於棺材旁，驅逐不去，異矣。

里鄰傳說善承歡，劉傳仇圖幼飽看。隨事能安循婦訓，何嫌身處兩姑難。

諺云：兩姑之際難為婦。女初歸時，兩姑具存，無間言。在家時所讀《列女傳》，有仇實父畫，其師嘗為解釋。

堆案橙黃至粵東，夙知癖嗜有而翁。難忘橋李牀頭檢，手付奚奴貯篋籠。

余性嗜果品，新會橙尤喜其色香兼備。余到留餘，女必購之，余或袖數枚歸。本年六月初旬，女已病數日，適有饋橋李者，即命嫗婢滿置筠籠，猶倚枕檢視，後付余輿人攜婦。

余病多方冀速瘳，盛年如爾逝難留。詎知衰老偏無恙，慘對檸檬水一甌。

余於春間病氣塞，女聞廣東所製鹽檸檬可治，即託人購致，告余曰：「初次恐有訛傳，故僅購一甕。如不誤，當再購，易易耳。」詎知所饋者至八月尚未盡，而女已逝矣。書之愴然。

當年冬課卷親謄，炙硯擎茶喚總膺。憐爾寒宵揩倦眼，更闌旁侍手挑燈。

余肄業書院時，遇課期，徹夜不寐。女纔八九歲，每令嫗婢輩先睡，獨侍案頭。一燈黯然，父女相對。此景焉能忘哉？

靜思往事爾曾提，守歲盤陳案整齊。紅燭無端偏折一，分明惡讖兆深閨。

女常言歸潘後，除夕燒守歲燭，無端跌折。中道之夭，竟成預兆。

服勞習苦自垂髫，輸與人家護養嬌。拚掃緱周勤刺繡，紡磚歷碌響深宵。
此女在家時事。蓋六七歲時，弟妹三四，一二老嫗提攜不暇，女相助操作。晨起灑掃室中，畢
即學繡。燈下繫五色纑，終年無間，亦不待長者呼促。自幼已慣勞苦，故適人後所遇各事，類
能夷然處之。

顛倒如斯鬼詎靈，不孚典想徹陽冥。呻吟有意申規誡，要喚全家醉夢醒。
此謂女病中事。

扶牀學步髮髟髟，晨起難禁索食饞。尋向案空欣得餅，憧然道是鼠宵銜。
初歸家時，女甫斷乳。晨起必索食，時所有舊案率無羼，其母預以餅餌少許置其間，令之尋覓，
告之曰：「是昨宵鼠銜來者。」

丙戌八月初三日艤舟過桐橋訪蒲庵岳兒夫婦二女四女隨侍偶成七絕示岳兒

排愁無計此揚舲，腸作波迴不暫停。輸爾前年秋試後，諸姑伯姊聚門庭。
後二句謂甲申秋岳兒入庠，適六姊在蘇，屆時與八姊同來。大女二女各挈外孫來賀，當時直以
為常。乃上年六姊進京，今年八姊輒病，大女已於六月去世，區區家庭之聚，竟不復再，思之
黯然。

是日復移舟吉公祠祠有水樹滿池荷葉中有紅白荷花各一復成絕句

心證澄波骨蛻塵，如萍聚散倘前因。定應欲慰無窮感，留現蓮華自在身。
荷為大女乳名，故云。

有以暹羅柑饋余者覩物傷懷偶成絕句　　余到大女處，所陳物品必余凤

嗜者。鮺餅等及枇杷梨橘諸果，必分擘進之。否則知余不嘗也。惟暹羅柑，余
尤癖嗜。女選極大而完置盤中，以便取攜。余知其意，每取兩三枚，懷歸食之。
曲體親心，此亦一端。以絕句記之，不獨識余之慟也。

記得沖寒繡幄過，親將佳果進暹羅。今朝覩物傷心候，遙想思親淚更多。

燈下復成一絕

一棺半載寄城東，雨雪荒寒古寺中。應念親心無計慰，潸然獨自愴臨風。

輿中愴然成絕句　　正月廿九日，今日潘太夫人九十冥誕祭期，設供獅林寺。

卯刻到寺，並到長女停柩處。歿後至今日始見之，憑面一哭。　丁亥。

靈帷靜肅稱靈修，臏向憑棺一慟休。料得聞聲還識我，淒然相感淚雙流。

夜窗聽雨

剪刀風落破窗塵，寒照孤燈掩卷頻。異地今宵同聽雨，有人不寐獨傷神。
謂七兄近悼亡。

觸我愁懷斷復連，憑闌搔首感華顛。寸腸忍溯經過事，已作孤兒卅二年。

閒坐

大好春光二月時，當年嫁杏偶回思。東風底事狂如許，吹折分栽第一枝。

城南閒步

身輕乍喜換冬衣，信步晴郊趁夕暉。春色二分花弄影，舊營三兩柳成圍。
閒中煙景都如畫，僻處人家早掩扉。獨倚短筇吟小句，招邀新月與同歸。

上年三四月間大女歸安餔許坐近窗椅上忽曰鶴舫何以尚未舉子近聞呱呱聲偶思當日情景宛在目前不覺又為之泣然矣

頻年為弟禱高禖，冀解親顏笑口開。那夜嘐聲識英物，可曾環佩也歸來。

閏月廿六日招李夢九潘濟之及魯岩兄雲峰銅士兩弟在藝圃小飲偶吟

塵外清遊偶置身，煙波樹石總怡神。買鄰休道須千萬，八百青銅作主人。

偶招朋舊此開筵，初夏風光乍霽天。往事同宗話名宿，酒龍詩虎慣流連。

正是芳辰近熟梅，陰晴無定費疑猜。游鱗逐隊池萍嗾，錯認跳珠雨點來。

坐對清光水一渠，臨流面面拓窗疏。擘分餅餌隨拈取，獨自憑闌手飯魚。

去年今日上燈許大女歸去自此家庭絕跡矣思之慘然在目成絕句以當哭

隔歲回思事宛然，梅炎陡熟夕陽天。臨行半晌憑闌話，長別家庭已一年。
燈下書此，淚隨筆落，痛何可忘，想九原亦念白頭人而揮淚也。

六月十七日到留余以所寫經呪焚之大女前鑪中倘冥冥中有知當亦同此悲愴也

鑪香對爇墨盈升，經典西方手照謄。焚達重泉還汝慰，密行細字我猶能。

憶李安浦

臨行珍重屬匆匆，時甫喪長女，君每相慰藉。檢點殘書半晌中。是日君作院課甫竟，相見時，正安置架上書也。隔歲此時別君候，粉牆尺許夕陽紅。君是晚詣外家小住，遂永訣矣。

絕世才華一第休，遺文諄屬弟雕鎪。君臨沒時，招仲弟前，屬將生平所作刊刻。而君家迥異往時，故迄今未遑。有誰容貸錢三萬，次第刊成志倘酬。君於余，初不相識，自同居後，情誼殷勤，與祉兒尤契。倘得錢三十千，即可相為料理。作此絕句，以當息壤盟詞。

敬業即事

幾桁疏簾翠地垂，科頭跣足其中宜。漫休道我悠閒甚，冷眼方枰下子時。

到留餘送外孫入塾

入塾今朝始，青雲直上升。余心滋慘切，病語望蜚騰。上年大女病中囈語，屢及承枚入泮。勿替家風舊，休將小慧矜。夙聞餘慶積，跂勉繼高曾。

立秋後酷暑依然今日餔許微雨數點驟然涼生偶成

秋矣兼旬熱不支，涼風生值望中時。日經雲罨炎無力，雨細庭寬濕未知。有味茶鐺遲客話，可親燈火慰書癡。便攜短榻延新月，簾額流黃露半規。

新秋夜

更深招月一杯銜，於此翛悠破不凡。徙倚中庭新種桂，無聲涼露濕舊衫。

庭中新種桂樹近已作花賦此記之

記當風信到荼蘼，分得山椒桂一枝。未到秋深香撲鼻，雨三點正試花時。

偶於內人房中見大女拍照愴然成一絕

昔日承歡猶在目，依依情態最難忘。六年婦職全家述，留汝形容鏡一方。

今早天未發煦忽不成寐枕上偶吟

日高三丈倦難禁，瑟縮頻將夢尾尋。自笑年來衰也甚，乍寒已自戀重衾。

昨留餘外甥來握筆塗鴉居然點畫分明似有可望為吟小詩

乞將退筆亂塗鴉，點畫分明辨不差。射策殿廷敷奏日，遲余老眼拭昏花。

久不得雨夜聞淅瀝聲偶吟

望雨經時眼欲穿，自秋徂又仲冬天。指彈明日逢長至，聲急奔淜兆有年。遙想飛灰動葭琯，暗添餘潤上琴絃。吟床近宿鑪中火，吳俗，於冬至前夕以鑪火置房中，名種火。除夕亦然。忘卻霄寒透破氊。

途中遇雪

隨風亂舞雪零星，得得籃輿去未停。正擬鬭寒還解渴，前村微露酒簾青。

春初郊行　是年十二月二十三日立春。

疏林遠近澹含煙，漠漠春陰欲霽天。好與畫家添稿本，孤篷壓雪斷橋邊。

歲暮書懷

日輪圓轉走金丸，彈指光陰歲又闌。顧我尚留窮作伴，禦冬且借醉忘寒。曾經歷險浮名淡，能解隨緣舉室懽。春色暗從庭草透，閒中收拾付毫端。

春中氣煖庭花競放不時風雨芳信闌珊感懷賦此　戊子

嫣然紅紫絢芳林，細數青春喜未深。如畫最宜沽酒賞，憑闌已動惜花心。庭階就占三弓地，風雨偏慳半日陰。大好韶光容易過，夜遊怪底快歡尋。

自解

朝來估客販書船，欲買偏慳囊底錢。一樣世間誇未見，且將宵寐當開編。

敬業閒坐

年年辜負好東風，閒煞庭階地半弓。手種玉蘭繞過屋，花光點綴喜春中。

環秀山莊即景

自攜短榻坐跌跏，薜荔牆西日又斜。難得豔陽好天氣，飽看隔歲手栽花。

春早

香霧淫迷漫，春晨滯薄寒。重簾低捲處，新綠上闌干。

展墓畢舟行自齊門至閶門書所見

水國舟行便，通波曲折循。短橋橫跨水，禿樹老回春。傍晚炊煙影，臨流漱絮人。一篙指斜照，歸路莫逡巡。

曉赴竺塢

嫩晴天氣暮春初，西去蘭亭十里餘。曉市未開簾尚捲，垂楊在望葉縗舒。零星閒話程忘遠，蕭澹晨光畫不如。一抹楓橋橫艣背，飽看山翠上襟裾。

年年兩度熟遊程，且換籃輿得得行。一杵鐘聲花外寺，四圍山色午初晴。炊痕白瀹人家近，雲影黃鋪麥隴平。莫道荒村蕭寂甚，靜觀總覺引詩情。

坐對小庭薔薇偶成

滿架濃香殿晚春，憑闌玩賞趁芳晨。矮牆一角紅如許，我憶當年灌溉人。此花初種，經何菊生灌溉，時假館此中也。

書齋近接屋三椽，風引香薰闢蠹便。晨向枝間收露點，盡教浣手更開編。

憶前年今日大女來小住宛在目前吟絕句以識之

曇花留影畫中看，女拍照懸內人房中。每觸悲懷老淚彈。一樣熟梅風雨候，是日亦陰雨。那年偏值爾歸安。

弟妹宵分短枕欹，殷勤情話慣眠遲。女與岳兒夫婦及四女暢談至宵分。匆匆五夜便歸去，此去偏無再到時。此回女住五夜即歸，歸纔旬日而病，家門絕跡矣。

抱孫私願慰高堂，寄弟嬌娃俗諱忘。女以岳兒久未舉子，告其母，欲以所生女寄岳兒名下，以為宜男兆。吳俗例有之。先數年，二女以所生男寄岳兒，未久而夭，內人於女之請未之許，亦為俗忌。此日呱呱嘅左右，誰從消息替傳將。余上年今年連得兩孫，而女不及見矣。

端居幻想倘魂歸，夢裏誰知見亦稀。二十六年過去事，首重回處淚先揮。

感懷焚寄長女

愴爾乘風返太虛，月輪圓又廿回餘。勝衣女已長干尺，丱角兒能讀小書。

冥想泉途勤上侍，慘聞戚郵述終譽。嗟余近學悲懷遣，譬寄遐方久索居。

汝家近事告相知，餘慶消磨恐不支。夫婿未醒沉醉夢，婦姑微露勃谿詞。此生倘遇愁何底，爾行重提悟已遲。冥默還將兒女佑，儼然成立俟他時。

午後偕顧德卿雇小舟到虎阜山塘買月季魚子蘭多盆舟載以歸偶成絕句

一葉扁舟處處通，黃頭身手宛凌風。天教助我煙波趣，涼爽渾忘夏過中。

到處句留未覺遲，送人歸去夕陽時。旁人道客花成癖，壓滿船頭無數枝。

前年今日大女歸去遂不復來愴然識以絕句

光陰彈指又鳴蜩，不信華年爾便凋。細數家門從此逝，最難忘處是今朝。

梅炎相遍難留汝，暮色催人已駕輿。臨去階前還小坐，慘傷心候上燈初。

女告歸時，余正在燈下書寫課卷。迄今回首，舉動聲音，彷彿見聞，揮泣書此。

友人詢長夏消遣者賦此報之

赫赫驕陽伏報初，避囂且自閉門居。隨身選取清涼地，位置吟床好讀書。

一鉤新月露輕黃，漸上中庭薜荔牆。將數綠陰花幾點，倚闌消受晚風涼。

題大女鏡中照

自從襁褓到臨危，廿六年華一瞬馳。留爾形身還宛在，一方方鏡數篇詩。

夏夜納涼

浴竟宵分候，胡床坐小庭。沿階喧早蟀，舉扇數流螢。驚意先秋至，閒談帶醉聽。預愁明晝熱，空際錯繁星。

戊子孟秋送試金陵道經周巷村風轉西北順而大偶成小詩以與篤志勤修者共參之

波紋如鏡漾漣漪，舟子閒談枕艫枝。笑指布帆風正滿，長行終有稱心時。

試館獨坐

雙扉近市慣聞搗，入夜居然息眾譁。破紙捎窗疑墮葉，孤燈照雨欲生花。宵涼每夢酣於醉，詩思如雲澹莫遮。閒憶舊遊門巷熟，秦淮新漲綠無涯。

試館獨夜有懷同寓諸君闈中兼示岳兒及大姪孫

斗室一燈紅，懷人夜可中。遙知朋輩集，各試萬言工。有喜先占雨，時久旱，適得雨。揮毫比似風。卅年舊心事，還與此時同。

同塾又同師，同來省試時。餘慶相積處，爾輩倘逢之。陰在惜分寸，名休較速遲。歲行剛值子，故事勉相期。俊兒以咸豐壬子科中式。

橫塘掃墓舟中偶成

手拓蓬窗酒半醺，湖波風皺碧羅紋。青山紅樹黃雲隴，那信秋光已九分。

竺塢展墓途中即景成兩絕

肩輿雇就人山行，喜趁沙堤雨乍晴。彷彿秋宵渡江去，西風捲瀑作潮聲。

老樹經霜色轉新，步尋石徑問樵人。丹黃蒼翠秋山道，圖畫中間恍置身。

雨中展墓西郭橋

臨流茅屋有無間，秋水平添綠一灣。且縱扁舟隨意去，今朝飽看雨中山。

十月十九日長女生朝也愴感成此

老屋荒村近水湄，相依甥館一椽支。時移家北甲，何氏同居。初寒天氣日將午，是爾呱呱墜地時。

吳中望族舊門庭，底事怪違促汝齡。輿論可憑天鑒近，會看後起慰冥冥。

偶展重刊外祖文恭公歲朝賞菊詩俯仰身世即用原韻題後

我亦前身一懶殘，潘太夫人乳媼趙氏侍太夫人終其身，年幾八十。餘生之前三日，趙至某寺燒香，見某僧，謂數日後當來主人家。洎餘生時，趙時侍太夫人於房，倦極，偶一合眼，恍惚見前所遇僧，朦朧呼叫，適聞餘生而醒。太夫人亦感異夢。故余幼時，大母潘太夫人尤鍾愛焉。記七八歲時，二姊、三姊輩每戲指余曰：「汝係何處墮落僧，得毋來此哄誘吾父母乎？」塵緣倘未盡孤寒。降生已晚觀棋劫，余生道光中，吾家已非全盛。甫數歲，聞英夷擾海疆。洎十餘歲，粵匪之難起。又廣匪擾嘉定、青浦而踞上海者二年。餘蔭叨承飽飯餐。風木淒涼悲早歲，乙卯歲，榮祿公見背。庚申，潘太夫人歿於何家市寓。煙雲變幻付閒觀。舊時蓮座焚修侶，替爇清香又幾盤。

局使送書來口占

是誰健步款柴荊，巨梱書拋木榻橫。解縛微聞童竊語，今宵寒又耐深更。

季冬初三夜書燈吐花對之感愴口占

掩卷剛停瑣事鈔，燈花鈴大燦疏僚。親承笑語占嘉讖，卅六年前憶此宵。府君臨睡，必錄日記，以為常。咸豐癸丑新年某夜，寫日記甫竟，燈花重疊。之昌獨侍，府君笑謂之曰：「殆爾進學兆乎？」蓋踰月即院試也。觸景追思，能不黯然？

待雪

斗室增暮寒，擁爐坐花氈。起揭水精簾，風庭戰殘葉。

卷三十四終

青學齋集卷三十五　詩存之三

新陽汪之昌

雨夜枕上　己丑

急雨敲窗夢乍醒，淋浪徹夜未曾停。如椽紅燭流蘇帳，記向高樓倚醉聽。

近狀

閉關雅集謝冠裳，況復春風驀地狂。疏嬾不堪開卷讀，往來除是看花忙。家祠中頗饒花木，遇春晴輒往視，日或兩度。童孫嬉戲供談笑，虛室中間止吉祥。底事消磨豪興減，三年幻變感倉黃。余自丙戌春中忽氣塞，調治近瘥。而是年六月，又值長女之變，自此遂益頹唐。

二月朔晨起見黃獅僵於房外已化去矣

獅種狸奴寄女兒，壬午秋，六姊見寄。一雙徑達闓闉城。與一玭瑁者同來，前年先化去。通靈具有中央色，垂死依然戀主情。前夕獨在臥榻旁，而嘔溺仍復外出。埋骨清流尋舊伴，題名善士證來生。某振捐，余嘗書黃獅而收條，即寫善士黃獅。宵分怪底風兼雨，想爾為龍自此行。

祉兒與姪孫家玉自甲申縣試泊客秋省試無不相偕頃學使者試經解兩人適又聯名拈此以示宜互勉之

料檢囊裝一束輕，會攜爾輩玉山行。肩隨縣廨千言試，眼轉春韶四度更。應考自宜求上考，題名倘幸兆聯名。經秋共奮搏鵬翼，默祝長風萬里程。

前詩意有未盡更成此首

佰年老屋尚森森，<small>吾宗自國初遷吳，即居王洗馬巷宅。</small>忠厚傳家緒可尋。歷劫幸叨先世澤，遺經要勝滿籯金。同居憂喜情相共，遠到程途望總深。堪笑有人梅目視，從旁因羨妬生心。

草蘭蓄已多年從未著花頃苗一枝以詩識之

庭草經春綠幾重，簾中風忽送香濃。一枝花偶當階現，隔歲泥曾帶雨春。<small>家人輩擬將不作花者棄之，余於去秋購山泥，徧加培壅焉。</small>入室塵多清不染，如朋別久喜相逢。無言坐對忘長晝，親滌瓷盂作案供。

學使歲試兒子與姪孫俱一等作此識之

敢云儒素守家風，一卷經傳舊澤蒙。叨附群英忝高等，居然兩世十人中。<small>此次一等只十人。</small>

曳地青衫試院回，<small>咸豐癸丑，余入學時，猶委瑣著俊兒，舊制長幾掩踵。</small>分明三十六年來。街頭撰杖春風裏，<small>先侍章師赴崑。洎案發，府君特自蘇至寓中。</small>記得人呼小秀才。

六姊臨行以花木數種貽余有蘭一本家中人以不作花欲棄之余未之忍今春亦苗一花計已五年矣

稀疏瘦葉顫風前，憔悴幽姿劇可憐。莫便呼童替鋤去，有人曾為灌清泉。

話別蘇臺贈此花，五年不見望金華。寄梅驛使如相訪，為報瓊枝一剪斜。

試後示兒子及姪孫

那有清才比竹林，爭先軒翥各駸駸。幾曾日課勤稽古，詎料風簷遇賞音。拂拭莫忘知己感，寸分須惜少年陰。九桄梯認蓬瀛倚，把臂青雲直上尋。

環秀山莊即景

小池清淺短籬疏，略有亭臺便起居。恰值昨宵新雨過，鄰童提榼摘園蔬。

庭角嫣紅露一枝，乍開花弱受風欹。吟朋為道勤培溉，憶否前年手種時。

五月十九日憶丙戌年是日長女於上燈許歸去

又是梅黃雨熟天，挑燈回憶益悽然。家門詎料成長住，醫街無憑竟莫痊。思爾有時揮老淚，於今不見計三年。流光倏忽真彈指，寫我悲懷且擘箋。

見長女遺照愴題

不見汝經千日外，偶然根觸淚成行。此圖留認真形在，恍似無言侍側廂。余之女家，每坐房外廂中。

戲甥逝已逾月念之成此當哭

曾見垂髫習業勤，材名同學共傳聞。斯人也受醫摧折，為眇一目，徐姓醫所誤。有子知收稿放紛。彌甥長者十六歲。身後何時叩賜第，病初自道赴修文。聞甥自言冥中召攝某曹司。年來頻酒傷心淚，翹望蒼茫指碧雯。

到獅林寺大女三週年禮懺以所寫金剛經多心經各一卷焚付之愴然之懷烏能已已焚畢歸竟日悽然成兩絕句

波羅經卷親緘識，手爇栴檀倘寄哀。默想八方感通徧，都應此際一歸來。

痛爾長眠歲閱三，一棺宮尚借瞿曇。撫摩兒女情差慰，跪拜居然禮數諳。

陶七校官病歿沛縣

零落堪嗟舊侶稀，況君曾與侍重闈。大母在日，三姑歸安，君每隨來。往還戚誼情如昨，潦倒中年願各違。冷宦繞周終歲任，君於客冬履任。吟魂應趁大風歸。竹林曩日談經處，剩有天香尚滿衣。君家老屋未售時，余過訪戲甥，君亦相與酬對。齋額題天香書屋，陳行可師手筆。庭有老桂數株，今則人物俱非，感何可言。

歲暮偶成

生涯冷淡尚能勝，校罷官書木幾憑。老境自知隨歲改，童孫近漸解懂承。偶翻舊帙嫌塵積，細檢新篇計日謄。爐火微紅尊酒熟，寒宵兀坐擁青綾。

春日口號　庚寅

十笏蕭齋寄息遊，經春近事數從頭。祕書有例窺鴻寶，謂校《萃錦吟》。故物無端值狗偷。謂碑帖等被竊。為怯風狂將酒備，每聞雨點替花愁。吟朋識我耽閒寂，相約衡門刺漫投。

齋居述況

鄰僧又打晚來鐘，一杵催消睡思濃。書卷墨香堆枕半，夕陽紅絢上簾重。空林到處喧烏雀，驀地閒愁攪蜨蜂。坐對碧空新月吐，紙窗花影又蓬鬆。

新雨初霽天平山展墓歸舟偶賦

暫離城郭作清遊，好趁新晴穩放舟。楊柳搖風桃帶雨，天教一晌夕陽留。

春日留園茗坐

結構名園占城北，冶遊多趁豔陽時。千紅萬紫春如海，屬付花神好護持。

吟朋相與倚闌干，疊石疏池劇耐看。何處閒花飛偶過，狂蜂浪蜨攪成團。

竺塢道中

迤邐山程渺入雲，晴郊剛值散遊氛。鷺鷗伴已前宵約，雞犬聲多下界聞。碧草雨餘添秀色，綠波風輭作圓紋。村人每述前朝事，何處重尋舊隱君。趙凡夫別業、南雲山樵、文君點舊居，此行皆經過。

偶過書局僕人葉福自言為曙弟之舊僮話舊愴然

訪友偏逢去冶春，為紓足力憩吟身。鬅奴旁述童時事，尚認機雲舊主人。

殷勤勸我片時留，手瀹杯茶話不休。陡觸鴒原傷逝感，卅年前事數從頭。

偶與吉甫姪談及吳子漁處俊兄窗稿一本已取還為吟短句識之　憶

庚申春間，俊兄所作文俱在余案頭，與余所作同處。此本居然來歸，尚有一本及余所作者，不知尚在天壤間否，異日尚能歸故主否。然即此本失去二三十年，輾轉來歸，亦巧矣哉！可見事物各有一定，不必妄求矣。

梅炎謝客戶常關，往事追談借遣問。此卷無端還拾得，獨留老眼話珠還。時吉姪、岳兒、蓉觀均在旁，並述曩日塾中情景，恍惚身歷。

今日為鄭君生日燒燭奉祀因識以詩　七月初五日。

呼童灑掃趁清晨，再拜休疑禮玉真。潦水半盂香一瓣，雙然絳蠟祝經神。

翹首東行謁禮堂，曾栽書帶草芬芳。年年虛室懸摹象，杭州詁經精舍刊有鄭君象子輯，姪嘗拓以贈余。絲竹遙空止吉祥。

竺塢展墓道中得七絕一首

清秋風景數江鄉，隴稻堆雲樹染霜。更有引人誇人勝，尋山一路木樨香。

寒夜書懷

驀地寒如此，今宵較昨多。圍爐移榻近，燒燭勘書訛。衰態無心露，陳篇信口哦。兒童懽笑處，斗室藹春和。

掃塵

釀雪光陰近歲除，擾紛塵累黮吾廬。侵晨水引連筒便，吹垢風聲運帚初。鼠跡何須留短榻，蠹殘徧檢到新書。迎年小試澄清手，從此休停俗士車。

十二月廿五夜聽雨　明日立春。

街頭爆竹雜鏗鍧，細數光陰歲又更。坐倚隱囊閒聽取，隔宵雨已送春聲。

自書局歸途中偶成

晴樓傑閣路迴環，此地籃輿慣往還。高處搴帷凝望眼，黛痕一抹郡西山。

到留餘赴稻齋招重過大女臥室丙戌六月十六日後未嘗到也愴吟一絕　辛卯

淒然傷逝又悲生，妝閣重經淚欲傾。滿座管絃雜懽笑，幽魂古寺黯吞聲。

董孫入塾成五言八句識之

攜爾入家塾，從茲須夙昕。祖宗有遺澤，孔孟在斯文。舊德叨分蔭，陳篇任挹芬。摩挲揩老眼，屬望上青雲。

送田孫入塾兼勖董孫

學語舌初調，雙編髮辮翹。隨兄入家塾，識字始今朝。歲月吾將老，高曾澤未遙。他時會成就，各自快揚鑣。

西郭橋展墓畢移舟泊吉公祠前步至各花鋪買黃白月季三薔薇一偶吟絕句

著意名花替護持，春風洵不倦吹噓。千紅萬紫都如舊，惆悵何人寄一枝。

傷潘文勤之逝，而為天下文士惜也。文勤屢乞花去，故及之。

竺塢展墓山行偶憶廿許歲時經此有石滑鏽苔錢句因補成冊字雲

憶癸丑歲，府君命與俊兄到竺塢展墓。與人遲不至，俊兄謂余：「坐山轎則山色湖光可恣遊眺。盍步登舟入山，雇山轎乎？」余未曾到竺塢，聞說欣然，遂徑至府君前告。出，府君謂：「與人未來，爾等願坐山轎，知從簡省，甚好。惟過嶺時，宜步行，俾舁者稍舒喘息。此即不費之惠也。」蓋雇輿夫入山，較山轎價不止倍，又可見府君利濟之心，隨處隨時指示昌輩。故近年余雖喘急，過嶺時仍躬自徐行，不敢忘庭焉。謹識於此，以告為府君後者。

犖确山間路，微吟憶昔年，牆頹絡藤蔓，或改「林深響桑霸」。石滑鏽苔錢。遙辨村新舊，何堪事變遷。憑詩題歲月，非為感華顛。

庭中牡丹尚留一花因紀以詩

初夏園林綠總肥，天香偏自染人衣。口占喜記花王算，留住春光緩緩歸。

檢校花事畢題與同塾商之

昨夜東風歸，陽和蘇地脈。階庭羅眾卉，玉茁金鉤坼。籬短護嫩枝，雨時足芳液。消息驗生機，培養究人力。苟違燥濕方，沃土亦成瘠。非無天上種，如畫好標格。寒勒開偶遲，門外輕棄擲。亦有凡庸姿，著意替修飾。直欲補化工，群英冠千百。高下有定評，胡乃反手易。世見分菀枯，始基慎寸尺。安得十笏地，容我闢杏國。廣儲藥籠材，天府備選擇。

其二

韶光暗中度，萬卉含胚渾。次第如競巧，紅紫麗且繁。止一彈指頃，作團隨風翻。留繫虛有願，玩對淒無言。詎止感茵溷，頓異境寂喧。且告惜花人，榮落理一源。但使力培養，務固厥本根。更慮雜非種，防衛植籬樊。勤慎飭僮豎，優游遣晨昏。蘊釀預以俟，得時滋廡蕃。細數律琯備，瞬轉氣和暄。燦燦林間葩，依舊滿小園。

初夏客過話及環秀山莊作此識之

初夏何須悵綠肥，小園芳事話依稀。李桃陰盛新成幄，蘭茞香滋易染衣。為備和羹栽芍藥，盡收清露盥薔薇。紅闌一曲橋雙版，蓋徧藤花簇簇圍。

閒觀

病目何從故籍披，睡魔偏擾困難支。擬尋朋輩同消遣，相戲童孫互點癡。

經雨草痕緣壁上，向陽花影逐時移。閒觀隨處容參驗，負手徜徉有所思。

送沈子復孝廉楚遊

光陰又近熟梅天，靜對鑪中一縷煙。引我離愁搖漾處，金閶亭畔孝廉船。

繞歸東魯又西湖，君上年謁孔林，箸《魯歸紀程》。歸又遊西湖。忽漫圖南弔左徒。側想度江得萍實，歸舟滿載古人呼。君約七八月間返金陵。

庭草示家塾後昆

淺碧濃青頗耐看，託根每自近雕闌。芊綿如畫當門徧，高下和煙辨種難。一溉水偏慳斗勺，半弓地莫溷芝蘭。幾時健步移松柏，在望蔥蘢共歲寒。

連番消息遞春風，領略生機四座中。薶臭薰香宜早辨，迴黃轉綠總神工。但留佳種延書帶，多選清芬備藥籠。相與攜鋤勤翦薙，荃蘅俯拾便童蒙。

閱滂喜齋刻張文節孫蓮溪詩一則血性人語雖尋常陶寫時流露其氣概一則鑱搜隱僻措詞極工適成才士語言為心聲信然偶成五律以自警

問年逾半百，詎便歎窮途。萬事由反手，千金善保驅。此才天所造，有用世終須。務惜陰分寸，何時可自娛。

暮坐書室念菊裳之歸大抵以長安不易居因成絕句聊代諸通人寄感

吟侶遊歸與細論，林亭重疊護花旛。遲來偏值三春盡，眼底風光又一番。

秋夜

夜深涼氣逗單衫，習靜翛然頗不凡。落葉滿階喧蟀語，挑燈倚枕展蟬函。偶懷舊友憑詩記，漫攪閒愁比草芟。且學香山迎睡興，安排壺酒一杯銜。

案頭

案頭相對一燈明，消遣悲秋感不平。侍側童孫理晨課，伊吾和我讀書聲。

吟趣

吟趣引無端，閒身俯仰寬。茶煙饒供養，書卷葺叢殘。永夜燈為伴，重陰雨釀寒。頗思知己過，相與共盤桓。

書齋閒甚

容膝室相安，徜徉結古懽。閒惟消一卷，老易怯新寒。過客來原偶，尋秋興亦闌。莫言耽寂靜，習慣此身寬。

種菊數十盆秋深作花可觀　　詩成適得榜信。

連朝積雨放新晴，盆菊繽紛競吐英。差喜灌培償素願，偏從冷澹得香名。缺脣甕舊堪留賞，傲骨霜凌與訂盟。佳種須儲分品選，年年花發快傾觥。

竺塢展墓

墓門秋霽乍寒天，愾想靈風起颯然。垂蔭孫枝坿高第，遙憑尊酒達重泉。松楸舊植瞻無恙，詩禮遺經守總虔。乞假蓬瀛來聽誓，一門羅拜又明年。

子復仲脩同過家塾

正苦無聊賴，相過兩可人。隱侯工史學，元歎想風神。吾輩易懷舊，閒談亦率真。還期乘雪訪，後會與重申。

兒童識顏面，望見總欣然。導客將扉闢，經年指榻懸。時艱幻桑海，情話託茶煙。安得樂今夕，長吟舊兩篇。

盆中蕙蘭忽放一枝記之以詩　　辛卯冬仲。

瓦盆手種憶春時，昨暮園丁報一枝。冬仲正當藏窖候，國香兼擅拒霜姿。分明芳信先梅占，長養靈根任草滋。隔歲探花清興惹，街頭老我短筇持。

仲冬盆蕙放一枝五花

正是嚴冬百卉腓，零陵香忽染人衣。分明五朵雲垂筆，莫但形相瓣闊肥。

蘭臺無分此身居，且購名流箸作儲。天亦重文防蠹蝕，名花迭放護殘書。

羅列盆甌綵數行，未須更乞槖駝方。相時度地勤培漑，如此荒寒現國香。

目病自歎

終日一編持，無端目病滋。光輪如豆短，恨在得書遲。暝坐良朋憶，頻番善本貽。名言慚炳燭，追悔少年時。

姪孫於書攤買得吳子漁大令文稿一束聞之惻然

半年試吏任西安，薄命文人那許官。一卷飄流佂人手，可憐誰與訂叢殘。

坐法雲堂憶長女口吟一絕

一棺痛汝此留蹤，六載光陰幾杵鐘。今日倘應窺我過，也驚衰態近龍鍾。

世緣

世緣家事兩牽縈，難禁中懷百感生。但過塾門自消釋，伊吾不住讀書聲。

敝廬　壬辰

敝廬祏載溯先人，佛宇神祠左右鄰。小圃盡容藏俠骨，名卿曾借寄閒身。宅為明吳閌卿默故居。閌卿先藏五人首於花藥壇，後乃移葬山塘。見《吳門表隱》。但安誦讀蟲書古，莫羨樓臺蜃幻新。第一傳家在忠厚，餘慶推演總無垠。　玉縉謹案：慶，古讀若羌。

明窗　先立春三日

明窗淨几舊書龕，罷讀還將味細參。花木無多摩撫徧，生機微露向春含。

灌園

休嫌生計灌園迂，稱意花開足自娛。佳種只須隨處認，不辭培溉耐勤劬。

種桃接李願全違，且學山家靜掩扉。規得階前盈尺地，終朝抱甕引生機。

濃青交翠滿閒庭，昨夜春歸雨乍經。棘翦園籬泉引筧，頭銜倘許署園丁。

老屋

未工營構莫相嘲，老屋棲遲勝結茅。如約春傳花有信，無憀晚數鳥歸巢。有鳥巢於敬業堂棟。座虛盼久良朋至，窗小明多祕笈鈔。偶聽家人竊相語，倚闌何苦費推敲。

家祠略有花木經春訪之

荒祠花木尚紛稠，亭圮垣頹景尚幽。佳種每承朋好饋，分栽猶憶去年秋。經行山石清香引，拂拭筇枝隔夜謀。探取杏花春信息，風帆正作日邊遊。

春寒

春歸近半尚嚴寒，雪後園亭耐靜觀。一領敝裘香染徧，萬梅花下獨憑闌。

圖開九九徧塗朱，且聳吟肩粟起膚。盡日猩泥簾不捲，移床籠袖近圍鑪。

寒逼初疑夜向晨，裝棉衾重擁吟身。譙樓第四更籌報，臥憶銀袍鵠立人。時值學院歲試。

舟行過唯亭以風橫小泊旋行

婁關艫背望冥冥，煙樹迷離路夙經。岸上似聞人笑語，昨宵潮又過唯亭。

申刻到崑山城外泊雨止似有霽意又得二絕

煙波浩淼雨冥濛，惻惻輕寒客路中。偶拓篷窗閒寄眺，來船鬱趁一帆風。

白浪如山避水潯，天容低接野雲沈。摩挲舟楫嗟無用，虛負中流利濟心。

寓居無聊迴憶前夜聽戲作短句自嘲

夙承老輩品題誇，幼時在崑應試，遇嘉定徐桓生都轉，極口獎許，愧不能忘。又，錢楞仙司業、晏同甫制軍亦然。其餘鉅公長者，往往稱許。纔屆中年病廢嗟。可惜一雙如月眼，已拋書卷尚看花。

夜飯後銘吉來寓贈以詩

作客又吳淞，如君未易逢。頻煩忘絮屑，屢過慰萍蹤。生計常工晝，時趨冐曲從。翹瞻橋與梓，和氣蔚雍容。

寓坐陸續成五律六首

僑寄原知暫，羈懷感不勝。驕人多鉅賈，顧我數良朋。海近潮腥染，窗昏雨氣蒸。非關耽寂靜，垂老志飛騰。

海市集寰瀛，紛囂利競爭。重金如土，流水看車行。異種馴蛇豸，同心嚩燕鶯。笑他耕讀者，疏拙也謀生。

設塾如林密，中西各異師。說偏剿格致，學易眩新奇。機變心先習，童年貢已漓。盍仍經術守，綜括理無遺。此為具宛生送兩子入中西書塾作。

五濁偏隅地，憑闌一映中。管絃喧比戶，蘭勺贈成風。語效重洋怪，場羅

百歲工。海波容倒洗，耳目快清風。

是何公署處，鸞判亦稱官。胥吏張皇術，閭閻瑣屑端。儼平樵鹿夢，恍對沐猴冠。有日雲氛掃，穹蒼試仰觀。

細數身經歷，書聲到處聞。頻番來過滬，能讀渺如雲。傳本麻沙盛，坊間多石印。

遊蹤秉燭勤。郁徐誰鼎足，道光時上海，郁、徐兩家富。收藏喜刻書。郁有《宜稼堂叢書》，徐有《春暉堂叢書》，行世尤著。太息念斯文。

午後同善甫逛夷場萬華樓茗話成絕句

街頭吟侶約春嬉，負手閒將冷眼窺。不覺撩人情緒處，穠華偶露道旁枝。

申江留別題壁

申江作寓公，佳日值春中。還往稀朋舊，銷磨半雨風。歸裝罕書壓，此次未得愜心之書。小住久囊空。再到尋題句，紗應壁上籠。

經環秀山莊得十年栽樹計十字足成之

無恙此園林，經營手澤尋。此祠，榮祿府君與四伯祖蔭齋伯捐貲尤鉅。十年栽樹計，一片惜花心。枝葉遙分蔭，塵氛近莫侵。隨時勤溉壅，詎屑羨籯金。

暮春閒泛

一貫青銅野艇租，近遊霽景盡堪娛。恰當日午帆無影，如鏡波平過石湖。

初夏同善甫遊留園

波流曲折畫橋通，西舫東船望不窮。天意放晴供勝賞，園居得地想神工。春逢草長鶯歸後，人在衣香鬢影中。遊覽莫嗟頻易主，此園自劉至盛，三易姓矣。當門片石寫唐風。園門壁嵌宋高宗書《唐風·山有樞》等經文。

山行

置身仿佛畫圖經，魚貫籃輿去不停。一抹曉煙初散處，山光如滴染衫青。

落花滿地有感予懷率爾成句

枝頭花瓣散繽紛，袖手閒看到夕曛。休道哭兒心木石，臨風默祝上青雲。

莫愁紅紫委莓苔，老幹新枝且壅培。記取探花誇識面，番風彈指便春回。

六姊旋京賦此奉送

回數同懷者，余男女兄弟本共十人。蕭寥僅四人。君行仍適遠，我老倍傷神。但祝他年見，重逢別緒伸。各將兒輩勉，此意體衰親。甥已恩賞舉人，得第後當奉親南還。祉兒倘登進上第，余亦入都，與六姊舊約也。

言旋能幾日，浮海又長征。各已中年後，兼之一本情。舟車還善保，歲月倏頻更。笑指兒童說，重來長大驚。

獨坐旅寓續成一律

不盡臨歧感，汪然淚滿襟。勉期承世澤，分餽賸行金。規戒懷同氣，平安視寸忱。離情託題句，重見續斯吟。

送六姊上輪舟歸途感賦

歸帆渡滄海，正值暮春初。戚郲更番聚，光陰兩月餘。旋逢中夏候，仍返上京居。異地心相印，舟行對玉蜍。

歸舟坿輪舟行

蹴踏波濤處處通，海程千百指彈中。乘風波浪尋常事，送我扶桑手掛弓。

舟中憶六姊

鼓輪捷比御風酣，水色天容渺蔚藍。想共嬌兒閒話候，船脣指點望江南。

塾中書帶草上年始作花今年尤盛

是誰縴束散紛紜，葉細於蘭臭似芸。親乞經師階下種，年年展卷挹清芬。

驕陽好趁曝群書，撲鼻靈芬闢蠹魚。新葉垂垂更堅韌，裁量卷束架分儲。

花小何曾上佩簪，零星饒有妙香含。如繩雁字傳秋信，結實珠圓豔出藍。

劚得靈根一握肥，麥虆冬遠勝苓豨。引年詎讓調羹用，預識黃金耀帶圍。

農田望雨當事奉光福銅像觀音於滄浪亭是日即得暢雨識之

願力宏參造化權，慈悲立應禱祈虔。分將點滴瓶中水，遍灑句吳鉅萬田。

今春子復赴湖北厚甫遊河南書局廿餘年老友也秋中先後返吳晤對欣然賦此

獨自懷人悵索居，分襟每意暮春初。身經勝地遊偏倦，歸訂秋期約不虛。聚首最難逢老友，快心況又得新書。子復以所著《魯歸紀程》見贈。史官倘奏天垂象，太乙星精駐此輿。

牽牛花

小紅繾逗兩三莖，點綴疏籬便有情。莫道人間閒草本，偏同天上列星名。開逢銀漢昏移影，臥對屏風晝寫生。觸我池塘尋舊夢，臨江仙引譜新聲。慧兄詞稿《詠牽牛花》。《臨江仙引》，所填詞名也。

憶慧兄示姪輩

撒手塵寰赴玉京，曲江風度想平生。斯人可惜存公論，況我家庭骨肉情。

側身北望祝春風，快著先鞭走玉驄。吉語未聞傳噩耗，荒唐何處問天公。

垂髫隅坐聽論文，幼時，兄弟納涼敬業堂中，每聽兄與後兄讀文，情景如在目前。世事滄桑散雁群。此日虛堂人獨坐，諸兄弟先後去世，存者賡兄病發，陶兄異居。默思往事渺煙雲。

差喜烽煙故里消，舊廬無恙話萍飄。與君一世為兄弟，抵足聯床只兩宵。

莫將豔體鬥西崑，莫學山膏善罵人。拈出溫柔敦厚旨，從今誰為語諄諄。

蘇海韓潮各擅場，封神蘊藉重歐陽。論文未必無知己，卿會試各六次，房薦各五次。命運終身值角商。

涼風

涼風撼庭樹，搖落引詩心。秋意深如許，宵分思不禁。捎簷看蝠舞，飽露聽蛩吟。花值牽牛放，聯翩粉壁隰。

有見勉同塾

佻達本宜懲，休將口舌矜。養威占虎變，啟侮教猱升。人表居何等，風規屬有棱。須防談笑狎，臺僕儆同朋。

西郭橋展墓畢閒步山塘購菊十數盆舟載以歸偶成二絕

塵囂上隔樹千章，那選幽居占水鄉。數折竹籬行過處，殷紅黯翠絢秋光。

柳下停橈駐夕暉，渡頭笑語聽依稀。此舟慣見將花去，偏又今朝載菊歸。

家庭

本無材調競時榮，隨分棲遲與遣情。領略家庭真樂意，者番三世讀書聲。

手奉毛詩一卷經，童子散學集中庭。教將日課從頭誦，名物無多說與聽。

莫因童子笑何知，濡染先防少小時。字學兩孫都習慣，乞將墨拓說唐碑。

旱乾久矣雨雪並至賦此以識

遙想三農慰，懽聲到處聞。甘霖釀寒雪，連日黯同雲。草潤含春色，珠跳聽夜分。推窗晨起望，雅句詠氛氲。

卷三十五終

青學齋集卷三十六　詩存之四

新陽汪之昌

讀史有感　癸巳

特設高科妙選才，詞曹清望重巍巍。持衡勑定文章價，身自西園入值來。

客冬復齋移植白山茶一本於庭今春伉儷生朝花發一紅萼索詩識之

玉樹移來洞壑株，仙人遊戲偶塗朱。四圍濃聚古香雪，一顆高懸大寶珠。本色文章含絕豔，得時花卉兆芳腴。駐顏便抵丹砂訣，白首相莊善保軀。

花朝過復齊甥館

春色匆匆已二分，新晴閒步煗風薰。連番悶耐淒寒味，鳥語枝頭亦自欣。

清談共倚曲闌干，笑指花枝子細看。萬紫千紅爭爛漫，隔年也受雪霜寒。
院試纔過，復齋被放。

書塾庭中向有書帶草種之幾十餘年辛卯年始開花別有香味甚韻客冬經大雪枯萎爰補種之今日為芒種後壬日利於種花因識以詩

講堂舊種幸流傳，嘉卉原應得氣先。乞取一叢階畔植，著花須趁早秋天。

種雜花庭中適得暢雨

長日閒如許，栽花亦遣懷。者番叨雨露，生意盎庭階。井近連筒引，籬疏六枳排。蜻蜂慣驅遣，莫使擾蕭齋。

書塾庭中新種書帶草

晚涼解帶乍拋書，庭草蔥蘢值兩餘。別有一叢花待發，兩旬前憶手攜鋤。

留貽幾束口傳經，祖澤清芬說與聽。預卜帶圍金燦爛，賜袍看換舊衫青。

送大姪孫赴省試

送爾祝飛騰，非關一舉矜。衰門振科第，舊澤衍高曾。盧在規容駟，宅為遷吳始祖營構，今已踰二百年。風培快運鵬。歸舟滿攀桂，香氣溢行縢。

羈貫隨諸父，甲申歲，與祉兒、稼甫姪等同赴童試。囊裝共一舟。自從花縣試，慣擬竹林遊。隔歲題名者，祉兒於上科中試。斯行繼踵不。泥金傳帖至，且為拭昏眸。

得銅士觀荷詩賦此以識

扁舟不共鬧紅狂，且問鰣溪賦納涼。雅集秋先將客至，是日適立秋。紀遊詩尚帶花香。豪情酒定千杯引，同座才難八斗量。同遊曹君詩先成，而弟和之。展讀不禁神與往，又句舊夢水雲鄉。

銅士弟以葑溪觀荷詩屬和依韻奉覆

結伴迎秋葑水灣，是日立秋。滿船拌擬載花還。零脂膩粉重尋處，挈鷺提鷗自在閒。香遠尚留筒引碧，詩成遙想管題斑。天開霽景供遊賞，前後數日均雨，是日適晴。緩緩歸途夕照股。

續和原韻

烏烏久厭聽西歈，借指時尚。預訂吟朋訪荻蘆。恰值秋從花上至，有人替寫採蓮圖。

酒氣如潮興倍加，酡顏相對恍餐霞。扣舷別有遲來感，不為看花為落花。

釣鉤各選餌飄香，獨自觀魚樂未央。有日投竿榮錫宴，五雲深處總清涼。

新詩冐雜竹絲喧，聊仿題襟數酒痕。寫出清遊情寄遠，泉明手筆記桃源。

澹妝濃抹惹迴腸，恐費詩人細較量。掃盡浮花椽筆健，奇芬收拾納奚囊。

風景文場逝不留，唐人詠夜試有白蓮千朵句。大江迴遡共盟鷗。同治間秋試，每

與弟同舟。劇談迴憶宵深候，殘月如新露一鈞。

夜雨憶大姪孫闈中

官書勘罷掩疏帷，聽雨瀟寥有所思。孤坐塾中勤夜讀，頻番燈下質經疑。大江徑渡凌雲概，矮屋酣吟落筆時。約略文場風景說，廿年舊夢引迷離。

納涼　甲午

殘署若相逼，宵深小院中。涼生微有露，人靜獨當風。花影偏多韻，蟲吟各自工。莫教拋就枕，更鼓數鼕鼕。

冬初六姊攜甥自京歸家小住

北風將雁至，姊也賦歸歟。難得卅年久，仍來一室居。姊於咸豐丁巳秋間，將進京歸家小住。同懷經聚散，話舊感欷歔。還祝長安道，徐行遲板輿。

冬夜讀書

深沉簾幙對燈孤，此景兒時記得無。一片青氈剛坐煖，依依伴我小貍奴。

未見書來眼為明，良朋相眖感中情。手披卷帙忘繁重，巷柝遙傳第四更。

舊書不厭百回溫，古義呼兒與細論。偏有會心為頤解，圍鑪傍倚兩童孫。

案上陳編掩復開，醰醰有味妙於回。悠然天地心參悟，窗紙分明數點梅。

異書快讀徹宵拌，叵奈西風透骨寒。阿姊新貽裘一領，稱身不覺又更闌。

薄暮寒增雪亂飄，書窗生白又今宵。呼童掃取供茶煮，為潤枯喉拾斷樵。

紙窗燈火透塵封，聽慣牆西曉寺鐘。文史何嘗能足用，但教不負此三冬。

長篇短策盡摩挲，那用清茶卻睡魔。且喜宵長容檢勘，為分句讀訂文訛。

檢罷官書月已斜，麗譙更鼓又頻撾。得閒憑几籠雙袖，一點寒釭正吐花。

良朋乘興夜忘修，冒雪清談倦未休。馬滑霜濃歸亦得，中流自在任孤舟。

祉兒大姪孫同應禮部試行後有憶　乙未

破浪乘風又遠征，探花有約訂蓬瀛。春寒凜冽猶疑臘，海道平安為計程。默祝齊飛聊慰祖，定傳吉語快題名。吾家舊事占年合，道光乙未，濤齋叔與安齋兄

同科。追逐雲龍在此行。

玉山選勝又金陵，歷歷遊蹤記尚曾。白日輪馳嗟我老，青雲梯倚看人登。休忘凡鳥題前輩，好釣連鼇占上層。但盼秋風送歸棹，圖南正好共鯤鵬。

述祖 以下年歲無攷。

無恙先人舊敝廬，泝沿十葉此中居。巋然不共桑田改，笑爾樓臺蜃幻虛。

曾聞迎富降明神，鄰舍驚傳白馬名。豈識家肥本忠厚，率由兩字各書紳。

蘸綠西偏啟麴房，太平宰相舊文場。茹芝借作將軍宅，夜讀鈐韜坐月涼。
此謂畢宮保讀書吾家及外祖文恭公嘗來文會。

推財同氣古風敦，傳說吾翁覆翼恩。不獨遐齡徵福應，昭章綽楔煥旌門。
此詠四伯祖。

叢殘藥裹積斕斒，勤儉持家見一斑。木屑竹頭原有用，居安且念粟絲艱。

雁稅魚租措置宜，卅年家政獨支持。余生也晚偏鍾愛，難忘床頭侍膳時。
此二首述大母潘太夫人，余侍膳大母側。

供養香花古佛龕，延年丹賜簡中含。恰當夏五初交後，親擘蓮房子數三。

笑爾如狂事禱祈，要憑心行貫幽微。史巫紛若多驚走，那識真靈杜德機。
述大母乩壇仙跡，見施師《紫瑤紀事》。

繐帷靜肅妥冥靈，香爇銅鑪花插瓶。灑掃躬親纔罷後，塊苫胡跪誦金經。
述贈公居喪。

靈輿穩護步隨行，孺慕依依發至情。贏得齊呼真孝子，如牆觀禮道旁聲。
同上。

錦贉油拳眼界開，收藏名久重蘇臺。一編過眼雲煙錄，慚愧當年付劫灰。

偶吟詩句重詞壇，文筆兼精異瘦寒。自有文宗真鑒賞，有才無命起長歎。
述外祖文恭公評贈公文語。

樂善輕財為急公，直將隻手補天窮。廣埋枯骨全孀節，銜感紛來入夢中。
述乙卯俊兒大病，夢中所見。

入崑山籍聖恩承，遠紹能將祖武繩。笑爾隨人牛馬走，膠庠也想附飛騰。

銀幣叨分格外加，賣文儒素寄生涯。祖宗餘蔭足衣食，書院何須奪錦誇。

持躬每勸䘏諸孤，慈訓親承憶坐隅。畢竟倚門輸刺繡，更知士女本無殊。
述吾母家訓。

親書忍字百番多，況值當年廢蓼莪。寂靜齊居人不寐，隔牆一任沸笙歌。
心腸菩薩仰慈顏，嫗婢能教化傲頑。妙法蓮花經誦罷，更無聲息出屏間。
大度包涵小過容，片長節取到凡庸。李廖晚補遲無及，一哭同聲到僕傭。

齋中讀書

書之所由貴，經訓本古人。解讀無他道，先辨偽與真。慨自嬴秦氏，典籍
摧枯薪。幸賴諸漢儒，一發綿千鈞。聖道務盡闡，師法有必遵。名物搜廣僻，
制度羅紛綸。守先以俟後，卓哉昭炳麟。世風日趨偽，矯誣滋儒紳。易傳託卜
子，詩說題漢申。梅頤古文書，諸經共吟呻。攫發數未徧，迷漫空中塵。宜學
韓昌黎，讀法當遵循。三代兩漢外，几案無復陳。勿為王魯齊，說理陳陳因。
疑書復疑詩，貽笑長千春。

古人不可作，稽攷憑之史。三代直道遙，秉筆誰氏子。尊親過容隱，聞見
地遠邇。或謂參稗官，其說轉可恃。保無巧言簧，愛憎恣毀譽。或謂採誌銘，
述德必有以。保無諛墓金，賢聖輒議擬。吾思秉大公，平情度至理。眾說匯參
觀，援彼可證此。誦言復覈行，由表以測裏。其情無可逃，其事非懸揣。剿說
逞剽竊，靦顏拾牙齒。責人求刻深，徧體成瘡痏。相期展卷時，炬眼燭偏倚。
寸心虛生明，湛湛一泓水。

詩雖為心聲，體實本雅頌。紀事須史才，采風裨時用。鳥獸草木名，取材
選擇供。原非逞藻綺，區區資吟誦。吐屬宜清華，辭條富通綜。有聲諧鏗鏘，
如律嚴放縱。詞選沙淘金，氣盛川決甕。不厭澹轉濃，毅然輕亦重。溫柔敦厚
旨，有目欣賞共。近世多詩人，行卷盈廷訟。四聲未全辨，裂眼爭唐宋。香山
與眉山，自擬忘差恐。何異鼎貴門，附倚述僕從。大冶金善鎔，寸田玉可種。
矜慎此手筆，風致昌文統。

春日感懷

昨夜東風歸，頓觸靜者心。胸襟豁夷曠，眺矚聊行吟。酥雨何滑滑，絮云

何陰陰。庭草蔚新翠，林鳥懷好音。生意足萬匯，太和醞釀深。

牆角地半弓，果卉雜栽樹。灌溉井泉便，壅護新泥取。土脈應時動，風信案番數。嘉實葉底綻，群英枝頭吐。默坐驗物華，此中足仰俯。何必工結構，勞神營園圃。萬象方寸間，區區靈臺府。

百川赴巨海，浩渺初無涯。細流縱不擇，吞吐淘泥沙。容眾與納污，毫釐千里差。奈何競聲氣，猥云我賓嘉。廣開芙蓉幕，豔爭桃李花。雲雨一手成，翻覆誠堪嗟。何如如水交，涵泳生光華。

尋春步城南，芳畦大道旁。樓閣互掩映，金碧相輝煌。憶昨歸里初，此地茂草場。鄰翁望塵歡，告余言頗詳。是為巨公某，宦遊東海疆。民瘠家頗肥，黃金囊中裝。田舍滿素欲，餘資尚盈囊。爰為剔榛莽，何暇尺寸量。鄰居託宇下，避寇之遠方。幸睹時治平，相將旋故鄉。他人已入室，一錢不值償。並言祖若父，歷世肯構堂。幼歲手種樹，綠蔭今過牆。不如燕與蝶，往來恣翺翔。

題友人照

皎如鶴立想豐神，一幅生綃妙寫真。斗室披圖今夕永，居然下榻款留賓。

嫩綠如煙颭遠空，行吟獨自詠春風。恰當柳暗花明處，也喜清遊有牧童。

手憑牛背彈偏髻，為指林間酒斾飄。沽得葡萄三百斛，攜歸投轄話良宵。

此景依稀似昔年，水村山郭杏花天。騎牛曾遇函關叟，訂我從遊替執鞭。

良時易過凡事如斯值韶華之遲暮發寸心之忉怛願閱者以意逆志勿視為傷春也

春從何方來蓬蓬，春歸何速偏匆匆。九十光陰本彈指，那禁半銷雨聲中。池水作態搖新綠，庭花經洗褪淺紅。掩關裏頭苦蕭瑟，廛響喧聒街西東。晨起喜聞乾鵲噪，雲霧撥開驕陽烘。鶯聲嘵老異明日，落花飛絮旋空濛。雪虐風饕憶嘗徧，當時耐守寒冬窮。相期陽春來有腳，夜遊秉燭朝馳驄。豈知好景暗中換，戈揮繩繫難為功。坐惜韶光忽轉計，佳興四時將無同。隨地隨遇足勝寄，安排消遣商短童。朱夏瞬逢家釀熟，萬荷深處吸碧筒。

宮詞

天付峨眉絕代才，深宮寂靜閟青苔。當時未道容華陋，姓字親登選籍來。

春花秋月縱淒涼，畢竟君王住上陽。莫笑畫眉異時樣，也曾到處仿新妝。

暗裏韶華逝不禁，長門銀鑰杳深沉。詩篇三百供吟詠，何暇安排買賦金。

爭推補袞號鍼神，日日隨班侍紫宸。歸院不曾拋刺繡，還思留教後來人。

風雪胡沙淚濕衣，休將幽恨託明妃。尋常見慣班行侍，誰道豐容盛鬋稀。

守宮槐罨綠陰斜，小犬金鈴臥隔花。經雨玉階苺蘚繡，未曾鹽汁引羊車。

畫樓一角對銀河，悶倚闌干感若何。驀地天風傳縹緲，分明別院沸笙歌。

宮樹搖紅又暮秋，聊憑詩句遣新愁。吟成未敢輕題葉，苓落還防出御溝。

華宗到底勝單門，官府宮闈一例論。記得趙家嬌姊妹，當年容易並承恩。

未央問夜色蒙蘢，整頓衣裳早飾容。不為龍光爭快睹，年年聽慣景陽鐘。

雅抱求賢窈窕情，關雎一卷讀分明。外間事付廷臣議，遂讓樊姬獨擅名。

詩篇乙覽帝親褒，宣敕傳聞賜錦袍。扇底替呼才可惜，莫將冷落老閒曹。

都是傾城絕代姝，環肥燕瘦相應圖。真材畢竟依公論，敕召曹家進大姑。

落花

雨後新晴亦自佳，拌將吟眺遣愁懷。門前芳草無邊路，俗豔天香一例埋。

乞得靈根自夙緣，有人培壅幾多年。園林幾點春消息，一霎罡風又化煙。

吟朋酒檻互招邀，也惜韶光易寂寥。一種國香在空谷，自開自落任飄蕭。

萬紫千紅絢眼迷，指彈頃已委塗泥。癡情莫笑閒蜂蝶，一路隨風逐馬蹄。

梓澤平泉購選工，當年亭榭鬥春風。尋芳自笑來遊晚，獨向荒蕪弔落紅。

手餞春光酒一卮，零珠碎玉颺微颸。誰知當日論聲價，曾抵中人十戶貲。

孰教投溷孰飄茵，散逐楊花又水濱。不少碧桃天上種，誰從此際問前身。

步經野徑俟聞香，無數殘枝萎路旁。粉白未污紅未褪，隔宵猶助美人妝。

最上枝頭託處高，幾曾攀枝任兒曹。無遮風日潛摧剝，客過空林首獨搔。

穠似蒸霞澹似雲，莫嫌數日便繽紛。殘脂賸馥叨沾丏，定有臨流悟作文。

瑤草奇葩種滿門，時當搖落總無言。品評老眼誇真賞，但向庭階樹畫幡。

無端風雨忽相摧，零粉殘脂委蘚苔。畢竟餘香消未盡，綠陰如幄獨徘徊。

綺筵

燭花照徹綺筵明，圍聚詩朋倍有情。酒綠橙紅宜永夜，鶯嚦燕語總春聲。秋深雨久寒如許，談劇風生訴不平。頗訝短童促歸去，街頭鼓已報三更。

迎梅送梅歌

秧初分了麥罷割，屈指又屆芒種節。滿樹梅子熟蒸黃，雨及望時來迅疾。即以梅名節有限，日逢壬入逢庚出。田農藉卜旱與澇，迎時一寸送一尺。造物千變隨人分，迎送不厭何殷勤。人間亦有作霖手，何弗招延任棄淪。

耕蔭雜詠八首

群峰裏草堂，高低巧位置。憑闌隨意看，詩襟濕蒼翠。環秀山莊。

室小束如航，和雨夢初熟。聲傳竹裏泉，鏘然墮寒玉。飛雪古井。

疊嶂圍如屋，安石水中渡。浣盡衣襟塵，倘許此中住。碧流。

藤老蟠凍虬，橋短臥晚虹。花影和闌影，斜陽一簇紅。紫藤橋。

池東遲月上，闌夜酒孤斟。手招大圓鏡，飛入巨觥心。攬輝閣。

峰背一亭峙，四面空無著。問夜月可中，攜筇度略彴。方亭。

遊魚戲新萍，湛湛綠一灣。興寄隨所至，此即濠濮間。小池。

拾級扶藤梯，半弓倚闌圃。俯瞰雲水光，倒影與吞吐。涵雲閣。

樓居納涼

跂腳臨窗看，纖雲捲太空。星然日中熱，樓快夜來風。簾押一層碧，燈屏小炷紅。月光隨處徧，更鼓聽鼕鼕。

秋感

已涼天氣近摧蘭，忍憶循陔往昔驩。佳日曝書罹卷軸，清晨禮佛爇栴檀。蓼莪詩句教腸斷，寸草光陰等指彈。颯颯秋風透窗紙，哀吟似替寫心酸。

重九偕陶民成姪登雞窠嶺

拾級歷坡陀，臨風發浩歌。下方羅蟻垤，絕頂占雞窠。瀚白看雲起，搖紅露樹多。跚趺選磐石，吟到日西矬。

豈有登高興，聊將眼界寬。茱萸雙鬢插，荊樹塵邊殘。余姊六人，兄弟四人，今存者三人，兄弟只二人。松柏誰家墓，煙雲極望寒。阿咸扶策導，為話舊時歡。

贈斅甥

嶄然頭角見髫齡，戚黨爭誇毓秀靈。纔是弱年便劬學，原無名士不通經。久安義命心盟素，但見文章眼為青。暗祝秋風好消息，鵬程遠大奮冥冥。

納涼偶成

不住蟬聲噪古槐，半空隱隱轉輕雷。流雲榻展流黃簟，蒲扇蕉衫待雨來。

中庭近夜漸生涼，跂腳高眠嬾不妨。記得豆花棚下坐，偶聽村嫗話家常。

春日偕姪輩行竺塢山中

選勝遠城市，嬉春共阿咸。徑幽煩導引，杖短助扶攙。野卉紅經雨，嵐光綠到衫。崖巔登眺處，題壁姓名嵌。

蠟梅

一枝破萼報春回，真臘曾傳別種梅。味嚼風前芬乍挹，丸封霜後信初來。香通百和檀心暈，笑索三分磬口開。插向膽瓶工位置，鵝黃酒熟快銜杯。

九月林端寫影時，金相玉質自離奇。凌波彷彿神仙格，題閣安排宰相詩。珠蕊啄成遲鳳到，蜜脾釀冷有蜂知。為言蓮炬承恩客，雪地霜天好護持。

雪意

峭寒似水掩重門，坐擁金貂氣不溫。比雨催詩鏖白戰，望雲梳暝易黃昏。螺鬟黯淡更番釀，鴻爪迷離舊日痕。知否三農穿渴眼，祥霙默祝徧郊原。

雪花

黏枝著樹總瓊瑰，頃刻應疑術呪開。團屋紛飄如掌大，和煙盤舞記頭回。將殘尚許冰壺結，欲放全憑臘鼓催。省識東風先有信，吹噓占取萬花魁。

雪聲

寂寂書窗閣筆呵，無端細響繞吟窩。跳珠點落茅簷急，碎玉音傳竹院過。驀地驚回高士夢，誰家譜出郢中歌。尋聲會到蓬萊頂，閬苑瓊樓聽佩珂。

雪影

虛白連番斗室生，摩挲醉眼暗中明。光寒四射空塵障，心印雙清證舊盟。大好樓臺皆入畫，無邊天地此吟情。板橋人跡依稀認，驢背尋詩客早行。

課蠶詞四首

浴蠶

浴川曾記禮經傳，恰值春光欲暮天。洗盡舊污防滲漏，奉來嘉種祝綿延。排空葦箔波紋漾，諏吉蓂階月影圓。猶憶紫姑神示應，今年蠶事勝年年。

採桑

數弓隙地徧載桑，女伴紛來總挈筐。過雨摘歸風試戾，堆雲採趁日初長。翦聲遙和喧茅屋，梯影斜看倚粉牆。笑麗蘭閨多暇處，珊瑚簾幙坐薰香。

作繭

如甕塗銀耀眼開，計眠今已過三回。絲抽蛛網休相擬，蜜採蜂房莫誤猜。百戰文章花樣密，萬家衣被簡中來。盡餘標異誇員嶠，雪壓霜凌歷鍊才。

繅絲

蓬門深掩棟花風，軋軋車聲滿巷同。萬縷絲柔抽雪練，三盆湯暖試春蔥。經輪任取懷中便，絇絡徐分緒末工。屈指織成文錦貢，雲章手抶補天功。

過韓蘄王墓

探奇偶作靈巖遊，穹碑道左蟠螭虯。云是南宋韓王墓，至今樵探禁松楸。維王生逢南渡日，勁旅親統戹艱躔。半壁江山字勒銘，六符任使恩無匹。誓師酹酒遏劉苗，忠勇書旗御筆標。京口防秋嚴管鑰，江頭移鎮扼金焦。敵兵觀渡黃天蕩，艨艟布置張天網。獻策河防老鸛開，避讒湖上騎驢往。朝堂四疏憤填胸，樞府何曾直道容。幸免江濤隨白馬，不教幕府抵黃龍。罷政解兵嗟末路，閉門十載歲云暮。乞閒提舉醴泉觀，承恩未賜金莖露。櫪馬悲嘶驚蹴絮，騎箕陡隕大星孤。趙家乾淨無多地，覓取吳山最勝區。五國城高覊忠

躅，一壞〔註1〕土掩元戎蠹。捉生恨已失烏珠，合葬可應配紅玉。吁嗟乎南園賜第莽荊榛，守冢還應仗鬼神。犒軍罍汲寒泉洌，來獻中興第一臣。

謁韓蘄王墓

靈巖莽寒翠，豐碑聳當路。摩挲鑴石文，有宋蘄王墓。憶昔建炎時，偷安苟南渡。王也起營卒，矢志酬恩遇。半壁資保障，六符荷異數。遏夔獮苗劉，蹙敵扼瓜步。算操禦侮長，識羞和戎附。無端解兵柄，為觸權相妒。縛虎悲同僚，騎驢感僑寓。長空隕大星，摧折將軍樹。此地乾淨土，安宅山靈護。金焦謀未成，像補烏珠鑄。枹鼓戰誰督，廟合紅玉祔。南望感穆墳，松柏鬱雲霧。精爽空中來，靈旗往還互。竭來薦瓣香，瞻謁起余慕。

滄浪亭五百名賢歌

郡學東南草樹荒，元璙別圃何蒼涼。子美放廢寄逆旅，構亭北埼顏滄浪。戎馬倉皇忽南渡，紹興以後歸韓王。電光石火已千載，詩名將業爭輝煌。豈知吳會眾才藪，英豪輩出聊鴻行。山林廊廟代亦有，鍾靈毓秀遙相望。寥寥此地缺盛典，不祀忽諸增仿偟。恭逢宣廟御極年，莘莘俎豆升膠庠。撫吳使者陶文毅，爰洎方伯長樂梁。廣挾郡志稽姓氏，古今上下同評量。句吳公子武城宰，以外繼起皆流芳。或稱鄉賢或名宦，聲華鳳翥兼鸞翔。或從流徙或僑寓，一一足為邦家光。政績品學各擅美，如式鼎卣珍圭璋。擇其尤者勒諸石，衣冠蕭穆鬚眉蒼。數自周末迄聖代，名賢五百相頡頏。乃率僚屬崇建置，供奉香火開祠堂。棋布星羅嵌粉壁，巍巍數仞依宮牆。池館幽深竹石古，松風夾水鳴笙簧。蘋藻薦馨潔筐筥，千秋祀典隆蒸嘗。

吳中神絃曲

開燕寢兮焚椒塗，出綸扉兮綰銅符。主吟壇兮撫方隅，政績輝映兮句吳。蕭鼓兮笙竽，靈之來兮獻清酤。

右韋白二公祠

仙吏出兮守錢塘，湖山坐鎮兮騎鶴翱翔。乘風歸去兮帝鄉，睠髮捨兮悽愴。奉廟貌兮蘭堂，迓公來兮酒盈觴。

右蘇公祠

〔註1〕「壞」，疑當作「坯」。

　　膺節鉞兮帝鑒隆創，減賦兮澤被吳中。聯指臂兮賢守，同寄謳思兮付樂工。春秋肸蠁兮靈爽，通佑我民兮祝我公。

右周況二公祠

石湖串月歌

　　中秋玩月興未足，相期三日前遊續。蒼然暮色斜陽頹，扁舟蕩槳石湖曲。碧宇四垂琉璃鋪，中有仙人戲弄珠。拋擲晴湖白銀盤，一線貫徹纖雲無。長橋臥水題行春，如環洞洞穿冰輪。一孔一月呈幻相，煙波活淼空無垠。此地曾結詩人宅，西川節使尋遺跡。乞得閒身投簪歸，別墅天章親題額。又聞白石姜謫仙，筆床茶灶瓜皮船。遙想越來溪上路，擊空明兮湖中天。勝地來遊雲水窟，中流扣舷浩歌發。清節高名終不移，無恙一顆波心月。推篷四望爽氣澂，歸路彷彿天風乘。瓊樓玉宇渺何許，今夕夢應飛觚稜。

擬杜工部歲晏行　　用原韻。

　　旌旗獵獵鏖朔風，遠赴輪臺出雲中。我客經年又改歲，將軍未掛天山弓。道旁相逢幽燕兒，謂毋自苦學老農。為急軍儲兩稅輸，何以卒歲嗟空空。今年獲稻盈篝車，價賤於土輕於鴻。何如隨營射雕手，飽糈十倍殊凡庸。歲時伏臘羊羔烹，致富不須井中銅。吁嗟漕政既荒錢法敝，盜鑄牟利紛愚蒙。戚里方開獻歲筵，金簫玉管歌三終。

擬杜工部洗兵馬　　用原韻。

　　烽煙慘澹京西東，蒐簡車馬賦攻同。朔方節度專閫外，禁兵分道來關中。鄴郡尺咫彈丸地，廟籌行收指掌功。助順兼招回紇眾，告捷屢奏甘泉宮。先聲所懾拔相衛，啟行無忘誓崆峒。斧斨三載歌零雨，帷幄諸臣拜下風。惟王善繼黜群小，推任郭公古今少。校旗河東山嶽搖，連營澤潞關山杳。安危材本古來難，大權分任事足了。錫爵群拖緋袋魚，從龍漫羨青雲鳥。夾道呼嵩壽觴舉，臨墀陳疏御煙繞。三朝問安鶴監隨，五更聰報雞人曉。薰天意氣競相當，小者侯封大者王。自是推恩由帝度，莫將怙險逞吾彊。冰山合鑒楊偕李，柱石高儕魏與房。留鎮纔聞呼杜母，運籌況復有張蒼。棟樑共命中興佐，網羅歸功上相良。九五聖主當陽貴，億萬斯年卜世昌廣。武成告廟包茅貢，策勳分鎮臨門送。瑞應還徵堯陛莢，珍奇兼致扶桑甕。文謨武烈宣重光，清廟明堂追雅頌。無犯秋毫王者師，每思大樹將軍種。圖像分鎔九牧金，枕戈勉續三刀夢。恩波汪濊

滌塵氛，倒載干戈不復用。

擬東坡鴉種麥行

枯木蕭條巢寒鴉，陌頭銜尾聲嘔啞。不共雀鼠喧空倉，似有鳩厷催江鄉。聯聯翩翩拾餘麥，西疇東畬布狼藉。經雨入土春又至，萌芽含青更簇翠。鴻雁謀糧來應節，鸚鵡啄粒工調舌。自種自食不因人，長吟莫笑老鴉拙。

擬東坡畫魚歌

蘆汀荻渚多釣人，手持魚具翻樣新。香餌不須數罟掛，利鉤發硎爛若銀。旁敲側擊力齊逞，如篙急進冰碎打。鋒刃偶觸逝亦遲，鯤鉅鮋細潛伏影。扁舟偶經煙水鄉，漁戶勞於稹尾魴。何當乞得摩天刃，踏鼇截蛟態徜徉。

先君子究心經史，偶涉吟詠，隨手散棄，頗尟存留。茲從散見
各卷中殘紙稿尾或錄入日記者，彙鈔成帙。其有成年歲可稽者，案
年編次，餘悉坿卷末。甲子季冬，男開祉錄竟謹記。

卷三十六終

跋

　　新陽汪振民先生，湛深經術，吾鄉耆碩也。光緒初年，大吏延襄書局校事，又延為學古堂掌教。生平箸述甚夥，惜稾半散佚，集中如《校補隋書‧經籍志》、《補南唐書‧藝文志》，稾皆不全。茲編所集，大率書院課藝居多，治經恪守家法，先正典型，於茲未墜。德馨曩遊津門，哲嗣鶴舲觀詧出稾相示，堆案尺許，蠅頭細楷，半為觀詧手鈔，心焉敬之。迨甲子歲，再遊沽上，則此稾已屬胡綏之學部編校授梓矣。學部編次極審，凡篇中所徵引，悉校原文，疑者闕之，誤者刪之，分說經之作及詩文雜箸為三十六卷，釐然秩然，五年而始竣事。己巳歲，重遊舊都，觀詧舉全稾屬為覆勘。德馨於先生為從女孫壻，曩年肄業可園，亦在執經弟子之列，校讎之役，所不敢辭。當此六經束閣之餘，既心欽觀詧能承先業，復得與學部參與同異，三十年前之老友，重聚故都，商量舊學，何幸如之！殺青既竟，觀詧復屬一言以為跋，爰綴數語，以誌昔日師友之雅云爾。庚午六月，門下士吳縣高德馨謹跋。

裕後錄

青學齋裕後錄卷上　新陽汪之昌

趨庭聞見述

　　七世祖封儒林公自歙遊吳，先居宋仙洲巷，後遷王洗馬巷今宅。宅為明太僕吳公默故居，舊有會元匾額在敬業堂對霤中。吳趙各支均由此分，歷代神主俱供奉影堂。惟曾光祿公歿於三有堂，神主向供三有堂焉。吳中例於正月初四夜祀財神，比戶皆然。相傳祖時循例供設，明晨鄰居咸來問訊昨夜係屬有何事，更深後，馬騎蹴踏，並見五白馬繫門前，家人中毫無聞見也。吳中至今稱財神曾降吾家云。

　　五世祖封朝議公，幼出天花，喘息僅屬，療救罔效，諸醫僉稱不治。乳母趙氏不忍棄置，抱挾懷中竟夜，痘遂徧發。後趙氏歿，高祖榮祿公墓象藏諸，新年懸掛祖先影像側，且命本支子孫奉祀無斁。余幼時到三有堂，亦瞻拜焉。

　　吾家之入崑新籍，始自五世祖朝議公。公以事過崑山，適崑山文廟頹壞，縣人議興修，公慨然獨任，捐貲成之。學使者入告，奉旨入籍。後曾伯祖葉淵

〔註1〕「讀書識錄自敘」，底本無。據正文補。

公由崑庠生入翰林，故族中曾伯祖支下籍崑新。府君榮祿公懼先澤就湮，爰命昌等應新陽縣試。俊民兄以新陽廩膳生得選拔，旋中式。陶民兄與昌俱為新陽增廣生，昌於丁卯中副貢。祺、禔兩姪亦新庠生。先是，府君欲改隸新陽籍，族中有相阻相非者，近其後裔亦入新庠。吁！冒籍他省，改易祖先名字，以倖博科第，自為得計，反以承先澤為非，是亦異矣。朝議公性好施，凡義舉率先倡始，曾建某州某縣義倉及育嬰諸善堂，詳州縣志及家乘。今禮和堂有學使張、提刑謝、新陽縣陳三匾額存焉。

曾祖光祿公嘗以「為善最樂，讀書便佳」八字書懸座右。生平於地方義舉捐助鉅萬，詳載家狀。彭二林先生《觀河集》有詩事焉〔註2〕。吾祖榮祿府君入元和庠，撥府學，諸伯祖亦先後遊庠，三伯祖中式乾隆甲寅科順天副榜。府君嘗以舊紙囑陳行可師書「事能知足心常愜，人到無求品自高」楹聯於書室。

府君嘗訓昌等曰：近人略識文義，即喜作小詩，或議論時事，或發人陰私，即使事事得實，已非「不在位，不謀政」及隱惡之義。昔人以為此等人大抵奈何不下胸中數卷書，何不以之考訂古書，既可以驗一己之識，並可備後人之取資。

吾宗以忠厚傳家，凡地方義舉，或倡或助，上荷詔書樂善好施之褒。榮祿府君尤善繼述而廣解推。道光中，吳中迭逢欠歲，道殣相望，府君捐資掩埋。己酉年，吳地大水，居民失業者眾，府君捐款助賑。又念城南一帶孀婦無可營生，朝夕莫保，爰按月按口給錢，俾終其身。親友聞風協濟相囑。咸豐甲寅秋，四兄大病垂危，恍惚中無數肢體殘缺者送之歸。問：「若輩何為？」僉言：「感汝家情誼。欲知其故，問朱八爺、張師爺便明。」四兄病隨愈。朱、張二人，吾家司賬友，二人恒任散錢等事。

大母潘夫人性習儉勤，昌尤所鍾愛。府君恒令昌侍膳，以斯每日當午，庖人於內廳東偏排列二三卓，羅列盆盎，以所治殽蔌呈大母，俟指揮勻置，乃分給內外焉。年稍長，每晨見廚娘以所購魚肉等秤呈吾母前，直至咸豐庚申年未改。即此一端，可見家法。昌幼時見大母房中漆案抽屜內裹藥紙線束整齊，問嫗輩，每留以易完全紙張。此雖瑣末，藉見大母、吾母當吾家盛時，未嘗妄費，後人其可不念艱難哉！

徽人劉七，童時即侍奉我曾祖光祿公，後在吾家司閽，每述舊事。時昌纔數歲，未能握管以記大概。惟憶劉言：府君幼孤，同居族某多方欺凌，賴四伯

祖保護。此事府君曾未之言。然四伯祖歿，府君哀感殊常，至發嘔血疾。

吾母潘夫人嘗訓昌等曰：「各府縣所設書院，原為寒士地。汝等幸叨祖遺，衣食粗足，即不與考窗下，何嘗不可用功？」

昌等幼時，家中所雇嫗婢，吾母諭以凡閭里鄙俚穢褻事，不許出諸口。昌等晚間散學入內廳，環侍吾母旁，聽說古事，不離乎聖賢遺行佚說。若公冶長解鳥語、採桑者教孔子穿九曲珠類，則尤習聞，詳余《書〈孔子集語〉後》。家塾舊有府君四書文卅餘鉅冊，試帖詩五六冊，有經《試帖聯珠》、《紫雲仙館試帖》選刻者，《書畫舫試帖》中選刻尤多，經難後僅存四書文十餘首。

府君於碑帖書籍、名人畫本，收藏頗多。漢碑若魯峻啟母廟、校官曹全各種，咸有國初諸老題跋。唐刻則《智永千字文》、《九成宮銘》、《磚塔銘》全文諸種，著稱吳中。外若《韭花帖殘本》、《初拓淳化閣帖》四卷、《紹興米帖》兩卷，亦世間罕覯者。又宣和內府舊藏蘭亭趙松雪碑帖數種，或初拓本，或已無別本，其名則已忘之。《三朝名繪》一冊，皆唐、宋、元名人手筆。明人若仇實父之《貨郎擔村塾圖》、文徵仲《江南春捲》、董香光《唐人詩意》十幅、《佘山園居詩帖》，尤所心賞。國初名家若南田四王及諸書家書，多不能舉其名。書籍雖無宋版，憶髫年夏日陳曝庭中，止能約略形式，大都舊刻精鈔，或經名人收藏，或經名人勘定。惟架上《史記》、《兩漢書》，府君三次手校。道光丁未夏，以五色筆校《南北史》一過。咸豐壬子春夏間，又校《國志》一過。時昌略有知識，每窃侍助繙檢，固目睹也。

府君所著《雲煙過眼錄》二卷，上卷記所藏所見舊拓碑帖，下卷皆名家墨蹟畫本，《蟫香閣藏書目》，隨所得著錄，未經編定。道光庚戌年，得某家舊藏元明人尺牘兩鉅冊，約百餘通，府君撰總跋千餘言於後，而冊中諸人姓名事蹟見於紀載者，分別詳錄。先是，有以玄晏齋祖本十三行質錢府君，即招工描摹上石，今存耕蔭祠中。《松齋法書》六卷，皆家退谷先生遺墨，亦在祠壁，已缺數石。大父工六法，具見《畫徵錄》、《畫識》等書。作畫或題水旁秦字。藏於家者，山水冊一本，存親友處者，《彭交敬詩集》有《龍潭秋柳》長卷，潘文勤、潘辛芝兩表兄各存數幅。府君間亦作畫，家中夙無藏本，聞十二房培之姪有扇面一張，屢請觀，未得也。

昌髫年當夏日，見府君取所藏帖，臚列案頭，臨摹消暑。自咸豐辛亥後，日臨孫過庭《書譜》，每晚作日記，雖止一二行，而蕭疏古淡之致，跡已無存，宛然在目。

客冬，何菊生述榮祿公一事，云聞之老八房堂兄吟雲。當避難鄉間時，遇吟雲兄，對之歎曰：「使大叔在，吟雲為攬英伯子，故稱榮祿公以叔。吾家何至狼狽至此？」詢其故。曰：「某年伊姊嫁後，已在歲暮，所用各款，尚少數百金，計無所措。適榮祿公到介眉堂，攬英伯談及之。翌日，遣人招談天，攬英伯以事未了，不欲赴。諸叔謂榮祿公夙任排解，見招必有意，盍往乎？迨晚歸，欣然色喜，懷中出一紙，計銀如所缺之數。族誼如此，必不令吾輩陷危城中，得脫後，斷不至困悴若是。」時貝氏同居菊生館。貝氏約庚辰、辛巳年。

榮祿公性嚴重，閒居竟日無惰容，雖盛暑，入內廳必披衣。嘗聞諸姊曰：俊兄幼以事到親戚家，隔夕公必告以進退揖讓儀節，戒凡長者前毋儳言。昌八九歲嘗同客飯訖，投箸起，公訓飭之。猶憶十三歲時，某夕俊兄昏定，公因日間見與先生坐而問答，嚴加訓飭。一日以陪客冠而單袍，亦責之。

救閒舅氏嘗告昌曰：「昔年扶文恭匶回南時，汪夫人高年多病，闔家隨行，一切旅費自必較鉅，爰取京寓所有及寄存親朋各款，悉數置行篋。尚未到蘇，資斧罄盡，惶急無以為計。乃甫抵里門，爾府君見過，手文恭前後寄銀信及銀三千兩付還。蓋文恭有銀即寄，素不登記簿籍，故家中人無知之，至是聞者無不感歎。」舅氏言畢，又慨然曰：「以若干之鉅貲，明知無可稽之數，甫遇即如數檢還，雖係至戚，豈可望諸近世哉！此等識量舉動，不屑為目前計，垂裕後昆者久且大，爾輩務善承之。」

府君以勤儉持家，然義舉苟有聞見，無不勉行，此編纏錄一二。聞諸老友言，道光壬寅、癸卯間，直隸、山東有府縣迭遭荒歉，餓莩盈道，府君聞而心惻。適大房子山九叔父以院試見擯，遂與族人為之捐監，並兩釀錢助行裝。另以鉅金屬其沿途遇有道殣，設法為掩蓋。是年子山叔中式順天鄉試舉人。耕蔭義莊之建也，原議我曾祖光祿公支下各房及曾伯祖太史公支下各房共成之。而太史公支捐數寥寥，即光祿公支各方中落者多，款項不敷尚鉅。府君與光祿公支三房、四房諸伯叔分任，以彌補所缺。於時府君所有，實不及三、四兩房之半。此舉蓋以竟我高祖榮祿公、曾祖光祿公未竟之志也。

府君於甲寅十二月初三夜半陡發吐血舊疾，初四、初五日浸劇，嗣又稍定。某日午許，忽顧侍者問昌等俱在乎？時大、二姊咸歸家侍奉，夙知府君不許昌等輕離書塾，至是恐疑昌等託故在外，因漫應曰：「均在書房，招之當即至。」府君曰：「無庸，不過告伊等當益務和氣耳。」府君平居每言吾見某在親友處，輒默自獨坐，若負氣至者，將來必至六親不相往來。後果如府君言。然則在家

出門宜以和氣為務，謹述遺訓相告焉。

道光戊申，昌年十二，於仲夏忽嬰危疾，喘息僅屬，醫家率束手。府君、潘夫人百方療救得蘇，至六月中，甫能起坐。某日午後，夫人進房撫視，色甚喜，謂曰：「今益信汝父憐愛爾輩，不減於余。刻汝父從房中出，欣欣然曰：纔見九兒手持茶杯以飲，吾心方寬。可見汝父之真心憐愛，尔輩其勿忘。」嗟嗟！哀哀父母，生我劬勞。斯人所同若身。自致於疾病而再造其生，則昌所獨，年逾半百，曾無所聞。此心憾愧，與此生將終始矣。

潘夫人性慈善，嫗婢有過，甚至干犯，輒一笑置之。其勤勞者必稱說焉。嘗諭昌等曰：「敬戒無違，箸於聖經。婦女不與家政，汪氏祖宗成法。汝父治家，整肅有方。他家有疑難事尚商量處置，況家事乎！」梱以外，概弗問，日惟督課諸姊羽女紅，習閨範家政，一切惟榮祿公命。惟某年有某房欲嗣昌或弟為後，公商之夫人，昌等旁侍，夫人謂諸兒撫育費幾許心血，幸得長大，忍使他去？況某房作事，不為子孫地，日後可知將子蒙不肖之名，吾尤不忍。平生順承君命，無違此舉，不能相從也。遂中止。前年，某房所嗣者偶患小疾，竟不療治，成瘵而卒。其他亦如夫人所云。益念為昌等計久遠，無所不至。錄述至此，呼痛何極！

咸豐間功令，凡捐貲若干準廣學額一名，若干準永廣學額一名。府君以昌兄弟皆隸新陽學統，先後所捐數，請永廣、新陽學額三名，有贏無絀。病中屢言之。洎府君歿，司其事者將府君所捐併入附郭三縣，不及於新陽。雖然，此事已矣，而府君之意不可忘。竊謂凡諸新陽春秋闈費等，後人力苟稍裕，均宜毋忘先志焉。

府君嘗諭曰：爾等讀史，當先觀遼、金、元三史。蓋見昌等輕於論古。此三史人名、地名未易釐析，須細心參閱，庶可上口，將來為史學，不至於粗浮。

昌學文甫完篇時，嘗作「授之以政」題，後二比套陶惇堂「使於四方」題，文頗無痕跡。府君見之，昏定時詢昌此作是否襲舊。因以陶稿呈，遂諭之曰：「觀此知爾有悟性，但初學偶然為之則可，習以為常，思路窒塞，永無進境。」

咸豐癸丑仲春，粵匪陷江寧，時吳中承平久，有力之家聞警，率遷徙。洎秋中，太倉、松江等處匪徒踵起，前此未遷之家，及是無不遷，已遷者更不敢歸矣。士業課徒者，遂無所於館。向來肄業書院，月有膏火，至是與課俱停。於是一二老輩議舉文會，俾不荒其業，可藉花紅小補。擬輪值課者，俊兄其一。府君聞之，令俊兄先值兩課以為倡，繼諭昌曰：「汝已入學，凡諸讀書人，義宜

與同緩急。力所能為為之，汝亦當值一課。」府君稔知寒士生計本艱，故為之
地者尤急，為子孫者烏可不自力於誦讀哉？府君嘗言四兒、九兒可望讀書，然
四兒以拔貢中式本省壬子科舉人，止十年而歿於亂離中，甫逾卅歲耳。若昌老
大無成，每念庭誥，芒刺在背。

　　　　府君遺事，昌所錄散置各書中，倘條輯編之，亦略得梗概，守之
為家法。

題曾伯祖及族兄安齋試藝合裝卷

　　此刻本制義二首，余曾伯祖葉淵先生縣試、院試作；後二首則公曾孫安齋
院試、省試作。安齋嘗數乾隆辛巳科先生入翰林，至道光辛丑科躡其後，就崑
山一縣言，此數十年間入翰林者別無人矣。然一則未授職卒，一則改官吏部，
出為四川道，經上官劾罷，似有異而同者。今理卿合兩世制義裝成長卷乞題，
余維制義家以前明成、弘〔註3〕、隆、萬時作者為大宗，而《明史・藝文志》
曾不箸錄，即近時府縣志廣輯箸撰，亦不列制義集名。然則先世所作若制義者，
幸而流轉一二，子孫宜何如愛護？況先人畢世所止此，進身所在又此乎！理卿
其寶藏此卷，以示將來，俾各朝夕諷誦，而紹清芬其可。光緒己丑春仲識於青
學齋。

書家容甫先生《與劍潭書》後

　　先生此書，歷敘嫠婦之劬瘁，擬創貞苦之堂，旁逮子女，俾免飢寒，經畫
井然，所謂法良意美者非歟？先生自述所學，本原六經，推合世用，此議其一
端。憶道光戊申、己酉年，三吳迭被水災，榮祿府君捐資助振，復念盤門一帶
為蘇城最荒僻處，是處嫠婦謀生尤艱，爰訪問嫠而極貧者，按月給以錢米，凡
若干戶，親戚各聞風相繼。甫四五年而府君歿，又四五年而蘇城陷，而家產蕩
然矣。嘗見彭二林氏《觀河集・雜憶》〔註4〕詩云：「千金唾手延陵子，洗馬汪
生又繼之。博得孤孀揩眼淚，晨炊過了理殘絲。」據注，二林氏為恤嫠會，曾
祖光祿公捐巨金云云。然則府君此舉，亦承先志也。吁！容甫先生箸之於文，
府君小試於一隅，而未竟厥緒。年運既往，兵燹中更懼前徽之無聞，讀斯文而
有感，爰識數語。後之人倘力能志先人之志乎？取法先生之書也可。

〔註3〕「弘」，底本作「宏」。
〔註4〕彭紹升《觀河集》卷二《雜憶十首》之八。（《清代詩文集彙編》第397冊，第
　　　781頁）。

兩印記

石印兩方：一所藏上二字府君姓名，旁鐫龍石二字，蓋楊龍石款；一秘笈上二字府君字也，旁題吳江楊澥，亦龍石刻姓名。白質為秋谷姊夫歸我，其青質者乃得自薛君。忘其名字。薛君以售骨董往來我家，於府君遺物類能識別之，故取此印，與秋谷先後見還，情誼尤可感也。嗟嗟！自經兵燹，府君所藏及所謂秘笈，子孫曾不能保守一二，而蕩為煙雲。即之兩印，辛賴至親友僅存。隨時展對，猶可想見當年焚香默坐，印紅泥而鈐卷帙時已。謹識數語，我子孫尚善保之，勿令再展轉他人手也。庚寅秋中，之昌謹識。

擬作木匣謹藏，異時刻於此匣四圍。

刻和字石印記

府君於咸豐乙卯二月三日棄養，夙患咯血，甲甲寅暮冬三日夜半驟發，當劇時，口鼻間血湧以出，喘息不得舒，日每一次，如是者凡三日稍間。某日午後，顧問昌等。平時昌等不許無事出塾門，時二姊在家待疾，以為仍稽察昌等勤惰，因曰：「甫飯訖，即到書房。如有話，可召之。」府君曰：「無庸，不過告伊等，嗣後益務和氣耳。」二姊隨含淚以告昌等。蓋府君一生謙慎，深惡當日年少囂薄之習，多所凌忽。每於昌等侍坐時，屢言某將來必至於親朋斷絕往還。觀於在家兄弟行，獨不聞其語笑，有時出門酬應，在人家亦獨自默坐，盛氣向人，真諺所謂討冷債者，尚其戒之。所以誨警昌等，尤慮居而家庭詬誶，出而得罪於鄉黨州里矣。追念遺訓，懍恐違失，擬刻玉以服佩，歷久未得。爰屬張誠甫先刻茲石，異時得玉，當乞名流篆勒留示，為府君後者共守之。光緒壬辰季冬某日記。

家塾芻言

讀書以通經為第一義。顧昔人謂幼童而守一藝，白首而後能言，通豈易易者？功令學官所通行經部計十三，一經且苦其難，奚論全經。吾謂審精要所在，以俟互相引申而已。經文博奧精深，歷年久遠，字句浸致闕訛，幸有傳注以攷證申明。且此十三經，前焉者咸經尼山手定，後焉者亦七十子後學者所記，而注之疏之者，自兩漢而屬有宋儒論者，譬諸轉譯，謂漢儒去古未遠，所學師師相傳，其說猶吳人解越言，即未盡吻合，違失亦止幾希。下此則不啻秦人聽越語，惘然懵然，恐十不得其一二，罕譬最切，夫非以遠近之別歟？就經注言，

《詩傳》撰自西漢毛公，較諸家最古。箋《詩傳》、注《三禮》者，鄭君發揮旁通，所謂灼熱如晦之見明，奄然如合符復析者。何劭《公羊注》、趙邠卿《孟子注》，以視鄭君義訓，不無純駁精粗之殊，而何則多識古禮，趙則多引古事，要不離乎實事求是。是十三經中，漢儒舊注存者幾居其半，即漢儒之說而精加研究，微言大義大概具斯。外此七經之義可推而知。注說之是非得失，不難瞭如於胸中矣。

許叔重撰《說文解字》，即字義以通經訓。蓋漢時重經術，守家法，不敢背不空作之旨，西漢人箸撰尤顯。然《韓詩外傳》、《春秋繁露》一則論事之得失而折衷於經文，一則約經之名義而曲暢其師說，同一經師家而箸書之體微別。劉更生以純儒而兼宗臣，《列女傳》、《新序》、《說苑》大都據經立說。揚子雲所學，昔人許其上繼孟氏。《法言》、《太玄》〔註5〕、《方言》，粹然儒者之言。陸賈《新語》、賈誼《新書》、《淮南書》、《鹽鐵論》各本其所得之高下，以筆之於書，間釋經義，則古經師所傳述也。遺聞佚事，則可與經傳證異同也。上推周秦諸子家，自管、晏而鄧析、荀子、呂覽、商君書、韓非子，旁及墨、老、莊、列，或在七十子前，或與七十子同時，或與聞其緒論，或別受夫師傳，發為文章，見淺見深，容有不同。兼以時會所趨，未能盡當乎道。要之所見者，秦火以前之書；所述者，古書紀載之事。即荒唐悠繆如《楚辭》，詞章家亦有取焉。若夫語有後人所竄入，書或後人所假託，在讀者明辨而慎取之。

讀經所以明理，讀史所以處事，有相須為用者。然正史部凡廿四，以云遍觀盡識，非負異稟烏能是。吾謂三古典章，至劉漢而一變，後來代有創更，不過就漢制而遞有沿革。歷時浸久，一似前無所承，其實追溯由來，孰非損益成規以應當務之急？熟悉漢事，則歷代之繼漢而起者，不啻一以貫之。故《史記》、《兩漢書》不可不熟悉於胸中。下此則一代盛衰之所繫，及當時大舉動，必洞究其原委，餘則觀其大略可已。統事之有待於吾者，為古所已見，可援古以推行；即古所未有，亦可比傅以相應。何致範茫無所措手足歟？

近世論文者，必曰以唐宋八大家為軌範。詢其故，曰：八家原本《史》、《漢》，得力在此，傳世亦在此。夫既當學學《史》、《漢》之八家，何不徑學八家所學之《史》、《漢》而取法乎上歟？吾謂初學文者，宜取《昌黎集》中所自謂文從字順之作數十首，授令誦習，以疏其氣。然後量其能否，試諸文字。

〔註5〕「玄」，底本作「元」。

可望有成者，專令熟讀《文選》，導以作文門徑，必蹤跡於馬《史》班《書》，以盡文章能事，則所見不雜俗下，下筆斷無不古雅之理。異時有所撰作，自然動合規矩，奚致搭架式、摹腔調、榜人門戶、自詡古文家哉？學詩亦然。總之教子弟者，務令其多讀，毋幸其速成，尤為要言不煩也。

包世臣《藝舟雙楫》：「《韓非》之奇宕，《呂覽》之平直，極天下能事，咸源本於《荀子》。蒯通、賈誼出於韓，晁、錯趙充國出於呂，劉子政合二子而變其體勢。」包氏多論文之作，可知其究心斯事，所言當信而有徵。近之號古文家，必奉唐宋八家為矩矱，間亦談馬、班以張大門面。吾謂賈傅值漢文朝，故文無不盡之言，言亦無不盡之意，崢嶸浩瀚，曲暢旁通。劉中壘仕元、成世，小人道長，不得不危行言孫，故文多委婉曲折，庶幾於君之一悟，俗之一改。兩家體勢雖不同，而實事求是，坐言無不可起行，所謂言各有當也。初學於賈傅、劉中壘所撰巨製短幅，玩繹誦習，異時下筆，當必斐然可觀。賈傅學有淵源，在司馬前，措詞尤見樸茂淵懿。中壘集西京大成，鴻文亦開班氏先聲。兩家文字，果能成誦在心，參以晁、趙諸公疏議，識見自能宏通，波瀾亦復壯闊。奚必搭砌架式，橫生枝節，自詡曰古文古文，以求別於八股之時文哉！凡作議論文字，宜法賈傅；其意有所在，而未可明言，宜宗中壘。雖洋洋灑灑，自能不觸不背，是兩家不獨宜於古，亦且宜於今。以之植其基，而以馬、班兩家變化之，不居然作家哉！

青學齋裕後錄卷下　新陽汪之昌

家塾瑣語

吾家自還歙吳後，至曾祖光祿公時為極盛，而光祿公益令後人務經業，故三伯祖中順天副榜，諸伯祖多入縣學，我祖榮祿公入府庠。憶道光庚戌秋暮，俊兄於舊筥中檢得一鄉試卷首，題「可與言」一章，次題「詩曰奏假無言」一節，三題「孔子曰唐虞禪」一節，詩題「雲水光中洗眼來」，二三場題忘之。榮祿府君見之泫然，曰：「此汝祖遺卷也。」蓋我祖歿時，府君纔踰十齡，而勤奮於學。昌幼時書塾中有窗課，亦卅餘鉅冊，亂後僅存百一，試帖詩則散見諸家選本。嗣以祖母潘夫人年高，罷試理家事，遂以讀書課昌等，延請名師，購求善本，而昌等未有以副先志。俊兄以拔貢生中式，一赴禮部試，經亂病歿。昌纔中副榜，至今年而祉兒甫以廩膳生中式。綜府君四子，入學者三，兩充貢，

一中式；八孫，入學者四，中式者一；曾孫現已有六，入學者家玉。維榮祿公支如昌之衰老及失學者不必言，如開祉正當乘時努力，如家玉於同輩中居長，亦當率先為諸弟倡，得尺得寸，常蒙先人餘慶者，庶幾無玷吾家法矣。

讀書莫要於從師。而近之延師者，率徇薦者之情面，無與於所薦者之品學。在薦者或姑言之，而聽者遂徑延之，無非以為師者招之即至，不啻隨在皆是，何妨逐一嘗試。學徒有小失，即歸咎於其師。學徒無近境，必歸咎於其師。於是所延之師，或月易，或歲更。師之學問文章，學徒未遑測識。學徒當激厲裁抑，師亦無所施其教。師弟之情，兩不相浹，所學亦必無一成。此又吾所屢見者。昔沈雨軒先生館吾家，榮祿府君及諸姑咸從受經，嗣徧課昌諸姊諸兄弟，逮俊兄所生子女亦嘗及門。聞先生一生未嘗就他館。即昌七歲入塾，章子貞先生教以識字。至年十八，吾師以老病甚辭歸，亦不止十年。歷時既久，關念出於不自知，設自課其子弟，當亦無踰於斯。故愚魯如昌尚不致見擯，通人據此互觀，可以識延師之宜鄭重矣。

所讀書目，略見《芻言》中。然書不可不讀，容有不能讀者，或資稟駑下，所謂不通虛字；或境值極貧，書末由具；皆事之不必無，亦勢之所無如何，則宜學書若畫若醫若幕等。取其與讀書尚不甚遠，精其一亦足以餬口。至市儈所為，亦未必盡有千萬之利，而已玷我先人矣。

近來延師者，每不欲師之多挈學徒，無非慮心力之分。吾謂一師而集課十餘學徒，幾無異於村塾。萬一佻達者流闌與其中，貽害尤何可勝言。然家中設止一二童蒙，當入塾伊始，何一不俟啟發，在師未嘗不思廣為開導，或苦無從下手處。不如一二同塾學子，時時互相講說，即一知半解，亦可積漸增加。為師者從而是正之，受益有在於不知不覺者。此吾所身歷目擊者，爰書以告有心教子弟者焉。

某家設有兩書房，其一考試者踵接而甚利，一則罕見有考試者。因探訪平日之舉動，其利於考試者，一有兒童當入塾，即為擇師而教訓，而長者仍自隨時伺督，無少間斷。一則俟家中兒童多至一二，始延一師教之，且既入塾，其父母即不過問，一切付諸師責。諸師同一書房而判然。余嘗舉以語吉甫姪曰：「書房最為讀書者之末跡。觀於此，則吾家塾雖陋，正當勉力支持，遞相傳語，俾勿中輟也。黃魯直言『士大夫家不可令讀書種子斷絕，有才氣者出，便名世矣』。」書房乃讀書所見端，特坿此於《瑣語》後。

崑山建試館約

我六世祖朝議公當康熙、雍正間，道出崑山，見文廟傾圮，獨自捐資修理。時督學使者廷璐給匾旌示，即禮和堂中陽煦山立匾。具疏請入崑山籍。曾伯祖葉淵公爰以崑山籍入翰林，故葉淵公支各房考試，隸崑山者居多。其諸各房本居郡城以就試，崑山路止七十里而近，而買舟焉，賃廡焉，微嫌瑣屑，不如就坿郭之三縣較便，應試崑山者寖希。榮祿府君慮日久而忘祖先所經營，當我俊民伯兄應縣試時，重申舊案，箸籍崑山分縣之新陽，伯兄以新陽廩生充道光己酉科拔貢，咸豐壬子科中式舉人。陶民兄與我皆新陽增生，我以增生充同治丁卯科副貢。伯兄之子祺若禔、曙民弟之子禧先後入新陽學。祉兒，新陽廩生。伯兄之孫家玉亦新陽坿生。我曾祖支下各房，率援之就試，為新陽生員者若干人。然坿郭三縣每屆取進之額，長洲、元和兩學不止倍於新陽，吳縣學則兩倍於新陽，以應試人數計，不定有一倍兩倍之多，而買舟、賃廡等費，在本郡應試者可省，況我族經粵匪之難，足以自給者鮮，則向隸崑山、新陽兩縣籍者，安知不更就試於坿郭之三縣？而我朝議公之義舉，榮祿府君之善繼善述，恐仍未免於無可稽思。於崑山城中擇新陽縣署鄰近之地，置屋一所，俾應試者舍館於斯，庶費可稍省。惟我行年已逾五十，自揣力終難能，姑為此約七條，以俟我後之人。

一、此試館屋極少，亦須三進，每進約三間，中堂供奉榮祿府君神位，以我族之就新陽縣試肇始府君。兩旁屋即備應試者止宿。余屋召租，以租金備常年修理等項，庶可經久。

一、住試館者至崑日，或已抵暮，或部署行李未定，宜於翌日黎明，於神位前設供展拜，香爐殽品由我處預備，約一千文左右，無取華靡，畢即付祭者。考試者平日食用，一切均由自備。

一、榮祿府君支下寓試館者，概不取值，外此則量楊，按時值收租，以貼修理牆屋、購置器用等項。

一、每屋須容三榻，榻用板，不用粽墊，則耐久。方桌一，長桌一，板杌四，試畢扃置屋中，庶不移用散失。

一、照以上所開，此試館約須製造錢壹千串，一切布置妥貼，當另撥田二十畝為試館經費，則屋雖無人承租，而常年修理不患費無所出。倘經理得宜，此二十畝所入及屋租得有贏餘，薄記另置一處，不得移借他用。俟積至一千餘串之數，續於郡城試院近處亦置試館一所，其規悉照崑山試館。兩處試館告成，

所籌經費或可不用，或用之尚有所餘，仍勿他用，積久總核，以其半量貼應試者，如餘一百千，則用五十千，仍留五十千，以備下屆貼費。斷不可罄盡於一二次，以至後無可繼，要需酌定經久不匱之方。

一、此試館錢項出入，永遠由辦捐之房經營，他房無論尊長，概不得與聞。此舉果成，加以斟酌有方，足慰祖先期望栽培之意，洵無媿賢子孫已。

一、近聞某家其先世遺田十八畝，約勿得用。迨今止五六十年，近以千金助振，得樂善好施匾，旋以備建莊，即此十八畝所積。然則有志何事不可成，要在能積而勿散，不論資產多少也。

遺訓

余雖未居傳家之年，而身近多病，心境惡劣，言所未悉，信筆書之，亦便觀省。

持家以量入為出為第一義。每見有竭力結交富貴者，度其意，不過為有事乞求耳。殊不知真情關切者，斷不計校及此。否則何必以目前有用之資，作異時未來之想乎？特親戚間來往不可廢，不得以現在無事視若無有，故近在鄉里者，慶弔斷不可缺；遠客異地者，空信亦當時通。

天下事不外情理。然家庭之間，不宜堅據一理，執理相爭，各不相下，適多口舌，既失治家之體，亦非隆盛之象。勿以善小而不為，勿以惡小而為之，此蜀漢先帝戒後主語也。帝王且然，何況平民！且積善餘慶，聖經明文。昔先公力行義舉，嘗就所知錄有數條，異時當集大略，示我後人。每謂此時飽食煖衣，罔非先人餘慶所被。凡遇人緩急，量力所任，宜力行之，非敢望後報，庶幾體先志也。

遊戲種種，暫時遣興，無大不可，究竟有何趣味。俯仰之間，已有另一番景象。近來勾引人子弟者甚多，是在遠之而已。

人有過失，即確知之，亦不必告人。大廷廣眾，尤宜謹慎。設如酒邊茶話，有人稱說，不宜隨聲附和。蓋本人即不在場，安知無轉告之者每有逞一時之口說，致日後成莫追之悔者？吾見多矣。吾之日記，切不可出以示人，以中多論列他人事蹟。本意欲後人見而勸誡。設為他人所見，轉為爾身累矣。如有問及者，告以焚毀也。

吾別無所有，唯書數櫥。果能略通大義，以之考試，綽乎有餘。即身坐命蹇，流傳子孫，必有讀此以起家者，若汪容甫、顧千里兩先生之後人可證。況

賣文末路，不差勝於駔儈門客乎！若以為此是饑不可食、寒不可衣之物，盡行售賣，亦止值錢數百千而已，何濟於事？吾自此無望已矣。

即為貧士，斷不可向人便訴困苦。知己豈易逢？設遇輕薄者，徒受揶揄，何徵於事，適自喪其品而已。

吾所作文，惟解經考史諸篇，間有數首，自以為足補前人所未及者。如力能繡刻，必將吾作《長女傳略》刻入。吾悲其遇，亦欲閱吾作者知其概也。

吾尤耿耿於心者，汝祖生平義行，嘗輯錄數條，事實未備，不知散置何書中。

當隨時留心檢尋，異時倘有力，務必請祀鄉賢。祖尤重科第，如得翰詹各官立請封贈，即汝未能，可告後人無忘。

讀書識錄自敘

府君收藏碑帖書籍，著有《雲煙過眼錄》，而昌幼年嗜碑帖，於書籍絕不留意。庚申經寇難，甲子冬旋歸，舊藏蕩焉無存。碑帖之舊拓者不可見，即見亦非力所能有。書籍則舊本新刻，絡繹耳目，得尚非難，所嗜遂移於斯，輾轉披覽，每書頗得作者意旨，時有所論列，擇其稍成篇段者若干，輯為一卷。其專論單篇，或訂正舛訛者不與，以《讀書識錄》署之，或可驗異時所見之同異進退，竊坿於昔人，以碑帖題跋名書焉。

甲子至戊寅所得書目敘

先榮祿公耽嗜翰墨，凡古籍及金石文字精善者，鉅貲購之，以賞鑒收藏著郡中。每當夏日，坐蘸綠山房，展所藏書。其有經名人是正，用五色筆錄副別本消遣。炎伏棄養後不數年，值庚申之變，逮甲子旋里，敝廬幸在，片紙隻字無存。回思曩昔有可讀之書，有讀書之時，蹉跎坐失，迄茲度日猶苦不給，買書更何措貲。乃肄業兩書院，頗列優等，以所獲之一二，稍稍掇拾從殘。辛未歲，長官檄襄書局，每一書成，與校者例給一冊，且月有薪水，爰擇性所近、價之廉者，隨所見陸續購若干部，親朋贈遺者若干部，計自甲子至戊寅十五年，共若干部，備列其目。繼今所得，當按年分編，俾覽者念彙集之匪易，幸俯仰之優閒，慎勿高束閣中，甚且質錢覆瓿，虛擲景光，徒滋後悔也。戊寅祀灶日序。

重編書目記

余於戊寅冬日，匯所有書為《青學齋書目》一冊，略敘由來，以見得之不易，迄今十餘年矣。續得者若干書，其為江蘇書局刻本，則仍成書分派之例。惟《古逸叢書》雖局書而非局刻，兩部均以資購。《續經解》七種，非局所利而有之者，王益吾祭酒以曾與校讎，依局例相酬。其贈自親友，則鄭庵尚書多。尚書自癸未夏迄乙酉春里居，見余癖嗜長編短帙，月每有貽。臨行，手取《左傳補注》及《地名攷》、《論語孔注辨偽》見惠。到京後，封寄至今不絕。其他概由買得，顧家用日絀，而此事不致中輟者，幸賴求志書院、辨志文會花紅。當盛暑嚴寒，一燈如豆，蚊蝱嚙膚而扇無暇揮，皸瘃慘血而筆未嘗停，強為忍受，亦惟是取償於書耳。統計前後所得，大幮凡六，小匵凡十九，另儲墨拓者一。夫書以有益學問為第一義。昔人論學有三：經學最古亦最尊，經濟之學最有用，詞章之學以進身。吾謂三者分之各自專門，通之何嘗不相貫？若夫疇人醫學，誠貴專家。近時當務籌海，其要亦具一二，可識門徑。是區區者初無精鈔祕本，不足以言藏書。然徧觀而擷其精，引申觸類，何嘗不可以增長見識歟？嗟乎！積年月之久，耐勞苦之境，而僅有此，鬻之未必敷十日糧。果能盡心致力於中，得時固用之不能盡，即命運攸限如余，藉以博微稊及獎銀，不獨餬口在此，自較論價值、勤擔負為佚矣。暇日重編其目，有此書者尚勿不擇人而輕借，庶不致聚之不易者終歸於無何有乎？觀此記者，當亦慨然已。

錄《澹生堂藏書約》書以示後

府君博涉好古，搜羅金石書畫，版本多且精，撰《雲煙過眼錄》二冊，一冊專記石刻舊拓，一冊記前人名跡，皆世間罕覯者。道光庚戌，得故家所藏宋、元、明名人尺牘兩鉅冊，撰跋語數千言，並就冊中人徧攷其里居事蹟，見於記載者箸錄焉，此已在昌略有知識時。猶憶昌甫垂髫，每踰二三年，當盛夏伏日，羅列卷軸廣庭中，惜未知識別，而精鈔祕本今猶約略形式於目中架上。《史》、《漢》兩書經府君手勘凡三次。道光丙午夏日，嘗以五色筆校《南北史》一過。咸豐壬子春夏間，又校《國志》一過。時家事紛煩，已鮮涉筆。洎癸丑春，而金陵陷賊，土匪又螽起淞泖間，府君蒿目世變。乙卯春棄養，庚甲郡城不守。同治甲子冬日，城始復，乃克旋里。老屋無恙，而片紙無存。嗣是家居窘迫，兼以兵燹之餘，書籍散佚，完本尤貴。夙好所在，安有餘力及之？繼肄業紫陽、正誼兩書院，頗得膏火花紅。除饘粥外，間購小部書。己巳夏初，大府檄辦保

甲。庚午冬，檄赴書局，月右薪水銀。且一書成，校者例得一部。益以陸續增置，親朋惠贈，迄今架儲之者二，櫥儲之者凡六，櫃儲之者凡二十，內墨刻二櫃。三十年來，羅致止此，不及舊有之萬一，亦無一佳本。然以供瀏覽，綽有餘裕。近閱《澹生堂藏書約》，首篇《月益歲益之約》，非所敢希。其引黃魯直語：「士大夫家不可令讀書種子斷絕，有才氣者出，便名世矣。」旨哉言乎！府君曩日之廣為購備，意亦在斯。奈何全付劫灰，曾不能保守一二，念及之，幾無可容。昌之區區，曾何足云？惟願見昌之書者，知有此之匪易，尚以善讀者為仰承云爾。閱藏書約，有感於心，另錄一冊備觀覽。錄竟，書數語以告後之人。

府君所藏書，有《映秋盧叢書》，計十六函，式似《知不足齋叢書》，鈔本絕工。但記中有《糖霜譜》及小兒所唱歌詞各一種，餘則忘之，並未識為何人所輯。近每舉以問藏書家，俱云不知，亦未見過。就鈔本言，若《鴻慶居士集》、《秋澗集》、《牧庵文集》，咸係精鈔。紀明季事者約十餘種。至刻本為書刊，並不能舉其名矣。

名人批校本，若何義門、張匠門、惠定宇、王鐵夫，經史部居多。即小種書，亦有經名人手勘者。有一磁青面書，約十餘頁，論作字法、結銜題王澍，字跡瘦勁停勻，似即出澍寫。

書《孔子集語》後

昌入塾已七歲，是年畢《論語》，蓋世人教兒童所識方字及《千字文》等書半，經二姊、六姊指授而習熟之矣。太夫人以家事煩，以昌付二姊、六姊。曙弟則付三姊、五姊相護視。洎入塾，章子貞先生略檢《爾雅》中罕見字教之，旋授讀《論語》。晚自塾出，坐太夫人旁，聽說古事，若公冶長識鳥語；南山有個虎馱羊；閔子騫母在，一子寒，母去三子單；蟻穿九曲珠為採桑婦告夫子；皆聞諸當時者。時甫讀《論語》，竊以諸事未載於所讀書為疑。稍長，流覽他書，往往散見此書，詳錄聖人言動，並及諸弟子每當展卷恍惚，侍聆慈訓也。太夫人所常舉示者，讀書人當自守如處女，古語倚市門不如刺繡，終身須知此義。所以勖昌等不獨在博覽，尤在於敦品矣。每見為父母者，平居閑暇，輒舉他家子弟之不肖，以為談笑傳聞影響之事，坿會鑿鑿。在彼不過快一時之口說，間或寓私心之恩怨，而聞者習於耳而循其跡，悖戾無人狀，甚且過於所聞，其心殆謂某某固嘗為之，奚足怪？然則彼所云云，在人本莫須有，其子孫未有不信受奉行，

旁觀不已於慨歎，詎知平時早有以誘導之歟？若是者，吾見多矣。於以知太夫
人之所以教子孫，子孫之幸蒙餘慶，固自有在。就瑣事以書此書後，示後人毋
忘太夫人家法云。

跋陳行可師手書《陰陟文》《龍興寺碑》

右《陰陟文》、《龍興寺碑》各一通，我師陳行可先生手跡。先生吳中耆碩，
尤以書名。道光戊申年館吾家，迨昌受業，則庚戌年夏中。故先生手跡，吾家
所得頗多，亦盡於粵匪之難。咸豐庚辛間，避寇鄉居，先生令嗣季猷茂才嘗以
先生書《陰騭文》質餘錢三千文去，旋又以先生書《千字文》索番銀五餅去。
越明年，祺、禔兩姪自徽到滬，因以所有兩帖，付令臨模，而先生手跡仍不可
見。光緒壬辰初夏，開大來之朱君某攜此兩帖示余，當告以我師遺墨非可價論，
償以兩番餅。朱出自意外，忻然而去。余受業先生最晚，其諸及門甚眾，或入
館閣，或以書教授，而購者不惜鉅金。乃先生以明經老，恥於文墨，較錐刀，
世人每謂索高價者必善書，不知彼固由先生指授來也。然則與聞先生之教誨，
果能專心致志，舉世何嘗不推重歟？爰識得兩帖之歲月，牽連及之，亦以告見
是帖者尚其善藏而知所取法也。

書孫徵君《理學宗傳》後

光緒庚寅冬初，大理卿楊公試吾郡，祉兒俟獎賞訖歸，奉呈是書，曰學使
所授也。憶段懋堂大令集有《尹侍郎賜小學跋》，檢閱其文，蓋侍郎督學江蘇，
大令年十三應試入泮得之。洎作跋，則年已七十有五矣。後經六十餘年，大令
歷述往事，追念師訓，其詞若深恐負愧者。大令箸述，家絃戶誦迄今。生平流
覽博涉世聞珍笈秘本，當復何限，而自言遊宦京都，若黔若蜀，夢寐侍郎賜書
不置，歸里後得之架上，遂為此跋。有云：「幸吾師之編尚存，吾父之題字如
新。」當日封翁曾加題識。《說文解字》第十五卷注述封翁安貧力學，教授里
塾。是不獨大令學識不可及，其封翁行誼亦不可及。而大理之以此書授祉兒，
意在期勉，則無異尹侍郎於段大令矣。朱研生京兆，云嘗見大理，頗稱道之。
然則授以孫徵君《理學宗傳》，殆示以自來理學純儒，各有事實，不在高談性
命。書中備錄嘉言懿行，正後學之宗傳，斯即徵君施行於鄉里，成效亦復焯然。
大理以是書寓敦勉，尤胡可忘？爰書卷末以勖之。

記貓

六姊自都中寄余北地獅貓二，其毛毿毿。然家中舊畜，貓見之皆走避伏匿。徐聞其聲，知與同類，遂稍集，獅貓則毛舉作勢，一似不可犯狀。某日，適飼貓，獅貓食群貓食器中，常貓見奪其食，恐終無所得食也，旁伺與爭，獅貓亦無他技，後竟相狎。家中徹餘之饌，置食之閣，舊畜貓所慣悉，獅貓乃隨之分竊其中云。

說貓

長女家有黃背白腹貓，其姑胡淑人舊畜也。畜之多年，故家人以老黃呼之。淑人歿，女命嫗婢時其飲食，亦與他貓等。上年壻畜鳥，悉家中貓棄之。女以老黃雖常貓，亦手譯所及，俛詞留之。今年六月初，女病，是貓夜臥房中扇匣上，家人見者方以為異。蓋平時是貓偶到房中，亦即出耳。洎十六夜，女病亟，貓又至，家人恐其鳴聒，驅去。女既斂棺，旁設有苫凷，貓即寢息於斯。每日除一飯外，不他往。八月四日遣奠後，家人移女座於別室，是貓又隨之往焉。異矣！謂是貓為有知，其形固未離乎四足修尾也；以為無知歟，此兩月中之舉動，似非蠢然者所為。家人輩自留餘來者輒述之，爰泚筆識此。

北平楊梅竹斜街

江蘇文奎齋承刻

李安浦遺著

李安浦遺著

陸

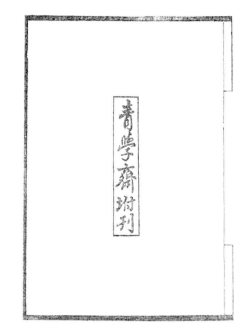

目次

白燕

電線

電鐙

亥既珠

擬庾子山園庭詩

擬元微之《連昌宮詞》

擬陸劍南《十八學士圖》

擬任彥昇《為蕭揚州薦士表》

擬舍人風骨篇

擬元次山惡圓

擬元次山惡曲

賣花聲

望江南

跋

敘

　　昔李巨來有言：凡拾人遺編斷句而代為存之者，比葬暴露之白骨、哺路棄之嬰兒，功德更大。此語絕沉痛。顧俠君選《元百家詩》成，夢有古衣冠者數百人相率踵門謝。此事似奇誕，而實情理之常。余編校年丈汪振民先生《青學齋集》竟，鶴舲同年又以李安浦孝廉遺箸屬為審定並敘。蓋先生擬刊未果，鶴舲欲完其志，特向安浦之弟銘吉索全稿，由其戚孫君為之選錄者。余與安浦同里閈，曾偶焉過從，夙稔其為人和易，惟酒德弗自克，為文則不假思索，下筆如泉湧。集中諸作，大率學力不甚充，而天才頗俊逸。使享年稍永，造詣何遽止斯？尤憶光緒癸未秋，探桂鄧尉，余舍外舅許氏靈蘭館。越一日，鶴巢先生門弟子徐子丹偕何枋臣泊安浦至，妻叔受之。先生素好客，乃相邀為十日飲。余與安浦蹤跡，此時最接近。今閱是集，為之黯然。謹將《七歌》中轉韻處而首句不用韻者改易一二，俾付剞劂。在鶴舲祇補償先人之夙願，非自鳴其功德。安浦冥冥中，其有知而將拜謝耶？抑無知耶？吁！孰從而測之？歲次己巳孟冬，愚弟胡玉縉敘，時年七十有一。

憶李安浦丁亥　新陽汪之昌

臨行珍重屬匆匆，時甫喪長女，君每相慰藉。檢點殘書半晌中。是日君作院課甫竟，相見時，正安置架上書也。隔歲此時別君候，粉牆尺許夕陽紅。君是晚詣外家小住，遂永訣矣。

絕世才華一第休，遺文諄屬弟雕鎪。君臨沒時，招仲弟至前，屬將生平所作刊刻，而君家迥異往時，故迄今未遑。有誰容貸錢三萬，次第刊成志倘酬。君於余初不相識，自同居後，情誼殷勤，與祉兒尤契。倘得錢三十千，即可相為料理。作此絕句，以當息壤盟詞。

李安浦孝廉行略　新陽汪之昌

光緒癸未冬仲，李積卿封翁來賃宅。既諧繕契，有指執筆者謂余曰：「是乃孝廉，名福字安浦之李君也。」君以元和學生，己卯舉於鄉，我師章鐵珊先生官上海教諭時妻以子，余故夙念之，而未見其人。洎封翁攜家來，詢悉生三子四女，君最長。封翁曩在上海某銀行，延之經理家，稍裕回蘇，閒居久，兼以家累，一切咸望諸君。君所娶章氏，歿已經時，猶未續娶，以斯上侍父母，襄佐教育諸弟妹，類以所得書院花紅膏火銀承其乏，雍雍如也。君舉孝廉，甫弱冠，舉業家欽慕而暱就與交。人之材質、學業高下深淺不同，悉處以平等。即如祉兒，時初學文，君頗相契，輒為講解不倦，沾丐良多。紫陽院課率與偕。其弟銘吉負笈，攜燈共往還。歲乙酉，值鄉試肄業紫陽者眾，甄別卷至三四千。君作三藝，均高等。其他月課，尤習以為常。正誼書院課詩賦亦然。君來余家，見架上多說經書，遂兼試經解。自言未之習，而閱者亦置諸高列。久與之居，初不見其誦讀研究，乃知通材無所不能。合觀之倫常間，如君者，洵未易覯矣。嘗有以屋質封翁錢者，既又他售，聞者咸不平，謂曲本在彼，君乃孝廉，訟無不勝理。君第集中保論處，以視恃勢暴鄉里者懸殊。或謂君居恒謙謹善下，酒後率不自檢束。余不勝杯勺，罕與人會飲，惟丙戌春初，餞君北行會試，舉杯相勸，君指所佩鐶曰：「以此自戒有年矣。」是科仍薦而未售。到家四月晦也。君於客春，續娶孫氏。封翁夫人望孫甚切，至是有身。以樓居苦熱，不相宜，令君伉儷僑居外祖家。值正誼課，俟君寫作竟，將行，余見於塾中，料檢書籍。余時有長女之戚，君告以晚將出宿，並諄諄以珍重相勸慰。而去不數日，知君以抱恙歸。六月晦，猶招祉兒至臥房談文，方謂已小愈。洎七月朔，聞君竟夕囈語。翌晨，余盥漱甫竟，陡聞君聲息厲甚。蓋余居與君舍前後纔隔一牆。余

謂家人輩，酷熱如斯，病勢乃爾，宜告李家防驟閉。言未竟，聞哭聲，則君長逝矣。

君儀觀偉特，辭氣和藹，箸經說詩賦雜文若干篇、制藝百數十篇、悼亡詩百首，皆篋藏。銘吉告余：「兄舌已木彊，手招使前，似言刻者再。」余謂君以絕人之姿，鬢歲領薦，年止廿五。留於世者，區區文字，宜其不能忘情。而其家以為非所急，力亦未暇。其友星散身後，即有不赴弔者衰老如余，未識能否佐君弟輩料理斯事也。庚寅暮春，封翁盡室之上海理舊業。君之舉人區留余家，仍高懸以識遺跡云。

　　　　余與君非舊交，爰摭同居後所見聞為此篇，聊存大略而已。自記。

李安浦遺箸　　元和李福

吳宮辭

夫差儼然號霸圖，檇李一戰計何麤。莽莽羣雄今已矣，祇餘麋鹿走姑蘇。憶昔新承恩澤時，綺羅宮裏媚西施。眉彎曉黛吳山色，脂澤春流香水池。捧心顰蹙態盈盈，倦戀君王尚有情。姜自報恩人報怨，心頭恩怨不分明。一聲鼙鼓動地來，江南寥落良可哀。河山收拾成殘局，金碧樓臺付劫灰。五湖載美說無稽，蓮花生弗染淤泥。離亂不知埋玉處，香魂歸去浣紗谿。吳宮花草歸烏有，獨有芳名常不朽。在天願作織女星，此身終古依牛斗。屬鏤含冤似覆盆，伍潮怒吸長鯨吞。夕陽零落鱓諸里，秋風淒涼齊女門。採香涇畔無人賞，消夏灣頭鮮客往。獨留古寺藏深山，晨鐘暮鼓有遺響。放懷長嘯凌清風，喚渡來遨弔古宮。祇見嵌空一拳石，澄波照影劍池中。古今無恙惟山水，英雄兒女皆長已。牧童樵父相往來，不話吳王話西子。

鸞篦湖觀魚

波瀰瀰，石嶢嶢，橫塘十里清且寥。釣臺一去空千古，賸有平波百尺高。但見漁父自來去，掉舟垂釣青谿梢。浮家泛宅飄然去，得錢買醉樂陶陶。君不見鑒湖之曲波空綠，石湖之濱草已凋。又不見西子湖邊名勝處，春風楊柳似六朝。是湖獨擅吳江勝，水光山色畫難描。我來正值風景好，依依碧陰罨畫橋。中流蕩雙槳，滾滾來春潮。棹歌一聲發，有客吹洞簫。擬向煙波結釣侶，興來

置酒常相邀。有時靜觀偶自得，勝如蒙叟遊梁濠。

真一酒歌

人生至樂維醉鄉，黍油麥秀春風香。年年釀作甕頭春，一味芬芳殊可人。昔者東坡遊宦久，殷勤地主情殊厚。不知有黃封，貽我以紅友。蟻釀雖云佳，不如真一酒。坡公道此有真味，宛引清泉滌腸胃。但得日給酒三升，繁華何必千錢費。我今未問和羹事，攜錢入市常買醉。讀公詩，師公意。摘稻花，拾麥穗。汲得新泉清且淪，玉缸春色不染塵。吁嗟公去幾千秋，英靈髣髴猶在不。幸有我公詩百篇，雒誦三終喜欲顛。隆冬恰逢新釀熟，還引巨觥酹坡仙。

龍華會歌

四月八日佛子生，齋臺供養飯青精。誰道涅槃身不壞，佛心不及水心清。有緣來赴龍華會，一卷多心喧梵貝。貪嗔癡愛想非非，只因未守三皈戒。晨鐘暮鼓當生涯，削髮何人心出家。我佛慈悲冷眼看，金剛慧劍斬魔邪。苦心且向蒲團坐，色空色參真果。紅塵飛不到祇園，雪白蓮花擎一朵。我有前生香火因，陶然學佛見天真。六根清淨都無垢，勝作龍華會上人。

石湖棹歌

十頃波光蕩碧空，不須花草豔吳宮。湖心一望渾無際，多少樓臺煙雨中。

雨洗山光晚更濃，嶺頭雲樹護重重。夕陽時候拏舟去，慣聽楞伽寺裏鐘。

楊柳依依拂釣磯，春光三月鱖魚肥。農家也向湖邊住，臨水雙局白板扉。

果然佳境儷蓬壺，明月清風價本無。千古江山吳越最，欲將是處比西湖。

到此詩情分外佳，水天一碧淨於揩。當年簫管人何處，賸有池塘兩部蛙。

似縠波紋不染塵，一湖煙水渺無垠。憑君消受清涼福，桐帽棕鞵自在身。

胥口東流彎復彎，越來溪畔水潺潺。當年曾說鴟夷子，一去浮家遂不還。

自在中流泛畫橈，桃花水逐藕華潮。二分明月天然好，錯道揚州廿四橋。

杜若洲邊宿雨過，盈盈春水白於鵝。一聲吹送鄰舟篴，楊柳風輕幾處歌。

白洋灣畔水雲蒸，雨後湖光澈底澄。惟有雙螯風味好，綠波深處蕩魚罾。

一角湖山直到今，天然結構有溪林。維舟欲向垂楊下，好島枝頭為勸斟。

雲影天光自不凡，歸舟已是日西銜。吳娃打槳船如馬，不羨西風十幅帆。

悼亡百絕錄　二十四首

嗟君生長冷官衙，舉止由來出大家。伴我宵深頻屬草，間將甲乙卜鐙花。

可憐生死只幾希，驀地靈魂何處飛。彈指因緣真太促，下棺還是嫁時衣。

坐對靈幃淚暗吞，夜深風雨與招魂。嗟君拋卻重慈去，留我殘生替報恩。

一墮紅塵多少愁，可憐身世似蜉蝣。而今悟徹黃樑夢，兩字功名付水流。

我生塵夢不曾醒，顧影蕭條兩鬢青。此恨只應泉下共，滿腔孤憤說誰聽。

中秋明月正團圞，一到重陽風雨寒。天亦巧如人意思，悲歡離合總無端。

曇花一霎現紅塵，四載匆匆了此因。屈指死期心更痛，逢君終七我生辰。

人間泉下兩依依，閒坐悲君淚欲飛。任使他年叨寵贈，何如依舊泣牛衣。

杳渺泉宮何處尋，豈期莫賦白頭吟。親朋只有寒暄語，那識春蠶未死心。

終日愁眉鎖不開，傷心那禁首頻回。卻看窗外芭蕉雨，和淚霏霏卷下來。

靜中參徹上乘禪，寂坐蒲團萬慮捐。仰首天空心頓悟，須知明月不常圓。

幾輩孫山命不猶，三年辛苦枉埋頭。出門怕見愁人面，我視愁人愁更愁。

心情渺渺苦愁餘，魂夢猜疑總是虛。可有鴻都仙客到，黃泉替寄一封書。

來歲闈期又試春，公車僕僕枉勞辛。只愁下第歸來日，欲少閨中慰藉人。

朋輩相邀上酒樓，商量何計可澆愁。我悲生死人悲命，對泣居然似楚囚。

欲求同死且遲遲，一點心情君自知。自顧生前多未了，我家二老汝重慈。

夜雨淒清坐小樓，光陰容易又深秋。梧桐葉老黃花瘦，漸送青年到白頭。

夜窗寂坐靜於僧，從此塵心冷欲冰。一點熒熒燐火碧，淒涼伴我讀書燈。

勸君珍重位瑤京，莫念煢煢未了生。有我代完身後事，糟糠應不負前盟。

悶坐無聊淚暗彈，僵蠶就死到春殘。老天自古稱離恨，縱有媧皇欲補難。

自別音容已數旬，猜疑惝恍夢耶真。從君鬼錄題名字，賸作登科記上人。

風鑒途逢海上遊，道余今歲命當休。君曾戲語身相代，豈料君亡我獨留。

又是春明試事逢，天涯遊子促萍蹤。寒衣依舊砧聲斷，煞費慈親密密縫。

聊將濁酒破愁懷，塊壘澆胸計最佳。願作劉伶狂達想，不須死葬便生埋。

此悼元配章夫人作也。夫人先姊丈三年卒，越歲，續娶余姊，僅一年有四月而姊丈卒。今者姊卒亦二十年矣。附識於此，為之泫然。孫雷。

金桃

神仙豈獨讓瑤池，試探東瀛景物奇。蟠實登將王子記，鸚偷寫入杜陵詩。彈丸欲墮深深色，玉葉相扶灼灼姿。為問種桃人在否，丹爐火候九成時。

玉桃

西母筵中食品精，玉桃立可致長生。盈盈珠顆隨風墮，片片琉璃似月明。冰盞盛來疑孕璞，銀刀剖去宛飛瓊。只因分向崑崙種，領得瑤池氣味清。

冰桃

當年漢帝駐仙鄉，西母殷勤為勸觴。雲外芬芳含玉液，雨中醞釀溢瓊漿。沁來牙齒清於雪，黏著肌膚冷似霜。春色九重天子醉，冰盤盛出請君嘗。

木桃

蟠根久已託雲霄，瓜李儔中品獨超。月令當春添景色，風詩賦物有歌謠。甘芳滋味垂珠顆，投贈情文裹錦綃。多謝故人頻睨我，素心且待報瓊瑤。

瓶笙

閒坐蕭齋萬籟清，分來活火且茶烹。甘回午榻盧全椀，聲沸丁簾子晉笙。一曲松風宮亦徵，半甌荷露雨兼晴。居然俗耳針砭具，不比尋常瓦釜鳴。

茶磨

石門山石最玲瓏，琢磨研茶樣更工。玉乳流時和小雨，繡腸沁處挹清風。品來真味龍涎上，送到新香蟹眼中。有客茗談情款洽，也須七椀學盧全。

爐篆

繚繞空中作篆文，爐香縹緲欲凌雲。金蜺幻處摹奇格，寶鴨溫時散異芬。朗照窗櫺紋卍字，低垂簾押暖三分。籀斯大小渾難辨，但覺芝蘭滿室薰。

白鷗

浴波來往此閒鷗，梟鷺相隨未許儔。一領羽衣能傲雪，半江煙水不禁秋。連房墜粉都黏翅，蘆絮飛花恰打豆。前度舍人稱碧海，蓉城小住自風流。

白燕

一角斜陽白板扉，玳梁舊蘿醒還非。梨花和月巢居穩，柳絮禁風翅力微。漢殿長懷斂碧玉，謝家久別巷烏衣。陋他粉蝶尋香醉，未許簾前逐隊飛。

電線

居然絕跡等飛仙，那計程途有萬千。鐵鎖幾重沈大海，游絲終古繫長天。襯將月影明還暗，鑱入雲痕斷復連。怪底結繩參古法，良工端不滯言詮。

電鐙

如何大地偏晶球，不夜城中快一遊。萬戶星隨鐙共明，九霄月擬斧重修。銀花朗射環三面，玉鏡高懸豁兩眸。豈是元宵逢勝節，燦然金碧敞重樓。

亥既珠　限朱韻七言十二韻

奇珍亥既名須記，治水功成特獻珠。河伯降臨開燕會，夏家受命啟鴻圖。絲穿九曲輝盈座，樂奏三終韻滿湖。照乘還疑分乙火，招涼豈藉佩壬符。牟尼串紐清雯朗，廣莫風吹籟響無。驪頷探來塵不染，蚌胎結就價全輸。雪花灑地看呈瑞，星斗衝天好鬥腴。折處波紋環丙穴，藏時浪影媚丁沽。盛將鮫泣千金值，聽到龍吟萬壑趨。律辨五音調角羽，光騰徑寸奪珊瑚。熒煌甲紐潮中湧，璀璨辛盤席上鋪。畢竟元圭承帝錫，庚辰並力效馳驅。

擬庚子山園庭詩　次原韻

棲心遠塵俗，小築近荒郊。渺渺青雲志，硜硜介石交。庭空須種樹，屋破且編茅。日出互花影，風寒驚燕巢。老梧落殘葉，叢菊吐新苞。人靜鳥多寂，冰凝土欲膠。任學東山臥，休騰南嶽嘲。書長誦書卷，朋來羅酒殽。凍雨侵孤

幬，炊煙迷野庖。倘逢萍水客，興訂竹林交。

擬元微之《連昌宮詞》

我來憑弔連昌宮，宮在荒煙蔓草中。玉碎珠啼人去也，桃花依舊笑春風。春風猶憶舊樓臺，可憐一炬付劫灰。斷徑無人生薜荔，荒階經雨長莓苔。欲尋遺老從頭問，軼事留心重摭擴。斷碣殘碑訪舊蹤，苦絲哀竹留餘音。當年盛世說開皇，鏡砥清平有道長。離宮無事喜聲色，鳩宮前殿起未央。三千粉黛盼顏色，望仙樓上望君王。眉彎曉黛山如笑，脂澤春流水亦香。楊家有女稱國色，一朝選入君王側。君王歡喜溢龍顏，賜浴溫泉承特敕。腰肢無力不勝衣，脂粉嫌污謝修飾。雨露承恩冠後宮，為道佳人難再得。從此君王耽晏遊，此鄉真個老溫柔。七月七日長生殿，笑看織女會牽牛。沉香亭北花開日，三疊清平唱未休。念奴舞態饒嫵媚，金錢十萬費纏頭。賀老琵琶傳絕調，龜年拍板囀歌喉。一曲霓裳羽衣舞，風流天子竟無愁。自古盛衰相倚伏，堪嗟國事如棋局。羽檄紛紛星火馳，大廈何堪支一木。祿山起意犯中原，鉤連胡騎來窺牧。記否當年賜錦繡，丹心笑指胡兒腹。連天風火逼城隈，父老迎將車駕來。翠華遙遙行復止，蜀江屈曲蜀山隈。漁陽撾鼓心都碎，蜀道淋鈴情可哀。千秋埋玉在何處，過客流連弔馬嵬。猶幸西京重複故，儲君靈武登皇祚。鄴侯帷幄裕經綸，郭李胸中羅武庫。幾年掃蕩淨胡塵，重見青天撥雲霧。丹詔龍飛迎上皇，崎嶇蜀嶺尋歸路。滿目荒涼非舊時，當年樓榭多傾欹。落花猶戀昭陽殿，衰柳斜侵太液池。椒房嬪御多白髮，梨園子弟少青絲。上皇怕看南內月，回頭往事重嗟諮。我聞此語心慘傷，太平誰實貽之殃。每憶開元新政日，姚崇宋璟同平章。自從妃子入宮禁，忠良反被群邪譖。楊式諸姨貴顯多，國忠無功叨世蔭。歷觀青史數千年，滄海桑田幾變遷。有時女寵傾城國，或者外戚攬朝權。興亡大半隨人事，莫言禍福盡由天，此語堪取為金鑒，凡事要貴防未然。

擬陸劍南《十八學士圖》　**即用原韻**

獨孤一誤江山傾，頻年血戰有餘腥。晉陽飛龍崛然起，天日之表豈虛生。景星既現欃槍掃，塵昏世界頓清平。無策上將好文學，卸甲歸來延俊英。房杜謀略登臺閣，虞孔箸作傳承明。文章經濟一時選，喜看頭腳皆崢嶸。高陽繆公儼與列，坐使千秋遺臭名。逢君不數類徐　，託孤誰能媲程嬰。當時豔說登瀛

遇，豈知早已兆禍萌。我展此圖三歎息，仕途賢佞奈縱橫。

擬任彥昇《為蕭揚州薦士表》

臣上言：臣聞虞廷取士，十六族平地成天；周室掄才，三千人揆文奮武。莫不風雲共慶，霖雨有資。乃自籲俊之風莫繼，求賢之詔無聞。鶴鳴在陰，原期相縻以好爵；驥怨伏櫪，豈遂環顧而空群。望秋水之兼葭，伊人宛在；探空山之楨幹，命駕徒勞。豈非以識見未周，搜羅未廣，遂使美玉韜晦，明珠棄遺，碩人窴歌於磐石，畸士棲遲於衡門哉！伏維陛下握金鏡，持玉衡，闢四門，宅三俊，搜遺才於巖壑，寓真賞於風塵。臣誼兼懿親，職忝疆寄，抱推轂之微權，挈焚香之夙好，用是不揣冒昧，謹獻芻蕘。竊見秘書臣琅邪丞王㙤，年二十一，字思晦，閥閱名門，簪纓華冑，承七葉之先業，冠三江之美才，洵乎高風落落，濁世翩翩，秉不羈之資，馳克家之譽，豈徒賈傅少年，便知對策；終童弱冠，有志請纓已哉！前晉安郡侯官令東海王僧孺，年三十五，思致綿渺，胸襟曠夷，耽翰墨之清娛，捐軒冕之浮慕。至若隱居求志，閉戶讀書，門多問字之車，座少白丁之客，直欲追蘭亭之清談，謝終南之捷徑。㙤等遭際聖明，不求聞達。臣知之甚悉，不敢壅於上聞。伏願採納臣言，激揚士類。蒲輪下逮，束帛頻頒。斯固國家之休，抑亦人才之幸。臨表戰慄，不知所云。臣無任恐懼待命之至。

擬舍人《風骨》篇

翳昔《關雎》《麟趾》，言婉多諷；殷《盤》周《鼎》，詰屈聱牙。惟古於辭，風骨為上，斯固著作之淵藪，文章之鉅觀也。後之為是者，果能抉經之心，食古而化，何難與《雅》、《頌》同文，典謨並壽哉？乃有腹負空疏，貌為幽瘦，遊心於太虛之表，騁志於夷曠之途，然而說理則不明，遣詞則不達，亦猶涔蹄之水望湖海而勢必遏也，爝火之光遇龍燭而光必揜也。若是者失之陋。亦有翱翔藝圃，跌宕文史，揮毫落紙，矜灑脫於雲煙；累牘連篇，尚雕琢於風月。然而言情則不深，結響則不達，亦猶零落之石雕繪盡致而太璞不完也，朽腐之木枝葉尚繁而本根先撥也。若是者失之纖。凡此皆無風不華、無骨不立之徵也。夫惟有志之士，與古為徒，意欲摛華藻於臺閣，叩元音於韶濩，籠宇宙於指顧，含今古於毫端。手握珠璣之富，字錦而文珍；意司錘鍊之精，經鎔而史鑄。於焉川嶽擴其心胸，雲霞發其光藻，通鬼神於感悟，窺造化之端倪。思與物遊，神與天遇。及其閱歷有得，揮灑自如。闡揚懷舊之忱，發攄思古之慕。志名物

之度數，紀朝廟之典章。唐哉皇哉，茂矣美矣。且夫心精者力果，氣盛者言宜。源深則波瀾獨壯，根固則華實並茂。惟性情之真懇，發藻采於言辭。故欣則如春日之和，戚則如秋霜之肅，繁則如湧泉之水，簡則若老樹之幹。迅行則奮地之霆速，停蓄則出岫之雲遲。渺眾慮於一心，匯萬物於衷曲。鑒治乎於往古，閱榮悴於斯世。識天心之剝復，感人事之變遷。然後伸紙風疾，拈毫露滋，大匠斧斤，良工陶冶，上薄風騷之軌，下垂骨幹之精，焜耀詞壇，輝煌文苑，斯真所謂植六藝之根柢，為學士之文；萃百家之精英，入大雅之選者矣。

贊曰：三代以還，文風日駁。振靡式浮，權在先覺。其風肆好，有骨孔卓。上之明堂，雍容揚榷。

擬元次山惡圓

元子家有乳母，為圓轉之器，以戲嬰兒，嬰兒樂之，元子亦相與安之。一日，有客過其家，見而訝焉，曰：「吾不圖元子家之有是器也。夫古人之於嬰兒也，教必以正，或陳俎豆，或習方名，元子何未之聞耶？」元子曰：「嘻！子過矣。使吾以圓轉之意苟求於世，吾子責之是也。今吾子戲嬰兒，嬰兒何知，必以此為詬病焉？夫亦過矣。」客曰：「不然。《易》曰：『蒙以養正。』《禮》曰：『常視毋誑。』少成若天性，習慣成自然。幼好之，長必習之。今元子家造為圓轉之器，以戲嬰兒，而元子弗禁，將令其圓融以求合，圓通以取容，圓神以賊性，圓智以趨巧，涓滴不塞，漸成江湖。異日兒之所喜，必有甚於是者。夫玉以渾璞為貴，木以堅實為良。與其圓而文，不如方而質也。與其圓而華，不如方而實也。是以盂方而水方，心正則筆正。凡事如此，元子何弗思之甚也！」客既退，元子戒其家人曰：「自今以往，毋作奇技淫巧以蕩嬰兒之心。嗟夫！我以戲兒之微，客之惡我猶尚如此，況世之言圓行圓、動圓靜圓者乎！令客見之，有不鳴鼓而攻者幾希。」

擬元次山惡曲

元子與鄉里相往來，曲全父老之歡。歸，門人問曰：「向夫子曲全其歡，必有道以處此，願夫子教之也。」元子曰：「夫人得位行道，誠不可曲意以徇物，曲體以諧俗也。若乃州閭之會，父老之前，苟曲焉，庸何傷？」邑有全直君子，聞元子對門人，色然駭，喟然歎，曰：「昔人有言：『勿以惡小而為之。』是故賢吏以強項為名，高士以折腰為辱。今元子戒其門人曰：『無惡我之小曲。』

由斯道也，必且委曲其情，紆曲其詞。行曲而歧，貌曲而偽。曲於一日，安知不曲於終身？曲於一人，安知不曲於天下？是率天下之人而相趨於曲者，皆元子之言啟之也。夫拳曲之木，不登於大匠之門；私曲之士，不入於聖人之室。曲說足以誤人，曲學足以壞道。甚至心所不忍為者而躬自蹈之，理所不敢出者而姑與安之。充其類則以曲市利，以曲徇名。曲之為禍，何所不至耶？」元子聞之，深自悔訟，謂門人曰：「吾於顏貌之間，偶為其曲，人之責我如此其嚴。世之枉道求合者，其亦可以少變也夫。」

賣花聲　秋海棠

欄外立亭亭，春夢微醒。檀心一點自瓏玲。只恐夜深花睡去，燒燭曾經。弱質寄伶仃，香射雲屏。相思清淚望秋零。報導洞庭消息透，同此飄萍。

望江南　江南春三疊

□□□，春信獨佔先。幾處鶯啼楊柳岸，誰家人醉杏花天。撫景費流連。

□□□，荏苒值花朝。夾岸桃林嬌似面，沿堤柳線嫩如腰。暖送買餳簫。

□□□，轉瞬已清明。深院風和迷瘦蝶，閒庭花暖醉啼鶯。杜宇最關情。

北平楊梅竹斜街

江蘇文奎齋承刻

跋

右為余姊丈元和孝廉李公安浦諱福之遺箸，得詩文詞各如干首。憶姊丈居余家甥館時，余年纔十齡，四子五經僅乃卒業。見其讀書，一目十數行，為文下筆數千言，輒驚歎弗置。今自顧兩鬢蒼蒼，學識謭陋猶童時，而姊丈則墓木已拱。乃為之選訂其遺箸，而所選殊少愜心之作，不能不感慨繫之矣。姊丈幼有神童之譽，年十六入邑庠，十八舉於鄉。不幸短命，年二十五而遽卒，時在遜清光緒初元。士林競習舉業，我鄉有課士之館三：曰紫陽，曰平江，課八股文；曰正誼，課經學及詞章。姊丈才思敏捷，一日輒盡三四卷，至五六卷。往往稿甫脫，朋好攫取以去，資為模楷，故篋中絕少副本。戊辰之春，同邑汪鶴麟孝廉將刊其先公之遺集，並遵遺命，附刊姊丈詩文於卷後，貽書姊丈介弟銘

吉索存稿。顧檢視遺篋，無一完本，僅得鼠齧壹觸之殘紙百數十頁，應鷹課時不甚經意及擯棄不錄之作。不得已，以選事屬余，留其比較可存者如右。以嚴格論，殆類唾餘。然姊丈以天賦異秉，限於時，限於算，既未克棄 投筆，成立一世之功名，而又不能假以從容之歲月，以箸作傳人而壽世。則茲選之存，其亦可以闡義山之慧業，慰長吉之嘔心者歟？吉光片羽，彌足寶已。時民國紀元十八年己巳三月東吳孫雷跋於淞濱寓廬。

附錄：評論資料

王謇《續補藏書紀事詩》〔註1〕

一四、汪之昌（振民）

胸羅二十有八宿，雜事劉家最有名。

青學齋中白頭叟，考經輯佚稿縱橫。

汪振民廣文（之昌），為胡綏之業師。所著《青學齋集》，多輯佚考經之作，以《新序雜事證》最為特創。時尚少陳氏士珂《韓詩外傳旁證》一類著作也。以海東佚書證群書者，當時更少，汪氏以原本《玉篇》及《玉燭寶典》引許注《淮南》文作為輯佚，亦為開風氣之作。集三十六卷，其後人刻之，學問門徑略具矣。

汪之昌　字振民。江蘇元和（今吳縣）人。生卒年不詳。著有《青學齋集》，其弟子胡玉縉編，民國20年汪氏青學齋刻。

張舜徽《清人文集別錄》〔註2〕

青學齋集　〔三十六卷〕　一九三一年汪氏家刻本

新陽汪之昌撰。之昌字振民。同治六年副貢。光緒中，主學古堂講席，所成就甚眾。新陽本崑山縣西境，雍正二年析置者也。之昌慕其鄉先正顧炎武之遺風，故治學亦主於博通，而尤究心於典籍流別。若是集卷八《六朝人三禮之學考》、卷十五《〈漢·藝文志〉為著述之門戶說》、卷十九《唐人〈漢書〉〈文

〔註1〕倫明等著《辛亥以來藏書紀事詩》，北京燕山出版社2008年版，第149頁。
〔註2〕張舜徽《清人文集別錄》，華中師範大學出版社2004年版，第529～530頁。

選〉之學考》、卷二十二《唐以前逸史篇目考》，元元本本，皆寓辨章學術之意。惜其所為《〈隋書·經籍志〉校補》，及《補〈南唐書·藝文志〉》，今分載之卷十八及卷二十一者，皆非全稿，莫由窺其於錄略之學所造何如耳。至於論及經學，則謂《書》之大小序，不皆可信；而《詩》之大小序，無不可信（詳卷五《詩序書序孰為可信說》）。謂今之所謂《周禮》，雖未敢臆斷為必非周公之制，亦未可信為皆周公之制（詳卷六《周禮未必皆周公之制論》）。謂唐宋人疑《左氏傳》非邱明所作，信唐宋人之說，何如據兩漢人之說（詳卷九《左邱明作春秋傳論》）。皆能力破俗疑，歸於一是。卷二十三有《漢學商兌書後》一篇，於方東樹之醜詆漢學諸儒，力加駁斥，且謂東樹所云，乃妄度君子之心，詞旨嚴切。蓋之昌一生所企慕者，本自在顧、江、錢、戴、段、阮諸君也。然其所涉廣博，不名一家。觀是集文字，大率書院課藝居多，故不免間傷冗雜，與乾嘉諸師專精緻思之作，又有辨矣。之昌沒後三十餘年，其子開祉始裒輯遺文，屬同年友胡玉縉編校成是集。卷一至十二皆說經之文，卷十三至二十二則史論、史考之作，卷二十三至二十五為讀諸子書後之篇，卷二十六、七為雜錄，卷二十八至三十二為雜文，末四卷為古今體詩。

徵引文獻

A

1. （元）敖繼公《儀禮集說》，文淵閣四庫全書本。

B

1. （漢）班固編撰，（唐）顏師古注《漢書》，中華書局 1962 年版。

C

1. （晉）常璩注，劉琳校注《華陽國志校注》，巴蜀書社 1984 年版。
2. （宋）晁公武《郡齋讀書志》，文淵閣四庫全書本。
3. （晉）陳壽著，（南朝宋）裴松之注《三國志》，中華書局 1959 年版。
4. （宋）陳振孫《直齋書錄解題》，上海古籍出版社 1987 年版。
5. （清）程樹德《論語集釋》，中華書局 1990 年版。

D

1. （清）戴震《戴震全集》第 5 冊，清華大學出版社 1997 年版。
2. （漢）董仲舒著，（清）蘇輿義證《春秋繁露義證》，中華書局 1992 年版。
3. （晉）杜預注，（唐）孔穎達疏《春秋左傳正義》，清嘉慶二十年南昌府學重刊宋本十三經注疏本。
4. （清）段玉裁《經韻樓集》，上海古籍出版社 2008 年版。
5. （清）段玉裁《說文解字注》，清嘉慶二十年經韻樓刻本。

F

1. （南朝宋）范曄編撰，（唐）李賢等注《後漢書》，中華書局 1965 年版。
2. （唐）房玄齡等《晉書》，中華書局 1974 年版。
3. （清）馮景《解春集文鈔》，叢書集成初編本。
4. （清）馮桂芬《顯志堂稿》，朝華出版社 2018 年版。

G

1. （宋）葛洪《涉史隨筆》，清知不足齋叢書本。
2. （清）顧棟高《春秋大事表》，文淵閣四庫全書本。
3. （清）顧炎武著，（清）黃汝成集釋《日知錄集釋》，上海古籍出版社 2006 年版。

H

1. （唐）韓愈著，（宋）朱熹校《朱文公校韓昌黎先生集》，四部叢刊景元刊本。
2. （漢）何休注，（唐）徐彥疏《春秋公羊傳注疏》，清嘉慶二十年南昌府學重刊宋本十三經注疏本。
3. （清）洪亮吉《洪亮吉集》，中華書局 2001 年版。
4. （清）洪亮吉《曉讀書齋雜錄》，清道光二十二年刻本。
5. （宋）洪邁《容齋隨筆》，上海古籍出版社 1998 年版。
6. （清）胡承珙撰，郭全芝校點《毛詩後箋》，黃山書社 1999 年版。
7. 胡玉縉著，王欣夫整理《許廎學林》，中華書局 1958 年版。
8. （明）黃宗羲《明夷待訪錄》，中華書局 1981 年版。

J

1. （清）紀昀等《欽定四庫全書總目》，中華書局 1997 年版。
2. （清）江藩著，漆永祥整理《江藩集》，上海古籍出版社 2006 年版。
3. （清）江永《鄉黨圖考》，文淵閣四庫全書本。
4. （清）焦循《孟子正義》，焦氏叢書本。
5. （清）焦循《尚書補疏》，《續修四庫全書》第 48 冊，上海古籍出版社 1996 年版。
6. （清）焦循《禮記補疏》，《續修四庫全書》第 105 冊，上海古籍出版社 1996 年版。

K

1. （漢）孔安國傳，（唐）孔穎達疏《尚書注疏》，清嘉慶二十年南昌府學重
   刊宋本十三經注疏本。
2. （清）孔廣森《經學巵言》，《續修四庫全書》第 173 冊，上海古籍出版社
   1996 年版。

L

1. （唐）李翱《李文公集》，四部叢刊景明成化本。
2. （清）李超孫《詩氏族攷》，叢書集成初編本。
3. （唐）李德裕《李文饒集》，四部叢刊景明本。
4. （唐）李吉甫《元和郡縣志》，清武英殿聚珍版叢書本。
5. （漢）劉安編，劉文典集解《鴻南鴻烈集解》，中華書局 1997 年版。
6. （漢）劉向編《古列女傳》，文淵閣四庫全書本。
7. （後晉）劉昫等《舊唐書》，中華書局 1975 年版。
8. （清）盧文弨《抱經堂文集》，叢書集成初編本。
9. （清）陸心源《儀顧堂題跋》，中華書局 1990 年版。
10. 倫明等著《辛亥以來藏書紀事詩》，北京燕山出版社 2008 年版。

M

1. （清）毛奇齡《白鷺洲主客說詩》，叢書集成初編本。

O

1. （宋）歐陽修《歐陽文忠公集》，四部叢刊景元本。
2. （宋）歐陽修、宋祁《新唐書》，中華書局 1975 年版。
3. （宋）歐陽修《新五代史》，中華書局 1974 年版。

P

1. （清）彭紹升《觀河集》，《清代詩文集彙編》第 397 冊，上海古籍出版社
   2010 年版。

Q

1. （清）錢大昕《十駕齋養新錄》，上海書店 1983 年版。
2. （清）秦蕙田《五禮通考》，文淵閣四庫全書本。

R

1.（清）阮元《揅經室集》，中華書局 1993 年版。

S

1.（宋）邵伯溫《邵氏聞見錄》，上海古籍出版社 2012 年版。

2.（南朝梁）沈約《宋書》，中華書局 1974 年版。

3.（宋）司馬光編，（元）胡三省注《資治通鑑》，中華書局 1956 年版。

4.（漢）司馬遷著，（宋）裴駰集解，（唐）司馬貞索隱，（唐）張守節正義《史記》，中華書局 1959 年版。

5.（宋）蘇轍《蘇轍集》，中華書局 1990 年版。

T

1.（元）脫脫等《宋史》，中華書局 1977 年版。

W

1. 汪之昌《青學齋集》，民國二十年新陽汪氏刻本。

2. 汪之昌《青學齋集》，《清代詩文集彙編》第 734 冊，上海古籍出版社 2010 年版。

3.（清）王鳴盛《十七史商榷》，上海書店出版社 2005 年版。

4.（宋）王象之《輿地紀勝》，中華書局 1992 年版。

5.（清）王引之《經義述聞》，上海古籍出版社 2018 年版。

6.（宋）王應麟《困學紀聞》，上海古籍出版社 2008 年版。

7.（北齊）魏收《魏書》，中華書局 1974 年版。

8.（清）魏源《書古微》，《魏源全集》第 2 冊，嶽麓書社 2011 年版。

9.（清）魏源《聖武記》，《魏源全集》第 3 冊，嶽麓書社 2011 年版。

10.（唐）魏徵等《隋書》，中華書局 1973 年版。

X

1.（南朝梁）蕭統編，（唐）李善注《文選》，上海古籍出版社 1986 年版。

2.（南朝梁）蕭子顯《南齊書》，中華書局 1972 年版。

Y

1.（宋）嚴粲撰，李輝點校《詩緝》，中華書局 2020 年版。

2. （清）閻若璩《四書釋地》，清皇清經解本。

3. （漢）揚雄著，（宋）司馬光集注《太玄集注》，中華書局 1998 年版。

4. （唐）姚思廉《陳書》，中華書局 1972 年版。

5. （宋）葉適《習學記言序目》，文淵閣四庫全書本。

6. （清）俞樾《茶香室經說》，鳳凰出版社 2021 年版。

7. （清）俞樾等《古書疑義舉例五種》，中華書局 2005 年版。

8. （清）俞樾《群經平議》，鳳凰出版社 2021 年版。

9. （清）俞正燮《俞正燮全集》，黃山書社 2005 年版。

10. （宋）岳珂《九經三傳沿革例》，文淵閣四庫全書本。

11. （宋）岳珂撰，吳敏霞校注《桯史》，三秦出版社 2004 年版。

Z

1. 張舜徽《清人文集別錄》，華中師範大學出版社 2004 年版。

2. （清）張廷玉等《明史》，中華書局 1974 年版。

3. （清）趙翼著，曹光甫整理《趙翼全集》，鳳凰出版社 2009 年版。

4. （清）趙佑《四書溫故錄》，清乾隆刻清獻堂全編本。

5. （漢）鄭玄注，（唐）賈公彥疏《儀禮注疏》，清嘉慶二十年南昌府學重刊宋本十三經注疏本。

6. （漢）鄭玄注，（唐）賈公彥疏《周禮注疏》，清嘉慶二十年南昌府學重刊宋本十三經注疏本。

7. 周會蕾《中國近代法制史學史研究》，上海人民出版社 2013 年版。

後　記

我不希榮，何憂乎利祿之香餌；

我不競進，何畏乎仕宦之危機。

世上只緣認得「我」字太真，故多種種嗜好、種種煩惱。前人云：「不復知有我，安知物為貴。」又云：「知身不是我，煩惱更何侵。」真破的之言也。

權貴龍驤，英雄虎戰，以冷眼視之，如蠅聚羶、如蟻競血；

是非蜂起，得失蝟興，以冷情當之，如冶化金，如湯消雪。

　　　　　　　　——（明）洪應明《菜根譚》三則

一

　　本學期開學後，先是上了兩週網課，然後上了兩週線下課，隨著上海疫情的爆發，學校最後選擇了封校。疫情三年來第一次有了封校的舉動。近期由於防控的不斷推進，形勢逐步趨好，這週校園解封，又轉為線下教學。週一（前天）赴校上課，驚訝地看到有畢業生穿著學士服在拍照，我突然意識到時間好像已經很晚了。原來渾渾噩噩地窩在家裏上網課，居然耗去了兩個月的時間。除了頻繁的核酸檢測、日常所需的生活採購、遛娃之外，我幾乎很少出門。就在這「山中不知年」的日子裏，本學期竟然已是第十三週了。加之週末補過兩週的課，這就意味著下週就要結課。一學期就這麼漫不經心地過完了，心情則是悲欣交集。所謂結束，一則意味著假期的臨近，可獲得一段時間的休閒；一則意味著時光不再，空歎逝去的年華。「無可奈何花落去」，該來的終究會來，

－623－

惟有坦然面對。是啊，五月在不知不覺中又過去了大半，下個月，2018 級的學生就該離校了。大部分的學生，也許就要終結此生的校園生涯，——畢竟，考上研究生的只是其中的極少數。

看著那黑色的學士服，我不禁想起了自己曾經的身影。自己大學入學，自己大學畢業。然後是研究生、博士生……一路走來，跌跌撞撞，兜兜轉轉，原來本科畢業已經十三年了。人的一生能有幾個十三年呢？就是這漫長的十三年，突然就被這眼前的一幕拉了回去，經歷了歲月的風雨，人生的坎坷，一切卻還那麼清晰明朗，歷歷在目，宛如昨天一般。那美好的校園生活，還有那懵懂的青春，真的再也回不來了！

本科畢業，讀了三年碩士，又讀了三年半博士，接著就是入職鹽師。曾經校園裏的鳥語花香，慢慢地變成了生活中的柴米油鹽；曾經坐在教室後面聽課或者玩手機的那個成績中等偏上的學生，一下子變成了站在講臺上絮絮叨叨、誤人子弟的老師。更有甚者，曾經嘲笑過的教室前三排沒人、無人聽課卻滔滔不絕、大講特講的某老師，如今自己也身歷其境，活成了她當年的樣子。恰似小時候唱的一首歌：「長大後，我就成了你！」「初聞不知曲中意，再聽已是曲中人。」人生也許就是這麼荒誕可笑！

二

窩在家裏的日子，俗稱「居家辦公」，其實和沒有疫情的時候差不多，無非就是買菜做飯，遛娃寫書。唯一不同的是，上課、開會不用去學校，省去了路上耗費的時間。於是集中精力搞事情似乎就成了日常。足慰人懷的是，回顧這近半年的時間，還真是做了不少事兒。

1. 一月接著年前的工作，完成《詩經世本古義》，並於三月交稿；

2. 二月新完成《〈葉八白易傳〉疏證》；

3. 三月重新撿起《〈青學齋集〉校證》，五月做完；校舊稿《莊子通》、《周易玩辭困學記》，畢；

4. 四月新完成《春秋詳說》；

5. 接著錄《吳詩集覽》。

……

事情永遠也做不完，我們一直在路上。

說起這本《青學齋集》校證，那又得舊事重提了。第一次接觸汪之昌，

自然還是張舜徽的《清人文集別錄》，但我沒有任何記憶。第一次讓我記住汪之昌，是在武大圖書館。在《劉毓崧文集校證‧後記》（2018年）裏，我曾經寫過：

> 直到去年暑假，也就是婚後第七天左右的午後，突然接到司馬朝軍老師的電話，邀我去武漢和他的團隊一起搜集課題資料，我才第一次和劉毓崧發生了直接關聯。在武大圖書館裏面，我們待了七天，在數據庫裏搜檢資料。

當時依據王重民等編的《清代文集篇目分類索引》一書，按類從中國基本古籍庫中複製相關經義文章，我負責的是《周易》類。所涉及的作家別集，有的數據庫有收錄，有的沒有收錄。沒有收錄的，就有汪之昌的《青學齋集》。由於汪之昌的《周易》類較多，所以《清代文集篇目分類索引》裏頻頻出現汪之昌這個名字，給我留下了深刻的印象。反倒是那些可以在數據庫裏複製的作家別集，我卻沒有什麼特別的記憶。

開始了沈欽韓集、劉毓崧集、陳玉澍集之後，我又開始了新的整理工作，當時擬定了好幾個人，包括潘耒《遂初堂集》、陳玉瑝《學文堂文集》、儲大文《存研樓文集》、王懋竑《白田草堂存稿》、李紱《穆堂初稿》、《穆堂別稿》、楊椿《孟鄰堂文鈔》、錢陳群《香樹齋集》、彭紹升《二林居集》、唐仲冕《陶山文錄》、《陶山詩錄》、王家振《西江文稿》、王詠霓《函雅堂集》、馮煦《蒿盦類稿》、閻爾梅《白耷山人集》等，但後來發現，有些已經納入了出版計劃，如《清代詩人別集叢刊》等；有些版本庋藏分散，難以收集；有的卷帙浩繁，費日良久。職是之故，這些書最終都沒有付諸實踐。著手整理的，只有汪之昌、王源、秦瀛、章藻功、朱彝尊、吳偉業，有些已完成，有些還屬於半成品。另有顧宗泰、袁翼、夏之蓉、彭而述四家，整理了一部分，後放棄，以後應該也不會再拾起來，畢竟手頭未完成的還有很多。還是步步為營，各個擊破比較好。

《青學齋集》應該是2019年開始的，由於數據庫沒有收錄，文本只能自己鍵入。有一部分是我自己錄的，一部分是漢語師範18（12）班、漢語師範20（4）班的學生錄的。之前的《陳玉澍集》，有一部分是漢語師範17（10）班的學生錄的。17級的學生去年已經畢業，18級的學生下個月就要離開校園。《陳玉澍集》今年九月出版，《青學齋集》明年三月出版，前後都耗去了四年的時間。

由於大部分學生不習慣閱讀繁體豎排的文本，錄的文本質量參差不齊，所

以這兩本書的校對頗費時日。然而這還是基礎的機械工作，除了損耗目力，操作還算簡單。更為複雜的是，《青學齋集》的內容才是難啃的硬骨頭，和之前弄的《劉毓崧集》一樣，損耗的是我的腦力。全書除了幾卷詩之外，基本都是學術文，攷經訂史，專業性實在太強。即如攷經來說吧。卷一《周易》，卷二、三《尚書》，卷四、五《詩經》，卷六、七、八《三禮》，卷九、十《春秋》、卷十《論語》、卷十一《孟子》，卷十二小學，可謂遍攷群經。

韓偓《贈易卜崔江處士》詩云：「白首窮經通秘義。」陸游《萬卷樓記》（《渭南文集》卷二十一）稱：「故善學者通一經而足。」汪之昌《裕後錄·家塾夥言》稱：「讀書以通經為第一義。顧昔人謂幼童而守一藝，白首而後能言，通豈易易者？功令學官所通行經部計十三，一經且苦其難，奚論全經？」古人從小濡染經學，終其一生，未必能通一經，更何況生長於新時代的我輩，半路出家而接觸經學，在經學的汪洋大海裏，顯得又是何等的渺小和淺薄。就像《莊子·逍遙遊》裏面所說的：「堯讓天下於許由，曰：『日月出矣，而爝火不息，其於光也，不亦難乎！時雨降矣，而猶浸灌，其於澤也，不亦勞乎！』」面對這些專業性強、涉及面廣的學術文，我深深地感覺到自己能力的不足。當然，這也恰好為我提供了一個學習鍛鍊的機會。

19 年大概是只完成了前兩卷以及一些零星的篇章，今年三月才專力於此書，而且進展很快。之後做了一些別的事情，這幾天再做下掃尾工作，這本書就算完了。

時間不等人，要做的事情還有很多。年近四十，突然覺得自己的精力大不如從前，這就是人們常說的走下坡路吧！疫情還在肆虐，俄烏衝突已經持續了84 天，地震等災害也時有發生⋯⋯更為奇特的是，五月將盡，重慶、陝西等省份居然還下起了雪，夏天居然沒乾過冬天，氣溫比往常同期都低。天災也好，人禍也罷，不管怎麼樣，且行且珍惜！在未來的日子裏，保持健康，然後做一些力所能及的事。如此而已！簡單而平凡，過一個人普通人的生活。

2022 年 5 月 18 日上午，麻城陳開林寫於翡翠國際